Culinária de Todas as Cores
200 Receitas
Ideais para a Família

Culinária de Todas as Cores
200 Receitas
Ideais para a Família

PubliFolha

Publicado originalmente na Grã-Bretanha, em 2010, sob o título
Hamlyn All Colour Cookbook 200 Fast Family Favourites, pela Hamlyn,
uma divisão da Octopus Publishing Group LTD
Endeavour House, 189 Shaftsbury Avenue, Londres WC2H 8JY

Copyright © 2010 Octopus Publishing Group LTD
Copyright © 2013 Publifolha — Divisão de Publicações
da Empresa Folha da Manhã S.A.

Todos os direitos reservados. Nenhuma parte desta obra pode ser
reproduzida, arquivada ou transmitida de nenhuma forma ou por
nenhum meio sem a permissão expressa e por escrito da Empresa
Folha da Manhã S.A., por sua divisão de publicações Publifolha.

Proibida a comercialização fora do território brasileiro.

COORDENAÇÃO DO PROJETO: PUBLIFOLHA
Editora assistente: Fabiana Medina
Coordenadora de produção gráfica: Mariana Metidieri
Produtora gráfica: Samantha Monteiro

PRODUÇÃO EDITORIAL: CLIM EDITORIAL
Tradução: Celso Vieira Pinto
Preparação de texto: Antonio Oliveira
Revisão: Frank de Oliveira, Jussara Ancona Lopes
Editoração eletrônica: Antonio Cabral Junior

Dados Internacionais de Catalogação na Publicação (CIP)
(Câmara Brasileira do Livro, SP, Brasil)

---

200 receitas ideais para a família / Hamlyn ;
[tradução Celso Vieira Pinto]. – São Paulo :Publifolha,
2013. – (Coleção culinária de todas as cores)

Título original: All colour cookbook : 200 fast family favourites.
ISBN: 978-85-7914-430-1

1. Culinária (Receitas) 2. Família I. Hamlyn. II. Série.

13-01463 CDD-641.5

Índices para catálogo sistemático:
1. Receitas : Culinária : Economia doméstica 641.5

Este livro segue as regras do Acordo Ortográfico da Língua
Portuguesa (1990), em vigor desde 1º de janeiro de 2009.

Impresso na China.

PUBLIFOLHA

Divisão de Publicações do Grupo Folha
Al. Barão de Limeira, 401, 6º andar
CEP 01202-900, São Paulo, SP
Tel.: (11) 3224.2186/ 2187/ 2197
www.publifolha.com.br

Nota do editor

Apesar de todos os cuidados tomados na elaboração das receitas deste livro, a editora original não se responsabiliza por erros ou omissões decorrentes da preparação dos pratos.

Pessoas com restrições alimentares, grávidas e lactantes devem consultar um médico especialista sobre os ingredientes de cada receita antes de prepará-la.

As fotos deste livro podem conter acompanhamentos ou ingredientes meramente ilustrativos.

O forno deve ser preaquecido na temperatura indicada na receita.

sumário

introdução	6
entradas e petiscos	16
arroz e massas	54
pratos únicos	86
carnes saborosas	108
peixes e frutos do mar	144
vegetais	176
delícias doces	202
índice	236
créditos	240

introdução

introdução

A rotina da maioria das famílias é repleta de ocupações. Muitos pais e mães, além de precisarem equilibrar o trabalho e o cuidado dos filhos, ainda têm de satisfazer suas próprias necessidades físicas, criativas e sociais. As crianças também têm um dia a dia agitado: depois da escola, o mais provável é correrem para o balé, o futebol, a natação, a aula de bateria ou o treino de judô. No fim, quase não sobra tempo para que todos se alimentem, e os mais novos caem na cama antes da hora em que os adultos possam relaxar e tomar uma boa taça de vinho.

Quando refletimos sobre a vida moderna, vemos que as refeições não são prioridade; elas têm de se encaixar entre nossos outros compromissos. O tempo anda tão escasso que a maioria das pessoas mal tem hora para comer, que dirá para cultivar, comprar e cozinhar o alimento. É por isso que, neste livro, reunimos receitas de pratos deliciosos que podem ser apreciados por toda a família e são preparados em poucos minutos. Passando menos tempo na cozinha, você poderá saborear e apreciar melhor tanto o alimento quanto a companhia dos familiares e amigos.

os benefícios das refeições em família

Muita gente come qualquer coisa a caminho de uma reunião ou oferece aos filhos um macarrão instantâneo industrializado antes de sair correndo para fazer outra coisa. Mas temos de nos lembrar dos benefícios obtidos ao nos sentarmos ao redor da mesa e termos algo que se possa chamar de "refeição em família". Isso não é importante somente do ponto de vista nutricional; também é um dos elementos principais na formação de um vínculo com os filhos.

A hora da refeição deve ser um evento social significativo para a família. É nela que temos a chance de conversar sobre o que aconteceu no dia. As refeições também nos oferecem a oportunidade de darmos bom exemplo a nossos filhos. O ato de comer juntos nos permite estimulá-los a experimentar comidas diferentes e garantir a ingestão de versões mais saudáveis daqueles alimentos de que já gostam. Também nesses momentos as crianças podem adquirir suas primeiras noções de como se comportar à mesa.

Além disso, a digestão quando se come de maneira tranquila, atentando para a mastigação correta, é melhor.

a preparação

Embora a maioria das pessoas admita que é ótimo servir refeições bem-feitas e bem-apresentadas, poucas sabem preparar pratos para a família. Por mais que você tenha planos para uma refeição conjunta, se ela demorar demais para ficar pronta, o tempo que vocês passarão degustando será mínimo, e isso frustrará suas boas intenções. Foi por esse motivo que montamos esta seleção de receitas rápidas e fáceis. Alguns destes pratos já são famosos, mas há outros que, esperamos, entrarão para a lista dos seus favoritos. Todos são rápidos de preparar e, além disso, nutritivos e saborosos.

O segredo da refeição em família bem-sucedida é o planejamento. Se você sabe que a semana será movimentada, tente planejar as refeições e fazer uma lista de compras na semana anterior.

os ingredientes que não podem faltar

Mesmo diante de um plano, às vezes tudo muda no último minuto, e não há tempo de improvisar algo. Por isso, vale a pena sempre ter alguns ingredientes fundamentais para essas emergências.

Há alguns alimentos de que você sempre vai precisar. Os principais são os carboidratos básicos, como arroz, macarrão (integral, de preferência), semolina para cuscuz marroquino e aveia para mingau. Mesmo que você não tenha carne em casa, poderá fazer um jantar à base de proteínas se tiver um pouco de castanha-de-caju, latas de atum, salmão e feijão, ovos na geladeira e um pacote de camarão congelado.

Para acrescentar sabor e ajudar no processo de cocção, não podem faltar na despensa cubos de caldo de galinha ou de legumes, molho de soja (shoyu), azeite, óleos de gergelim e de canola, sal, pimenta-do-reino e tomates frescos e secos. Molhos orientais exóticos também são um trunfo na hora de incrementar um prato simples.

Também vale a pena ter algumas ervas e especiarias: misturas tradicionais de temperos indianos (curry) e chineses (cinco especiarias), canela em pau e moída, sementes de coentro, cominho, noz-moscada e pimenta vermelha seca ou em forma de molho.

Entre os demais produtos que você deve ter para improvisar um molho, as sugestões são farinha de trigo, maisena, tomate pelado em lata, purê de tomate, azeitonas, queijos e leite em pó. Para sobremesas de emergência, guarde no armário um pouco de açúcar, mel, frutas em calda e biscoitos de maisena; no congelador, tenha sorvete de creme ou frutas e waffles.

O creme de leite fresco e o iogurte podem ser usados em pratos salgados e doces. Porém, eles têm prazo de validade curto e devem ser adquiridos nas idas regulares ao supermercado.

Embora não seja boa ideia usar molhos prontos, que contêm conservantes e corantes desnecessários, vale a pena ter no armário molho pesto de boa qualidade. Para fazer um almoço rápido, basta passar um pouco de pesto sobre frango ou peixe assados ou misturá-lo com massas. O pesto fresco é feito com manjericão, parmesão, pinhole e azeite. É fácil de fazer no processador, mas, na hora do aperto, uma versão pronta é uma boa carta na manga.

facilite a vida

Com uma boa seleção de ingredientes básicos no armário da cozinha e um tempinho para planejar as refeições toda semana, é possível alimentar a família com sucesso. Mas, antes disso, tente experimentar estas dicas quando tiver alguns minutos livres, para economizar tempo na hora de cozinhar e facilitar o preparo das refeições.

Quando o pão começar a endurecer, não o jogue fora. Coloque-o no processador e faça farinha de rosca. Embale essa farinha e guarde no congelador para a próxima vez em que for fazer frango empanado ou precisar de uma cobertura crocante para um doce feito no forno.

Rale cheddar e parmesão e congele-os em pequenas porções prontas para serem usadas em molhos e risotos. Guarde gengibre e pimentas vermelhas no congelador. Você pode ralar o gengibre ainda congelado e usá-lo em suas receitas. Descongele as pimentas alguns minutos antes de fatiá-las. Lembre-se: se tiver filhos pequenos, tire as sementes das pimentas e use molhos e temperos picantes em menor quantidade, mas não deixe de introduzir novos sabores ao paladar deles.

Na hora de preparar uma sopa ou cozido, um curry ou um ragu, faça o dobro da quantidade da receita e guarde o que sobrar no congelador. Quando precisar criar uma refeição de emergência, haverá surpresas no congelador para salvar seu dia.

Se não possuir micro-ondas e tiver se esquecido de tirar carne, frango ou peixe do congelador, deixe o alimento congelado e embalado por cerca de duas horas dentro de uma tigela grande cheia de água. Isso acelera o processo de descongelamento.

Em vez de amassar o alho, corte a pontinha do dente e rale-o. Você não terá de lavar o espremedor e aproveitará melhor esse ingrediente. Se a receita pedir um grande número de dentes de alho, use pasta de alho pronta. O sabor é intenso, por isso tome cuidado: basta uma pequena quantidade para substituir um dente de alho.

Se sobrar um pouco de creme de leite fresco (espesso), espalhe-o numa forma de gelo e leve-o ao congelador. Você poderá usar a quantidade de cubinhos de que precisar na hora de fazer a próxima receita.

O coentro fresco é uma erva maravilhosa, que dá um sabor delicioso a pratos de todo tipo. Armazene alguns potes de pasta de coentro, o que preserva as folhas por causa da mistura de óleo e vinagre.

Fatie o pão antes de congelá-lo, para poder usar somente o que precisar. Massas de muffin e outros bolinhos também podem ser congeladas. Depois, é só levar ao forno e incrementar com caldas e recheios.

comida rápida e boa

Quer sejamos jovens ou velhos, vegetarianos ou carnívoros, precisamos tirar os mesmos nutrientes do que comemos. Nossa energia vem dos alimentos sólidos e

líquidos; para obter toda a gama de nutrientes de que nosso corpo precisa, temos de consumir carboidratos, proteínas, gorduras, fibras e água, além de vitaminas e minerais. Alguns desses, ao mesmo tempo que servem de combustível para nosso corpo, melhoram nossa saúde e nos protegem contra doenças. Quem come bem se sente bem, vive mais bem-humorado e enfrenta melhor o estresse.

Por mais que o nosso tempo seja limitado, isso não significa comer mal. A comida rápida também pode ser saborosa, nutritiva e saudável, como provam muitas receitas deste livro.

O segredo consiste em combinar bem os pratos e levar a família a ingerir a maior variedade possível de alimentos, de modo que todos tenham a oportunidade de comer seus pratos prediletos em algum momento da semana. Um filho odeia feijão, mas adora carne vermelha, outro detesta carne, mas adora omelete... tudo bem! Talvez você não consiga agradar a família inteira num único momento, porém, se combinar as receitas, todos terão pelo menos uma refeição por semana de que vão gostar.

No segundo capítulo deste livro, "Arroz e massas", as receitas se baseiam em

alimentos ricos em carboidratos. Embora eles sejam atacados, os carboidratos bons (também chamados de complexos) são, na verdade, essenciais para nossa saúde e devem constituir a base de toda dieta saudável. Estão presentes nos cereais, no pão, no arroz e nas massas, bem como em frutas e hortaliças frescas, nas leguminosas (feijão, ervilha etc.) e nos laticínios. O arroz e as massas estão sempre presentes nas dietas ocidentais. Sempre que possível, escolha as versões integrais, que não perdem nutrientes por processamento e conservam suas fibras.

Nem todas as crianças gostam de frutas e hortaliças frescas, mas essas também precisam estar presentes nas refeições e, idealmente, ser a primeira escolha para os lanches. Repletas de antioxidantes, elas nos protegem de doenças e contêm vitaminas e minerais, como ferro e cálcio, que fazem o corpo funcionar como deve; por isso, figuram em muitas receitas deste livro. Elas acrescentam importantes vitaminas e minerais à sua dieta e dão cor e sabor à sua comida.

As fibras se encontram somente em alimentos de origem vegetal e são essenciais para a saúde de toda a família. Para começar, elas ajudam no bom funcionamento do intestino e promovem a digestão; além disso, os alimentos fibrosos ajudam a manter o nível de açúcar no sangue. A digestão de fibras é mais longa que a de outros alimentos. Assim, demoramos mais para sentir fome e fica mais fácil resistirmos à tentação de comer lanches gordurosos e pouco saudáveis.

As leguminosas são outra boa fonte de fibras e figuram em vários pratos saborosos nos capítulos "Pratos únicos" e "Vegetais". Se você estimular a família a comê-las, todos se beneficiarão. São excelentes fontes de proteína, vitamina B, cálcio e ferro, têm poucas gorduras saturadas e nenhum colesterol.

Para os vegetarianos, que necessitam de mais ferro, os benefícios de uma dieta rica em leguminosas são enormes. Eles podem experimentar a Lentilha com gremolata (p. 196) ou o Cozido de linguiça e grão-de-bico (p. 138). Ou você pode mimar sua família com o Ensopado de linguiça e feijão (p. 88), excelente para os dias frios.

como estimular as crianças

As crianças de todas as idades são famosas por seu apetite "seletivo". Mas se você pretende que seus filhos desenvolvam hábitos alimentares saudáveis e está disposto a preparar e servir refeições para a família inteira, é essencial que eles aprendam a apreciar sabores novos. Cozinhar duas vezes na mesma noite, uma vez para as crianças e outra para os adultos, é exaustivo e induz os pequenos a desenvolverem maus hábitos alimentares.

Se seus filhos são como a maioria, não será difícil fazê-los comer proteínas. Muitas das "Carnes saborosas" do capítulo 4 são verdadeiros clássicos; poucas crianças (e adultos) são capazes de resistir à Linguiça com purê de batata (p. 116). O Porco agridoce (p. 132) também pode fazer sucesso entre adultos e crianças.

Levar os mais novos a experimentarem peixes e frutos do mar é mais difícil, mas tente o Badejo com risoto de azeitona (p. 164) ou o Espetinho de peixe (p. 170). Você terá a agradável surpresa de ver a família devorá-los e ainda pedir mais.

experimente novos alimentos

Quando começar a cozinhar para a família inteira, você também vai encorajar seus filhos a degustar novos sabores e texturas. Sugira à família que um dia da semana seja dedicado a experimentar novos alimentos e dê algum tipo de recompensa aos que aderirem.

Apresente a refeição em travessas grandes e coloridas e encoraje as crianças a se servirem. Elas sentirão, assim, que têm algum controle sobre o que põem no prato e estarão mais inclinadas a comer. Não suborne seus filhos com comida e nunca obrigue uma criança a comer algo de que ela claramente não gosta. Uma experiência ruim à mesa permanecerá na memória dela, que vai associar sentimentos negativos ao alimento.

Nos dias em que for servir pratos novos, evite petiscos perto da hora do jantar, de modo que todos estejam com fome quando a comida for à mesa. Assim, será maior a chance de fazer os "enjoados" comerem o que é oferecido. Se um dos seus filhos recusa-se continuamente a comer, veja se ele não está tomando suco demais ou comendo escondido entre as refeições. Se a criança recusar a refeição, nunca prepare uma alternativa. Isso só encoraja os maus hábitos.

Reforçamos que as papilas gustativas das crianças são sensíveis. Assim, tome cuidado ao usar sabores picantes. Ao preparar um curry, por exemplo, talvez seja melhor deixar seus filhos se acostumarem com os sabores mais exóticos de outras ervas e especiarias antes de acrescentar pimenta vermelha.

o ato de comer juntos

Lembre-se de que, quando a família faz as refeições junta, você tem a oportunidade de dar um exemplo a seus filhos. Se você adora curry, eles também vão, em segredo, querer gostar desse prato; assim, continue criando receitas novas e encorajando seus filhos. Se transformar as refeições em ocasiões sociais interessantes, divertidas e gostosas, com o tempo vai descobrir que seus filhos estão comendo e apreciando pratos em que se encontram sabores e texturas de todo tipo. Portanto, vá para a cozinha e comece a criar ótimas lembranças da hora da refeição.

entradas e petiscos

minestrone

4 porções
Preparo: **5 minutos**
Cozimento: **25 minutos**

2 colheres (sopa) de **azeite**
1 **cebola** média cortada em cubos
1 **dente de alho** amassado
2 talos de **aipo** picados
1 **alho-poró** cortado em tiras finas
1 **cenoura** cortada em cubos
400 g de **tomate pelado** picado em lata
600 ml de **caldo de galinha** ou de **legumes**
1 **abobrinha** cortada em cubos
½ **repolho verde** pequeno picado
1 folha de **louro**
75 g de **feijão-branco** cozido
75 g de **espaguete** quebrado ou massa para sopa
1 colher (sopa) de **salsa** picada
sal e **pimenta-do-reino** moída na hora
50 g de **parmesão** ralado na hora, para servir

Aqueça o azeite em uma panela grande. Refogue a cebola, o alho, o aipo, o alho-poró e a cenoura em fogo médio por 3 minutos, mexendo de vez em quando.

Junte os tomates, o caldo, a abobrinha, o repolho, a folha de louro e o feijão-branco. Espere ferver, abaixe o fogo e deixe cozinhar por 10 minutos.

Acrescente o espaguete e tempere com sal e pimenta-do-reino a gosto. Misture bem e deixe cozinhar por mais 8 minutos. Mexa ocasionalmente, para evitar que a massa grude no fundo da panela.

Acrescente a salsa picada e sirva em pratos fundos aquecidos, polvilhando o parmesão.

Variação: sopa de lentilha e bacon. Frite seis fatias de bacon defumado picadas grosseiramente com a cebola, o alho e as verduras e acrescente 75 g de lentilha vermelha com os tomates, o caldo e o feijão-branco. Cozinhe em fogo baixo por 20 minutos, ou até a lentilha engrossar a sopa naturalmente. Não coloque a massa para sopa. Misture 1 colher (sopa) de salsa picada e sirva em pratos fundos aquecidos, polvilhando o parmesão.

sopa de legumes para o verão

4 porções
Preparo: **10 minutos**
Cozimento: **20 minutos**

1 colher (sopa) de **azeite**
1 **alho-poró** cortado em tiras finas
1 **batata** grande cortada em cubos
450 g de **mix de legumes** (ervilha, aspargo, fava fresca, abobrinha)
2 colheres (sopa) de **hortelã** picada e alguns ramos para decorar
900 ml de **caldo de legumes**
2 colheres (sopa) de **creme de leite fresco**
sal (opcional) e **pimenta-do-reino** moída na hora

Aqueça o azeite em uma panela média, acrescente o alho-poró e a batata e refogue por 3 a 4 minutos, até ficarem macios.

Junte o mix de legumes, a hortelã e o caldo de legumes. Abaixe o fogo e cozinhe por 10 minutos.

Coloque a sopa no liquidificador e bata até obter um creme liso. Recoloque o creme na panela, tempere com sal, se necessário, e pimenta-do-reino. Aqueça bem e sirva em pratos fundos também aquecidos, regando a sopa com o creme de leite. Decore com os ramos de hortelã.

Variação: sopa de legumes com torrada de queijo. Cozinhe 1 alho-poró e 1 batata grande como descrito acima, acrescente 900 ml de caldo de legumes e deixe ferver. Cozinhe em fogo médio por 10 minutos e bata a sopa no liquidificador até obter um creme liso. Recoloque o creme na panela, acrescente mais 150 ml de caldo de legumes, todos os legumes restantes picados grosseiramente e 2 colheres (sopa) de hortelã fresca. Enquanto isso, corte uma baguete em fatias, cubra-as com cheddar ralado, leve ao forno preaquecido e deixe por 5 minutos para gratinar. Sirva a sopa em pratos fundos aquecidos e guarneça com as torradas de queijo.

lamen de frango

4 porções
Preparo: **10 minutos**
Cozimento: **12 minutos**

1,2 litro de **caldo de galinha**
1 **anis-estrelado**
1 pedaço de **canela em pau** quebrado
2 **dentes de alho** fatiados finamente
2 colheres (sopa) de **molho de peixe tailandês**
8 **raízes de coentro** picadas
4 colheres (chá) de **açúcar demerara**
4 colheres (sopa) de **molho de soja light**
200 g de **filé de frango** cortados em cubos
125 g de **verduras** (repolho, couve-chinesa) picadas grosseiramente
75 g de **vagem**
200 g de **macarrão de arroz cozido**
15 g de **coentro fresco**

Coloque o caldo de galinha, o anis-estrelado, a canela, o alho, o molho de peixe, a raiz de coentro, o açúcar e o molho de soja em uma panela grande e leve ao fogo alto até ferver. Acrescente o frango, abaixe o fogo e deixe cozinhar por 4 minutos.

Junte as verduras picadas e as vagens e cozinhe por mais 2 minutos.

Divida o macarrão entre quatro pratos fundos, despeje o caldo sobre a massa e decore com o coentro.

Variação: sopa de frango e leite de coco. Substitua 400 ml do caldo de galinha por 400 ml de leite de coco. Cozinhe o caldo em fogo baixo, acrescentando as ervas e especiarias, o açúcar, o molho de peixe e o molho de soja. Junte as folhas picadas e as vagens, cozinhe por 2 minutos e acrescente 125 g de ervilha-torta picada no último minuto, para que permaneça crocante. Despeje o caldo sobre as porções de macarrão divididas em pratos fundos e decore com o coentro.

croque monsieur

4 porções
Preparo: **10 minutos**
Cozimento: **10 minutos**

100 g de **manteiga** em temperatura ambiente
8 fatias de **pão de fôrma** branco
4 fatias de **cheddar**
4 fatias de **presunto** cozido
4 colheres (sopa) de **óleo vegetal**
pimenta-do-reino moída na hora

Espalhe metade da manteiga sobre um lado das oito fatias de pão. Sobre quatro das fatias, coloque uma fatia de queijo, seguida de uma de presunto, e tempere com pimenta-do-reino. Feche os sanduíches com as outras quatro fatias de pão com o lado da manteiga para baixo e aperte bem.

Derreta metade da manteiga restante com metade do óleo em uma frigideira grande e frite dois sanduíches, até dourarem dos dois lados. Repita a operação com os outros dois. Corte cada sanduíche na diagonal e sirva.

Variação: croque madame. Para um sanduíche levemente diferente, faça como descrito acima, mas não coloque queijo. Em uma frigideira, aqueça 4 colheres (sopa) de óleo e frite os sanduíches de presunto até dourarem. Mantenha-os aquecidos. Na mesma frigideira, coloque mais 1 colher (sopa) de óleo e frite 4 ovos até a clara ficar firme, mas a gema macia. Coloque os sanduíches aquecidos nos pratos e arrume com cuidado um ovo frito sobre cada um deles. Polvilhe salsa picada para decorar.

rolinho de linguiça

15 unidades
Preparo: **15 minutos,** mais o tempo para resfriar
Cozimento: **15 minutos**

400 g de **linguiça** de boa qualidade
200 g de **farinha de trigo**, mais um pouco para polvilhar
50 g de **farinha de trigo integral**
1 pitada de **sal**
150 g de **manteiga** gelada cortada em cubos
3 colheres (sopa) de **água** gelada
1 colher (sopa) de **semente de linhaça**
1 **ovo** batido

Corte uma das pontas de cada linguiça para retirar o recheio, colocando-o sobre uma tábua enfarinhada. Faça rolinhos finos com esse recheio.

Misture as duas farinhas e o sal em uma vasilha. Acrescente a manteiga e amasse até formar uma farofa grossa. Adicione água gelada até obter uma massa lisa e acrescente as sementes de linhaça. Coloque a massa sobre uma superfície enfarinhada e sove rapidamente.

Abra a massa com um rolo em um retângulo de 25 cm x 30 cm. Corte em três tiras de 10 cm x 25 cm. Recheie cada tira de massa com os rolinhos de linguiça. Pincele uma das bordas com o ovo batido e enrole a massa sobre o recheio, apertando bem as pontas do rocambole. Corte cada rolinho em pedaços de 5 cm e coloque-os em uma assadeira. Faça cortes transversais nos rolinhos e pincele-os com o ovo batido restante. Deixe-os na geladeira por 15 minutos e asse em forno preaquecido a 200°C por 15 minutos. Retire e deixe esfriar.

Variação: rolinho de linguiça e legumes assados.
Tire o miolo e as sementes de 1 pimentão amarelo e de 1 pimentão vermelho pequenos, mais 1 abobrinha pequena e pique-os grosseiramente. Coloque os legumes em uma assadeira, regue-os com 1 colher (sopa) de azeite e leve ao forno preaquecido a 200°C por 30 minutos. Deixe esfriar. Misture os legumes com 300 g de recheio de linguiça. Abra a massa e recheie para fazer quinze rolinhos. Asse-os como na receita acima.

omelete de queijo de cabra

4 porções
Preparo: **10 minutos**
Cozimento: **20 minutos**

4 colheres (sopa) de **azeite**
500 g de **tomate-cereja** vermelho e amarelo cortado ao meio
um pouco de **manjericão** picado
12 **ovos**
2 colheres (sopa) de **mostarda extraforte**
50 g de **manteiga**
100 g de **queijo de cabra** macio cortado em cubos
sal e **pimenta-do-reino** moída na hora
agrião, para decorar

Aqueça o azeite em uma frigideira e refogue os tomates, em duas levas, por 2-3 minutos, até ficarem macios. Acrescente o manjericão, tempere com sal e pimenta-do-reino e mantenha aquecido.

Bata os ovos com a mostarda e tempere com sal e pimenta-do-reino.

Derreta ¼ da manteiga em uma frigideira antiaderente e despeje ¼ dos ovos batidos. Comprima a omelete com um garfo para que frite uniformemente. Assim que estiver dourada por baixo, mas ainda cremosa no centro, espalhe o queijo de cabra e mantenha por mais 30 segundos. Cuidadosamente, faça a omelete deslizar para um prato de mesa aquecido, dobrando-a ao meio, se desejar.

Repita a operação para fazer mais três omeletes. Sirva com os tomates refogados e decore com ramos de agrião.

Acompanhamento: refogado de linguiça e tomate.
Corte 6 tomates em quartos e refogue-os em uma frigideira com 4 colheres (sopa) de azeite. Acrescente 225 g de linguiça curada fatiada finamente e 1 colher (chá) de pimenta vermelha picada. Frite por mais 1 minuto até dourar a linguiça. Prepare a omelete como descrito acima, sem o queijo de cabra. Sirva com o refogado de linguiça e tomate e as folhas de rúcula.

sanduíche de bacon e salada

4 unidades
Preparo: **5 minutos**
Cozimento: **10 minutos**

2 fatias finas de **bacon**
2 fatias de **pão de fôrma integral** ou **multigrãos**
2 colheres (sopa) de **maionese**
2 **tomates** cortados ao meio
cerca de 4 **folhas pequenas de alface**
sal e **pimenta-do-reino** moída na hora

Aqueça uma frigideira antiaderente pequena e frite o bacon virando uma vez até dourar. Retire da frigideira e coloque sobre papel-toalha para tirar o excesso de gordura.

Toste as fatias de pão integral dos dois lados. Espalhe a maionese em um lado de cada fatia, arrume sobre ela as fatias de bacon, os tomates e as folhas de alface. Tempere com sal e pimenta-do-reino e feche o sanduíche com a outra fatia. Corte em quatro triângulos e sirva quente ou frio.

Variação: sanduíche tostado para o café da manhã.
Frite o bacon como descrito acima. Asse 2 linguiças até ficarem bem passadas e douradas. Corte as linguiças ao meio no sentido do comprimento e mantenha aquecidas. Aqueça 1 colher (sopa) de óleo vegetal em uma frigideira média. Prepare uma omelete com 2 ovos em fogo médio por 1-2 minutos. Arrume o bacon frito e a linguiça sobre uma fatia aquecida de pão de fôrma. Corte a omelete em quartos e coloque sobre os outros ingredientes. Tempere com sal e pimenta-do-reino e polvilhe salsa picada. Espalhe um pouco de ketchup em outra fatia de pão e feche o sanduíche. Corte em quatro triângulos e sirva quente.

iscas de frango com saladinha

4 porções
Preparo: **20 minutos**
Cozimento: **6-8 minutos**

2 **ovos**
2 colheres (sopa) de **leite**
100 g de **farinha de rosca**
4 colheres (sopa) de **parmesão** ralado na hora
500 g de filé de **peito de frango** cortado em tiras
25 g de **manteiga**
2 colheres (sopa) de **óleo vegetal**
sal e **pimenta-do-reino** moída na hora

Saladinha
2 **tomates** cortados em cubos pequenos
½ **pepino** cortado em cubos
75 g de **milho-verde** em lata escorrido
1 colher (sopa) de **folhas de coentro** picadas

Coloque os ingredientes da saladinha em uma vasilha e misture bem.

Bata os ovos e o leite com uma pitada de sal e pimenta-do-reino.

Misture a farinha de rosca com o parmesão.

Mergulhe as tiras de frango no ovo batido e em seguida empane-os a com a farinha de rosca. Cada tira deve ficar bem coberta pela farinha.

Aqueça a manteiga e o óleo vegetal em uma frigideira grande e frite as tiras de frango empanadas por 6-8 minutos, virando sempre para dourarem uniformemente. Sirva com a saladinha.

Variação: iscas de salmão ao molho de hortelã.
Corte 500 g de filé de salmão em tiras. Misture 2 colheres (sopa) de salsa picada com 100 g de farinha de rosca e empane cada tira de salmão na mistura. Frite as tiras em manteiga e óleo vegetal como descrito acima por 2-3 minutos, até dourarem, cuidando para não despedaçar o peixe na hora de virar na frigideira. Misture 300 g de iogurte natural com 4 colheres (sopa) de hortelã picada e 3 colheres (sopa) de pepino em cubos pequenos. Sirva o salmão com o dip de iogurte em uma vasilha separada.

caesar salad

4 porções
Preparo: **20 minutos**
Cozimento: **5 minutos**

1 **dente de alho** descascado e amassado
4 **filés de anchova** em conserva escorridos e picados
suco de 1 **limão**
1-2 colheres (chá) de **mostarda**
1 **gema**
200 ml de **azeite**
óleo vegetal, para fritar
3 fatias de **pão de fôrma** cortadas em cubos
1 pé de **alface-crespa** lavada e rasgada
3 colheres (sopa) de **parmesão** ralado na hora
pimenta-do-reino moída na hora

Coloque o alho, os filés de anchova, o suco de limão, a mostarda e a gema em uma vasilha e tempere com pimenta-do-reino a gosto. Acrescente o azeite lentamente em fio, batendo a mistura com um garfo até obter um creme liso, como uma maionese. Se ficar muito denso, dilua com um pouco de água.

Aqueça o óleo vegetal em uma frigideira e teste a temperatura jogando um cubo de pão de fôrma; se ele chiar, acrescente o pão restante e frite até ficar dourado e crocante. Reserve sobre papel-toalha.

Coloque a alface-crespa em uma vasilha grande, regue com o molho e polvilhe o parmesão ralado, misturando bem. Guarneça com os croûtons, junte o parmesão restante e sirva.

Variação: salada de bacon, nozes e croûtons.
Prepare um molho misturando 4 colheres (sopa) de maionese caseira com 2 colheres (sopa) de vinagre de vinho branco e 1 colher (chá) de mostarda de Dijon. Frite seis fatias de bacon até ficarem crocantes e pique-as grosseiramente. Misture o bacon com as folhas de alface-crespa rasgadas e 50 g de nozes tostadas. Faça croûtons de pão integral. Monte a salada misturando todos os ingredientes e regue com o molho de mostarda.

salada tailandesa de carne picante

4 porções
Preparo: **15 minutos**
Cozimento: **5-10 minutos**

- 2 colheres (sopa) de **óleo vegetal**
- 500 g de **filé-mignon** ou **contrafilé** cortado em tiras no sentido das fibras
- 3 **dentes de alho** picados finamente
- 2 **pimentas verdes** sem sementes e cortadas em tiras finas
- 8 colheres (sopa) de **suco de limão**
- 1 colher (sopa) de **molho de peixe tailandês**
- 2 colheres (chá) de **açúcar**
- 2 **papaias** maduras fatiadas finamente
- ½ **pepino** grande cortado em palitos finos
- 75 g de **broto de feijão**
- 1 pé de **alface-americana** rasgada
- **molho de pimenta**, para servir (opcional)

Aqueça o óleo em um wok, em temperatura média. Acrescente a carne, o alho e as pimentas, aumente o fogo e salteie tudo por 3-4 minutos, até a carne dourar uniformemente. Regue com o suco de limão e o molho de peixe, acrescente o açúcar e salteie até começar a estalar.

Tire a panela do fogo. Retire a carne com o auxílio de uma escumadeira e misture com a papaia, o pepino, o broto de feijão e a alface.

Regue a salada com o líquido que restou no wok, para temperar, e sirva quente, com o molho de pimenta, se desejar.

Variação: salada tailandesa com manga e castanha-de-caju. Corte 500 g de filé de frango em tiras e salteie com o alho e a pimenta, como descrito acima. Acrescente 8 colheres (sopa) de suco de limão, 1 colher (sopa) de molho de peixe e 2 colheres (chá) de açúcar. Pique 2 mangas maduras em cubos. Arrume as mangas, os palitos de pepino e o broto de feijão sobre as tiras de frango. Sirva aquecido sobre folhas de coentro, em vez de alface, regue tudo com o molho formado no wok e espalhe 75 g de castanha-de-caju tostada e picada grosseiramente.

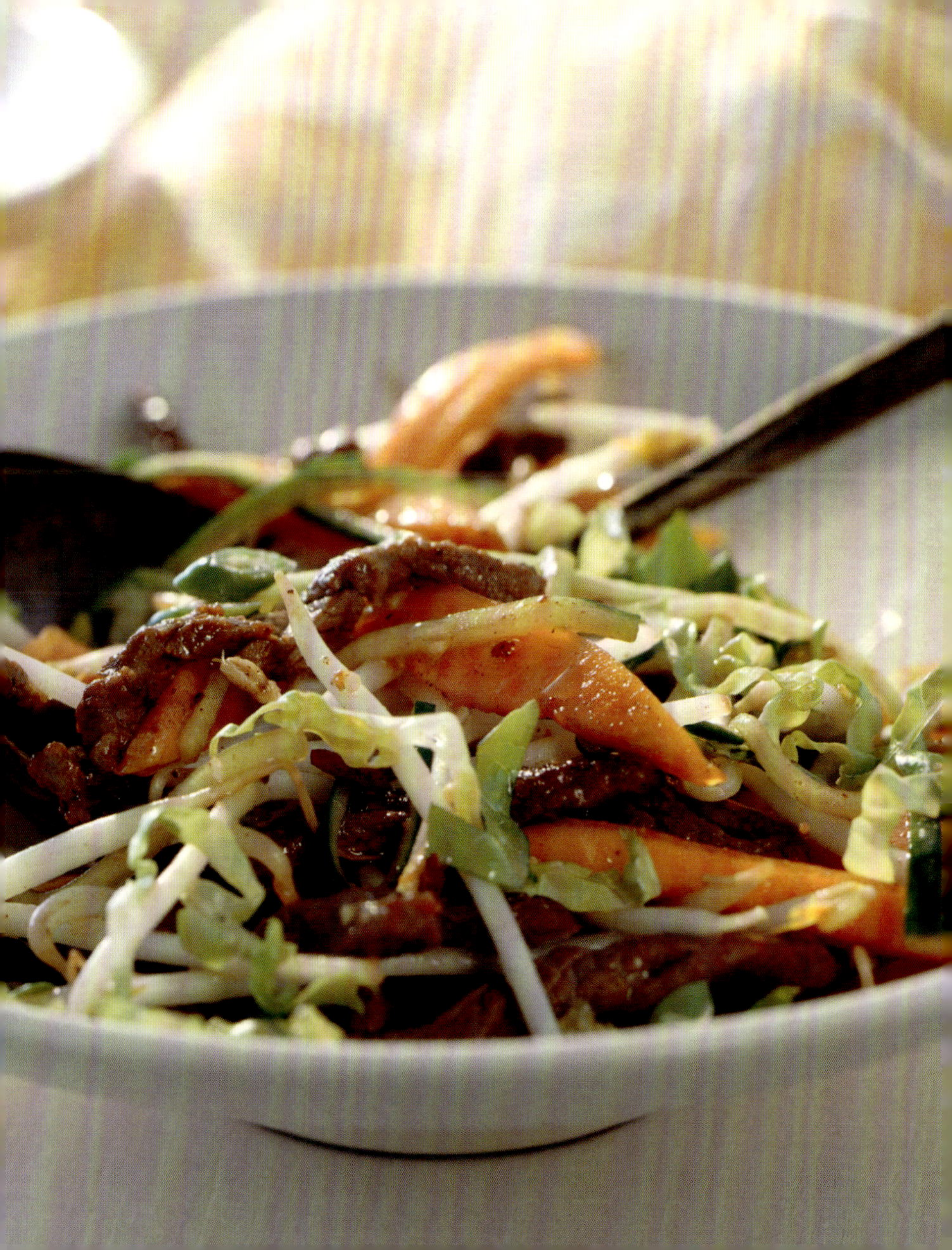

torrada de shiitake

4 porções
Preparo: **5 minutos**
Cozimento: **20 minutos**

8 **cogumelos shiitake** grandes sem os talos
2 **dentes de alho** amassados
125 ml de **azeite extravirgem**
2 colheres (chá) de **tomilho** fresco picado
suco e raspas de **1 limão**
2 colheres (sopa) de **salsa** picada
4 fatias de **pão de fôrma** torradas com manteiga
sal e **pimenta-do-reino** moída na hora
rúcula e lâminas de **parmesão**, para servir

Coloque os cogumelos com o lado do talo para cima em uma assadeira e tempere com sal e pimenta-do--reino. Em uma vasilha, junte o alho, o azeite e o tomilho. Acrescente as raspas de limão (reservando um pouco para a decoração) e misture tudo. Regue os cogumelos com metade desse molho.

Asse os cogumelos em forno preaquecido a 220°C por 20 minutos, até ficarem macios. Polvilhe a salsa picada e regue com o suco de limão.

Arrume os cogumelos sobre as torradas, regue com o restante da mistura de azeite e sirva com as folhas de rúcula, as raspas de limão reservadas e um pouco de parmesão.

Variação: tomate assado com alho e ciabatta.
Corte 12 tomates italianos ao meio no sentido do comprimento. Asse-os em forno preaquecido a 220°C por 20 minutos com 2 dentes de alho amassados, 125 ml de azeite e 2 colheres (sopa) de tomilho fresco picado, sem colocar o suco e as raspas de limão. Corte a ciabatta ao meio no sentido do comprimento e novamente ao meio no sentido da largura e esfregue em cada pedaço um dente de alho cortado ao meio. Regue com 2 colheres (sopa) de azeite e leve o pão ao forno pelos 10 últimos minutos de cocção dos tomates. Sirva os tomates assados sobre as fatias de pão, com lâminas de parmesão e regados com um pouco de vinagre balsâmico.

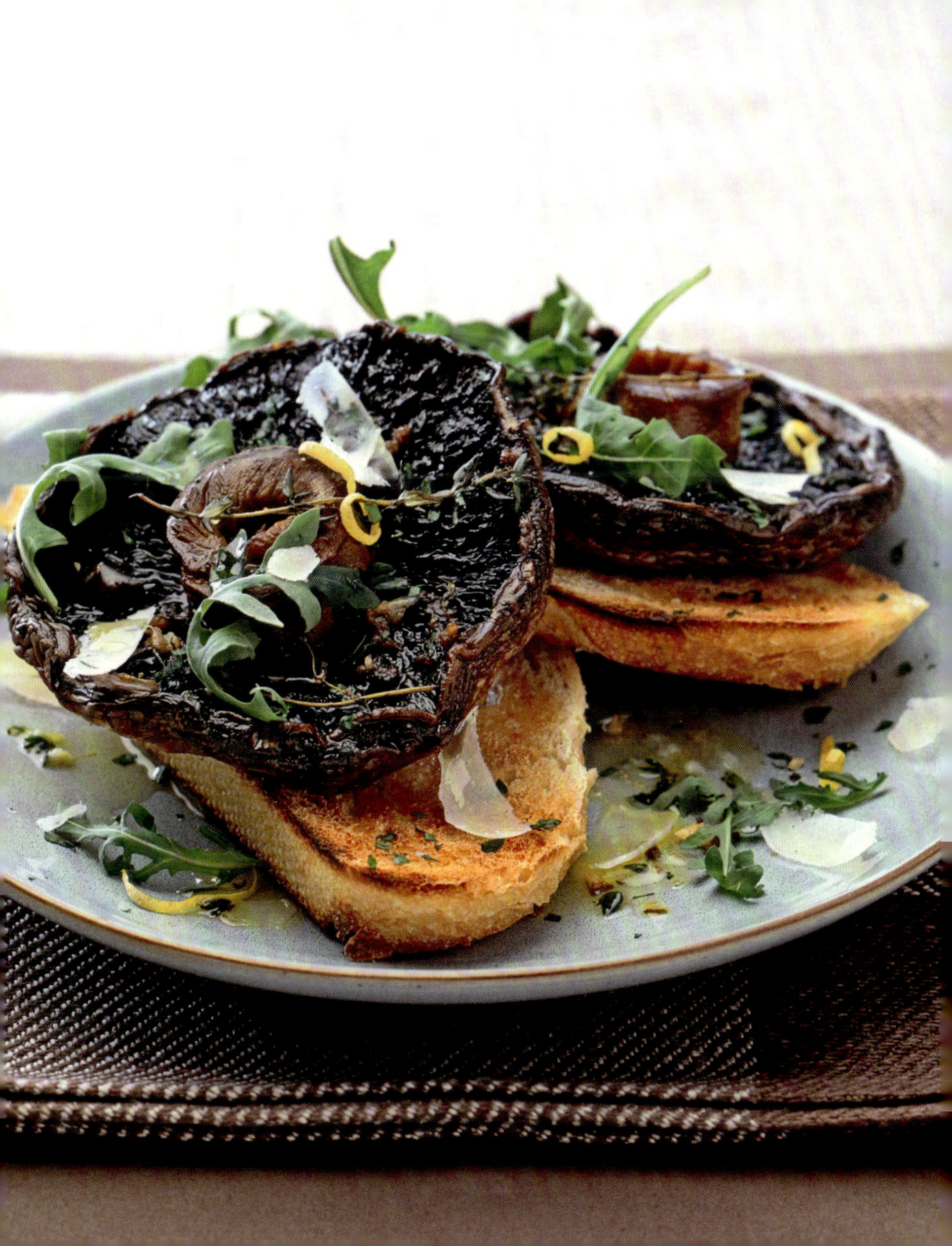

tortilha assada com homus

4 porções
Preparo: **5 minutos**
Cozimento: **10-12 minutos**

4 **tortilhas** compradas prontas ou pão pita
1 colher (sopa) de **azeite**

homus
410 g de **grão-de-bico** cozido e escorrido
1 **dente de alho** picado
4-6 colheres (sopa) de **iogurte natural**
2 colheres (sopa) de **suco de limão**
1 colher (sopa) de **folhas de coentro** picadas
sal e **pimenta-do-reino** moída na hora
páprica, para polvilhar
gomos de **limão-siciliano** e **azeitonas pretas e verdes**, para servir

Corte cada tortilha em oito triângulos, coloque-os em uma assadeira, pincele-os com um pouco do azeite e leve ao forno preaquecido a 200°C por 10-12 minutos, até dourarem e ficarem crocantes. Retire a assadeira do forno.

Bata no processador o grão-de-bico, o alho, o iogurte e o suco de limão, até obter um creme liso. Tempere com sal e pimenta-do-reino, acrescente o coentro picado e polvilhe a páprica. Sirva com as tortilhas aquecidas, os gomos de limão-siciliano e as azeitonas.

Variação: tortilha picante com tomate seco e homus apimentado. Prepare as tortilhas como indicado acima e pincele-as com azeite. Antes de levá-las ao forno, polvilhe tempero cajun pronto. Prepare um homus cremoso batendo no processador 410 g de grão-de-bico cozido e escorrido, 1 dente de alho, 4-6 colheres (sopa) de iogurte, 2 colheres (sopa) de suco de limão, algumas folhas de coentro e 3 tomates secos, adicionando 2-3 colheres (sopa) de água, se necessário. Tempere com sal e pimenta-do-reino e sirva com as tortilhas.

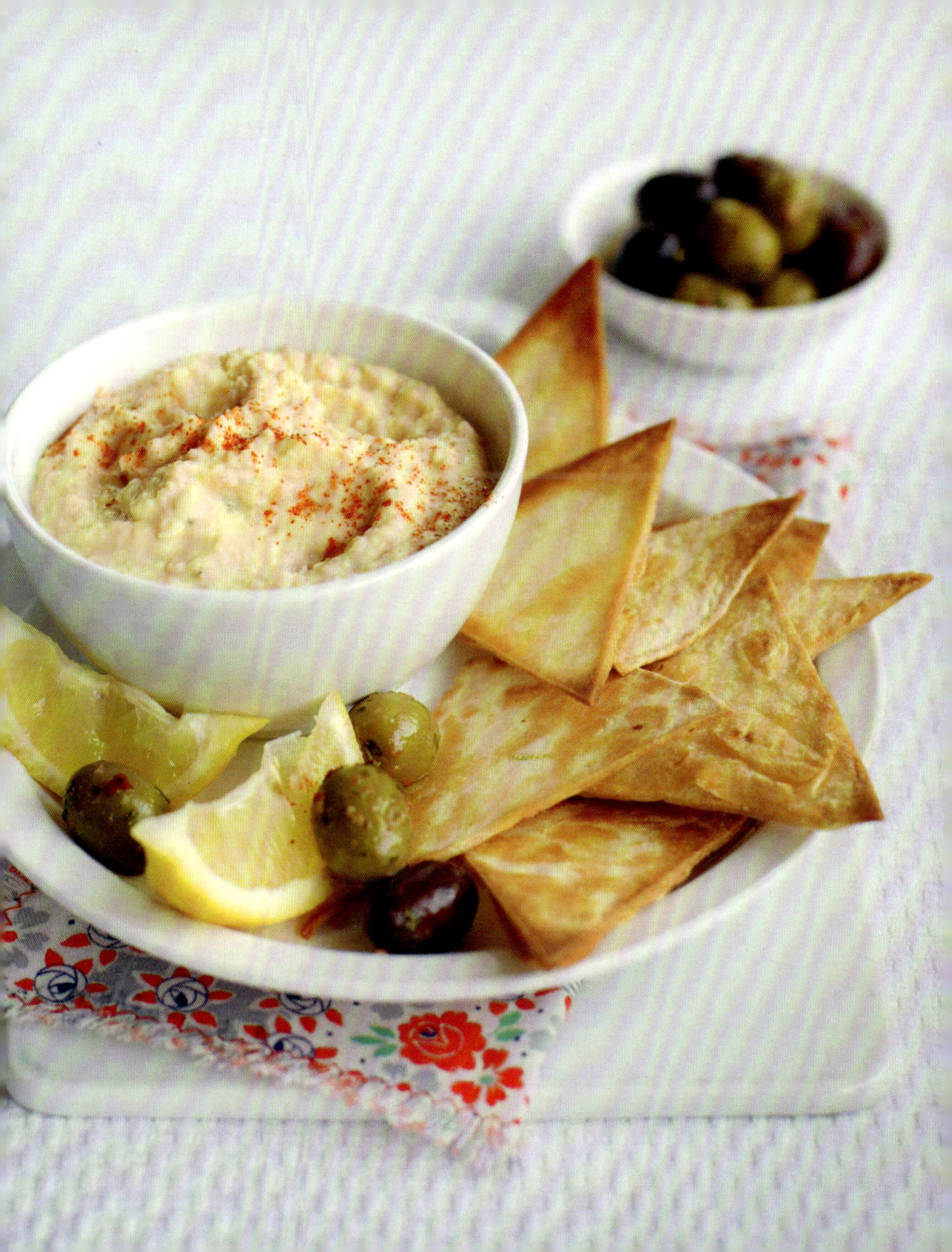

batata frita

4-6 porções
Preparo: **15 minutos**, mais o tempo de demolha
Cozimento: **30 minutos**

900 g de **batata farinhenta**
(asterix ou barack)
óleo vegetal, para fritar
sal, para polvilhar

Descasque as batatas e corte-as em fatias de 1,5 cm de espessura no sentido do comprimento e depois novamente em tiras para formar bastões.

Mergulhe os bastões em água gelada e deixe repousar por 30 minutos, para retirar o excesso de amido, separando uns dos outros. Escorra as batatas e seque cuidadosamente em papel-toalha; elas devem ficar bem secas, para não espirrar gordura quente na hora de fritar.

Aqueça o óleo em uma panela funda a 160°C e frite as batatas em lotes por cerca de 5 minutos, até ficarem macias, mas não douradas. Retire-as do óleo e deixe escorrer por 5 minutos. Aumente a temperatura para 190°C e recoloque as batatas para fritar. Frite por 6-8 minutos, dependendo da espessura do corte, até dourarem.

Escorra as batatas em papel-toalha e polvilhe sal.

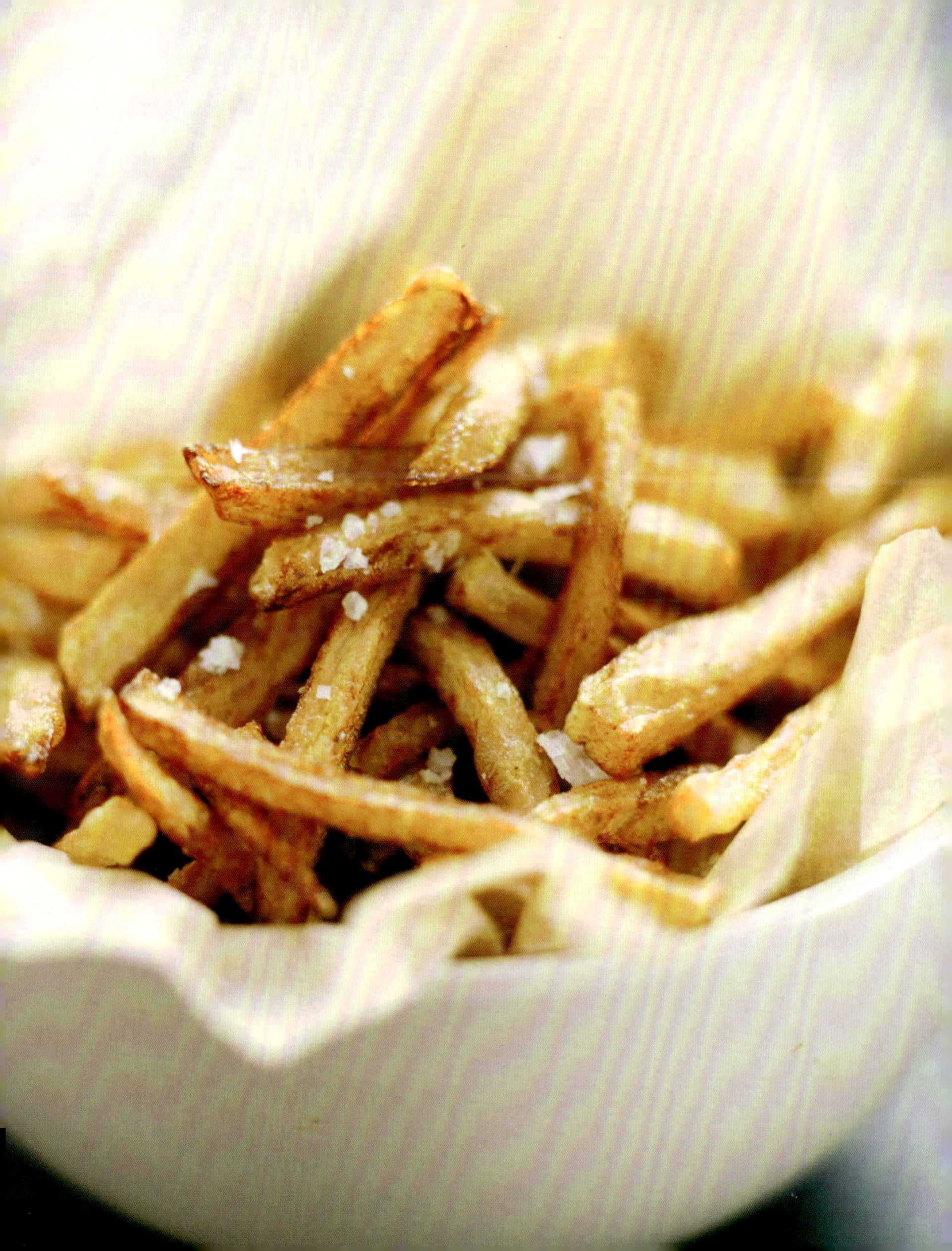

salada de espinafre e abacate

4 porções
Preparo: **15 minutos**
Cozimento: **10 minutos**

1 **avocado** ou ½ **abacate**
2 colheres (sopa) de **suco de limão**
500 g de **espinafre**
1 maço pequeno de **cebolinha** cortada em tiras
2 colheres (sopa) de **óleo vegetal**
4 fatias de **bacon** picadas
1 **dente de alho** amassado

Para o molho
3 colheres (sopa) de **vinagre balsâmico**
1 colher (chá) de **açúcar demerara**
1 colher (chá) de **mostarda de Dijon**
125 ml de **azeite**
1 colher (sopa) de **nozes** picadas, mais algumas para decorar (opcional)
1 colher (sopa) de **salsa** ou **manjericão** picado
sal e **pimenta-do-reino** moída na hora

Prepare o molho. Em uma vasilha, misture o vinagre, o açúcar e a mostarda. Acrescente uma pitada de sal e pimenta-do-reino e regue com o azeite. Junte as nozes e a salsa picada ao molho e ajuste o tempero.

Pique o abacate em cubos e regue-os com o suco de limão, para não escurecerem. Em uma vasilha grande, coloque o espinafre lavado e seco com a cebolinha e os cubos de abacate.

Aqueça o óleo em uma frigideira e frite o bacon e alho, até ficarem dourados e crocantes. Escorra sobre papel-toalha e espalhe sobre a salada.

Regue com um pouco do molho, mexa com cuidado e sirva logo, decorando com nozes inteiras, se quiser.

Variação: salada morna de espinafre e gorgonzola com croûtons de nozes. Prepare a salada como descrito acima, sem o bacon. Faça o molho e regue a salada com ele. Retire a casca de quatro fatias de pão integral. Passe manteiga em um lado de cada fatia, polvilhe nozes picadas, enrole cada fatia e prenda cada rolinho com dois palitos de dente. Corte os rolinhos ao meio, deixando cada metade presa por um palito. Aqueça o óleo em uma frigideira e frite os rolinhos croûtons por 1-2 minutos. Retire da frigideira. Coloque 175 g de gorgonzola na frigideira ainda quente e deixe derreter. Regue a salada com o queijo derretido e sirva com dois rolinhos de pão de nozes.

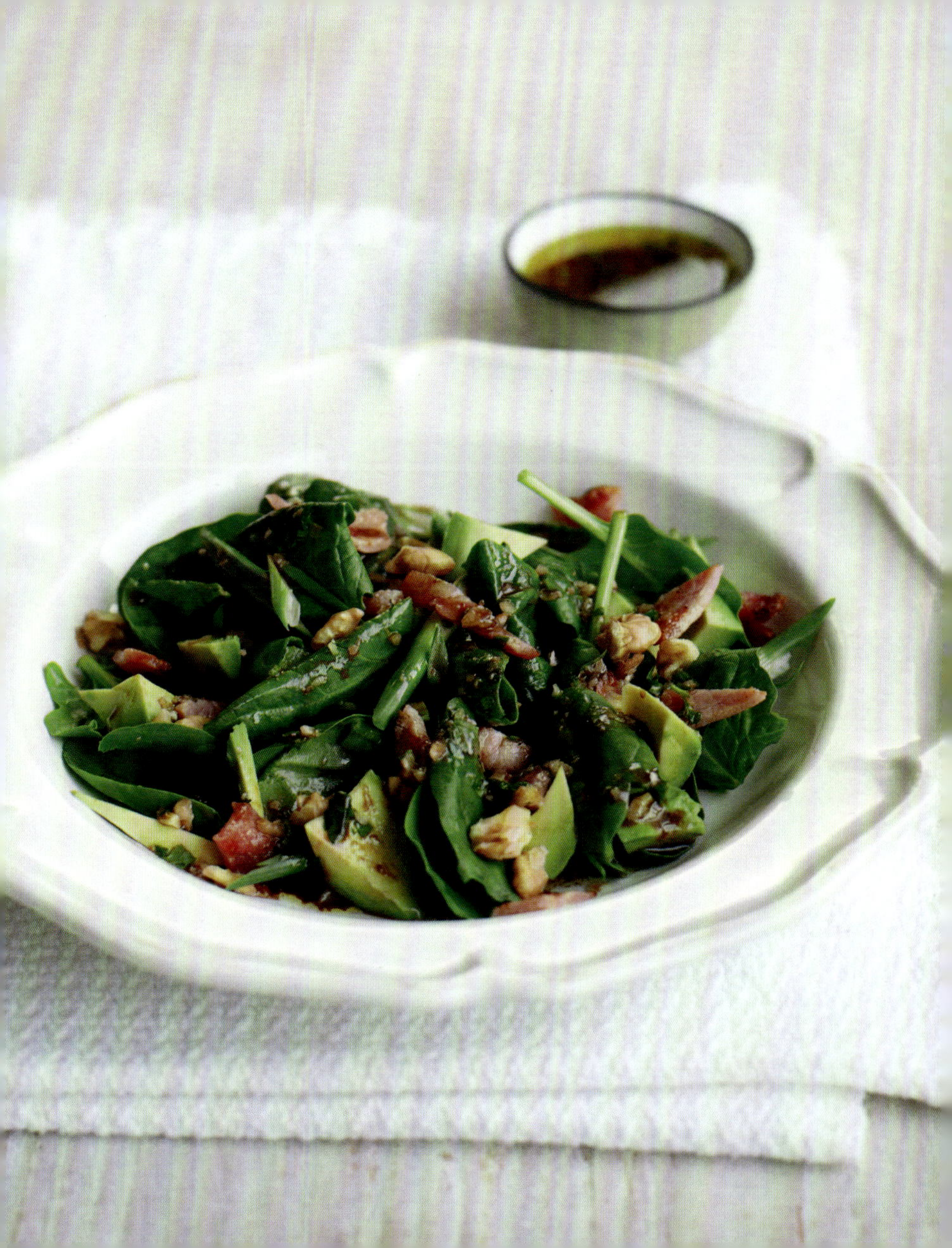

panquequinha

8-10 unidades
Preparo: **10 minutos**, mais o tempo para reservar
Cozimento: **20 minutos**

125 g de **farinha de trigo com fermento**
1 **ovo grande**
150 ml de **leite**
um punhado de **ervas secas** a gosto picadas
óleo vegetal, para fritar

Coloque a farinha em uma vasilha e abra uma covinha no centro, na qual devem ser colocados o ovo e um pouco de leite. Com o auxílio de um batedor de arame, comece batendo o ovo com o leite. Aos poucos, incorpore a farinha, para começar a engrossar a massa.

Continue a bater e, quando a massa estiver bem densa, adicione leite aos poucos. Após obter uma mistura homogênea, acrescente as ervas secas. Reserve por cerca de 30 minutos, para o fermento da farinha produzir bolhas, tornando a massa mais fofa.

Aqueça uma frigideira antiaderente e unte com um pouco de óleo vegetal. Com uma colher grande ou uma concha (dependendo do tamanho das panquecas que desejar fazer), despeje quantidades de massa na frigideira. Frite por cerca de 1 minuto, até dourarem na parte de baixo, e vire com a ajuda de uma espátula para dourar o outro lado. Coloque as panquequinhas em um prato e mantenha aquecidas enquanto frita as restantes, adicionando mais óleo, caso a frigideira fique muito seca.

Variação: panquequinha integral de mirtilo. Junte 125 g de farinha de trigo integral com 1 ovo e 150 ml de leite. Substitua as ervas secas pelos mirtilos. Misture bem e frite a massa como descrito acima. Sirva as panquequinhas com colheradas de iogurte natural e mapple syrup ou mel.

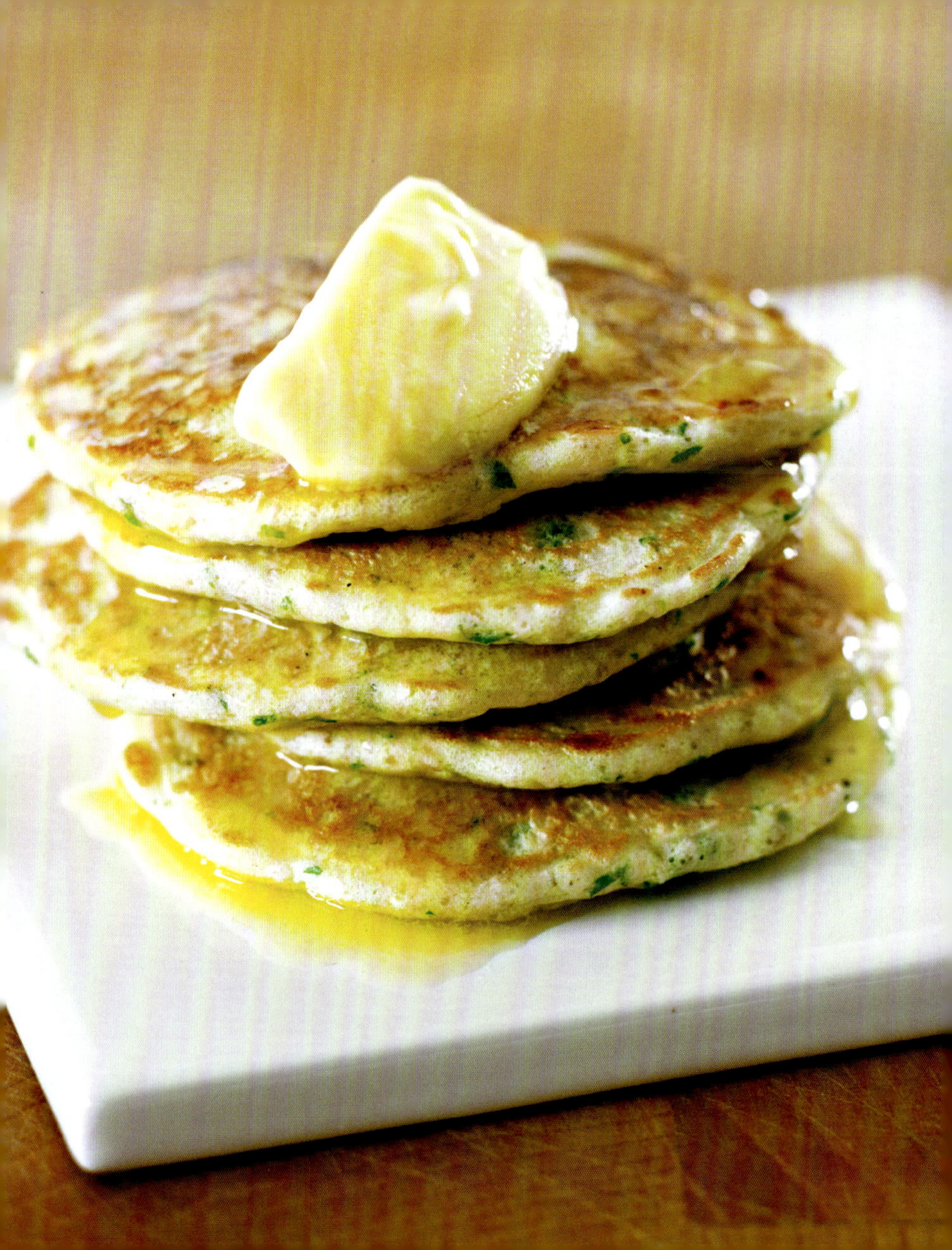

couve-flor com creme de queijo

4 porções
Preparo: **10 minutos**
Cozimento: **15 minutos**

1 **couve-flor** grande separada em buquês
25 g de **manteiga**
25 g de **farinha de trigo**
300 ml de **leite**
125 g de **cheddar** ralado
1 colher (chá) de **mostarda de Dijon**
1 colher (sopa) de **farinha de rosca**
sal e **pimenta-do-reino** moída na hora
4 fatias de **bacon** fritas e cortadas em tiras, para servir

Cozinhe os buquês de couve-flor no vapor com água e um pouco de sal por cerca de 12 minutos. Retire-os da panela e coloque em uma fôrma refratária.

Derreta a manteiga em outra panela, junte a farinha de trigo e frite por 1 minuto. Adicione aos poucos o leite, mexendo sempre, e ⅔ do cheddar e apure até o molho encorpar. Tempere com a mostarda, sal e pimenta-do-reino.

Despeje o molho sobre a couve-flor, espalhe o queijo restante sobre a superfície e polvilhe a farinha de rosca. Leve ao forno alto para gratinar até dourar. Sirva com as tiras de bacon fritas.

Variação: couve-flor ao forno com bacon e mix de sementes.

Cozinhe a couve-flor como indicado acima. Faça o molho com 300 ml de leite de soja e tofu, acrescentando 1 colher (sopa) de mostarda inglesa. Frite duas fatias de bacon até ficarem crocantes. Faça uma farofa com o bacon frito picado, 50 g de farinha de rosca feita com pão integral torrado, 1 colher (sopa) de semente de abóbora e 1 colher (sopa) de semente de girassol. Coloque o molho sobre a couve-flor e polvilhe a farofa.

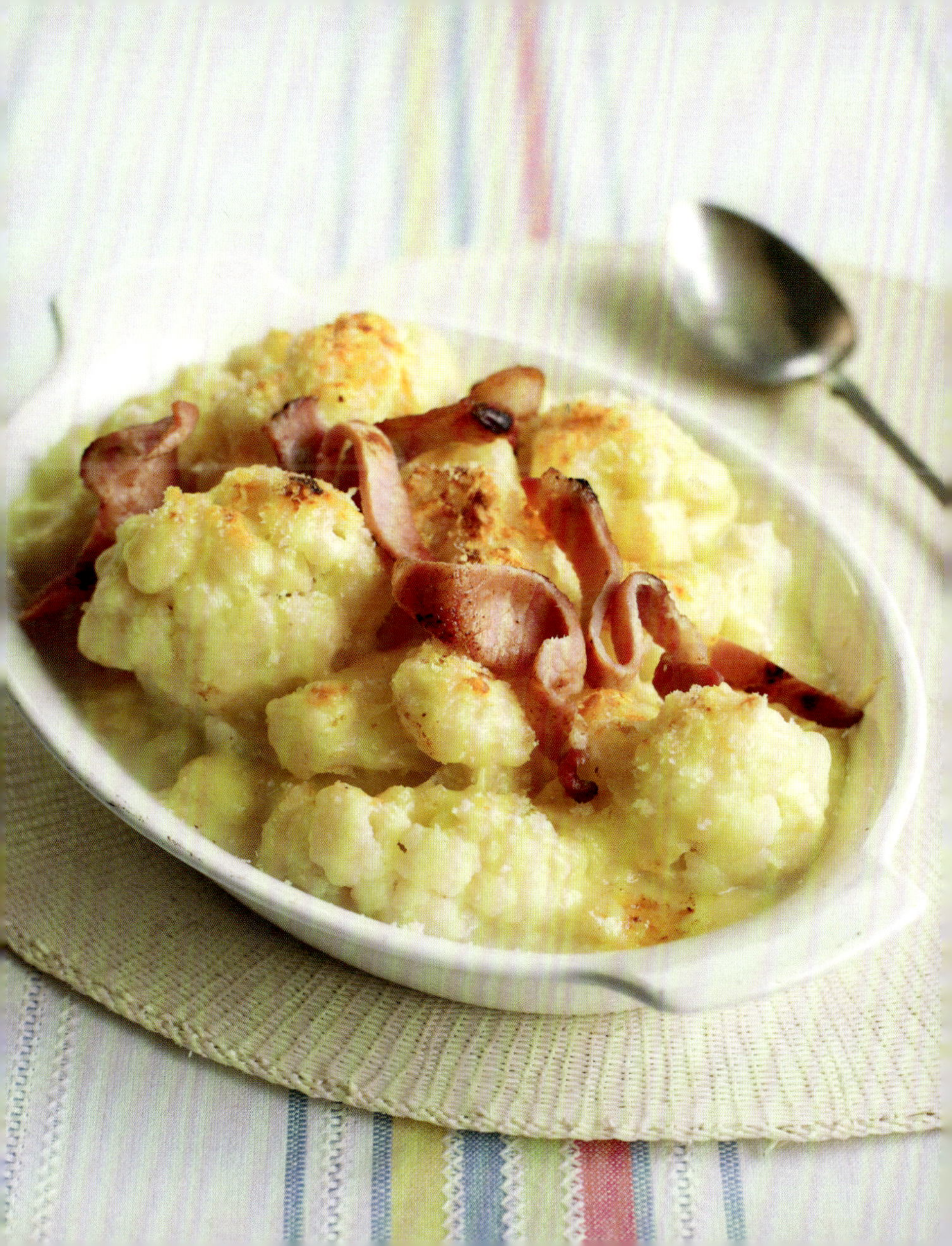

pão de minuto com ervas

8 pãezinhos de 90 g
Preparo: **10 minutos**, mais 10 minutos para preparar o leitelho
Cozimento: **25-30 minutos**

250 g de **farinha de trigo integral**, mais para polvilhar
250 g de **farinha de trigo**
1 colher (chá) de **bicarbonato de sódio**
1 colher (chá) de **sal**
50 g de **manteiga** sem sal gelada em cubos, mais para untar
1 **cebolinha** picada finamente
1 colher (sopa) de **salsa** picada
1 colher (sopa) de **tomilho fresco** picado
1 colher (sopa) de **alecrim fresco** picado
leitelho preparado com 180 ml de **iogurte natural** e 100 ml de **leite** (faça 10 minutos antes do início da receita)

Peneire as duas farinhas, o bicarbonato e o sal em uma tigela. Acrescente a manteiga em cubos e misture com a ponta dos dedos até formar uma farofa grossa. Junte a cebolinha e as ervas e agregue tudo. Faça uma cova no centro da farofa e adicione o leitelho. Mexa com uma espátula até obter uma massa delicada e uniforme. Vire a massa sobre uma superfície enfarinhada e sove devagar, compondo uma bola. Divida a massa entre oito forminhas de alumínio altas untadas.

Coloque as forminhas em uma assadeira, alise a massa e polvilhe farinha de trigo.

Asse em forno preaquecido a 220°C por 25-30 minutos, até os pães crescerem, dourarem e soarem ocos ao bater na casca. Coloque sobre uma grade para esfriarem. Se quiser obter uma casca mais macia, enrole os pães ainda quentes em um pano de prato para esfriar. De preferência, consuma no mesmo dia.

Variação: pão de minuto com tâmara e nozes.

Descarte a cebolinha e as ervas picadas e acrescente 100 g de nozes picadas e 125 g de tâmara sem sementes picada. Asse o pão como indicado acima.

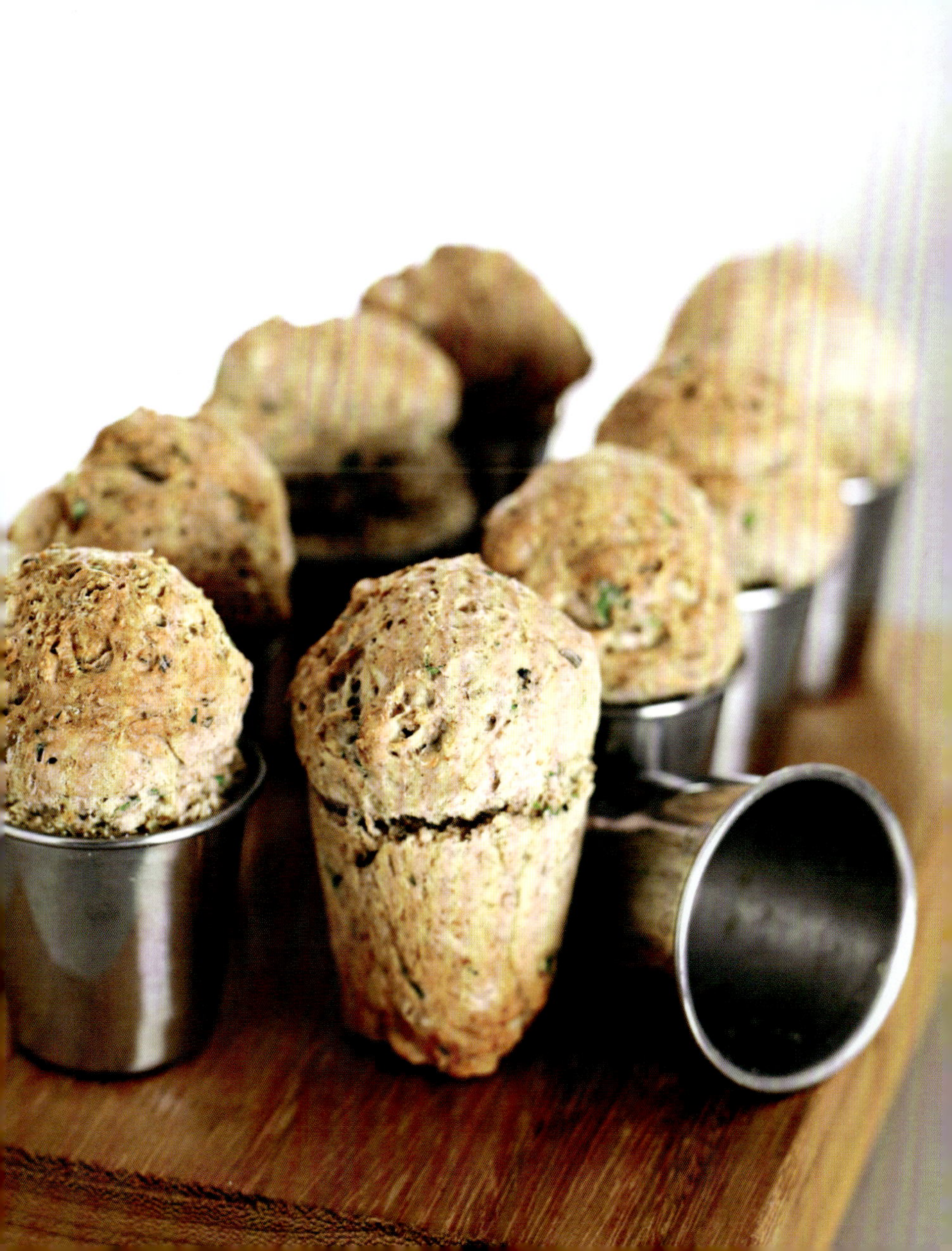

vagem picante à oriental

4 porções
Preparo: **15 minutos**
Cozimento: **15 minutos**

- 2 colheres (sopa) de **óleo vegetal**
- 4 **echalotas** picadas
- 2 **dentes de alho** amassados
- ½ colher (chá) de **pasta de camarão tailandesa**
- 250 g de **vagem** aparada e fatiada finamente na diagonal
- 2 colheres (chá) de **pasta de pimenta-malagueta tailandesa** (sambal oelek) ou **molho de pimenta**
- 1 colher (chá) de **açúcar mascavo**
- **sal**

Aqueça o óleo em um wok, acrescente as echalotas picadas, o alho e a pasta de camarão e refogue em fogo baixo, mexendo por 5 minutos, até as echalotas ficarem transparentes.

Acrescente as vagens, aumente para fogo médio e refogue por mais 8 minutos, mexendo de vez em quando, até ficarem macias, mas ainda *al dente*.

Adicione a pasta de pimenta, o açúcar e uma pitada de sal e continue a refogar por mais 1 minuto. Prove e ajuste o sal, se necessário. Sirva bem quente.

Variação: quiabo picante com molho raita. Refogue as cebolas, o alho e a pasta de camarão como indicado acima. Em vez da vagem, acrescente 250 g de quiabo cortado na diagonal em 3 partes cada e uma pimenta-malagueta pequena sem sementes e fatiada finamente. Refogue o quiabo como indicado acima. Faça o molho raita misturando 4 colheres (sopa) de iogurte natural com 2 colheres (sopa) de folhas de coentro picadas, 1 colher (sopa) de hortelã picada e 3 colheres (sopa) de pepino picado em cubinhos. Sirva o quiabo quente com o molho raita em uma vasilha.

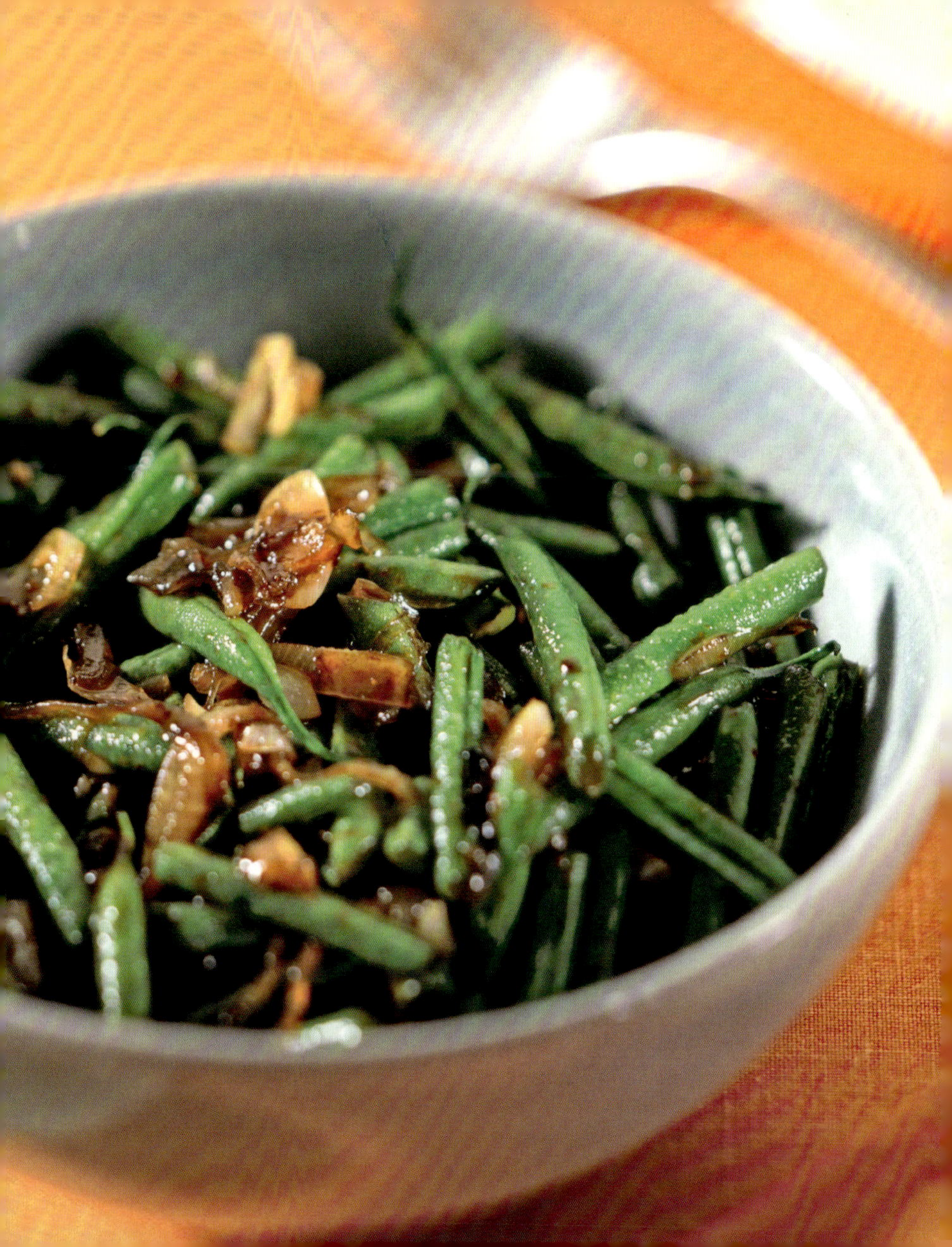

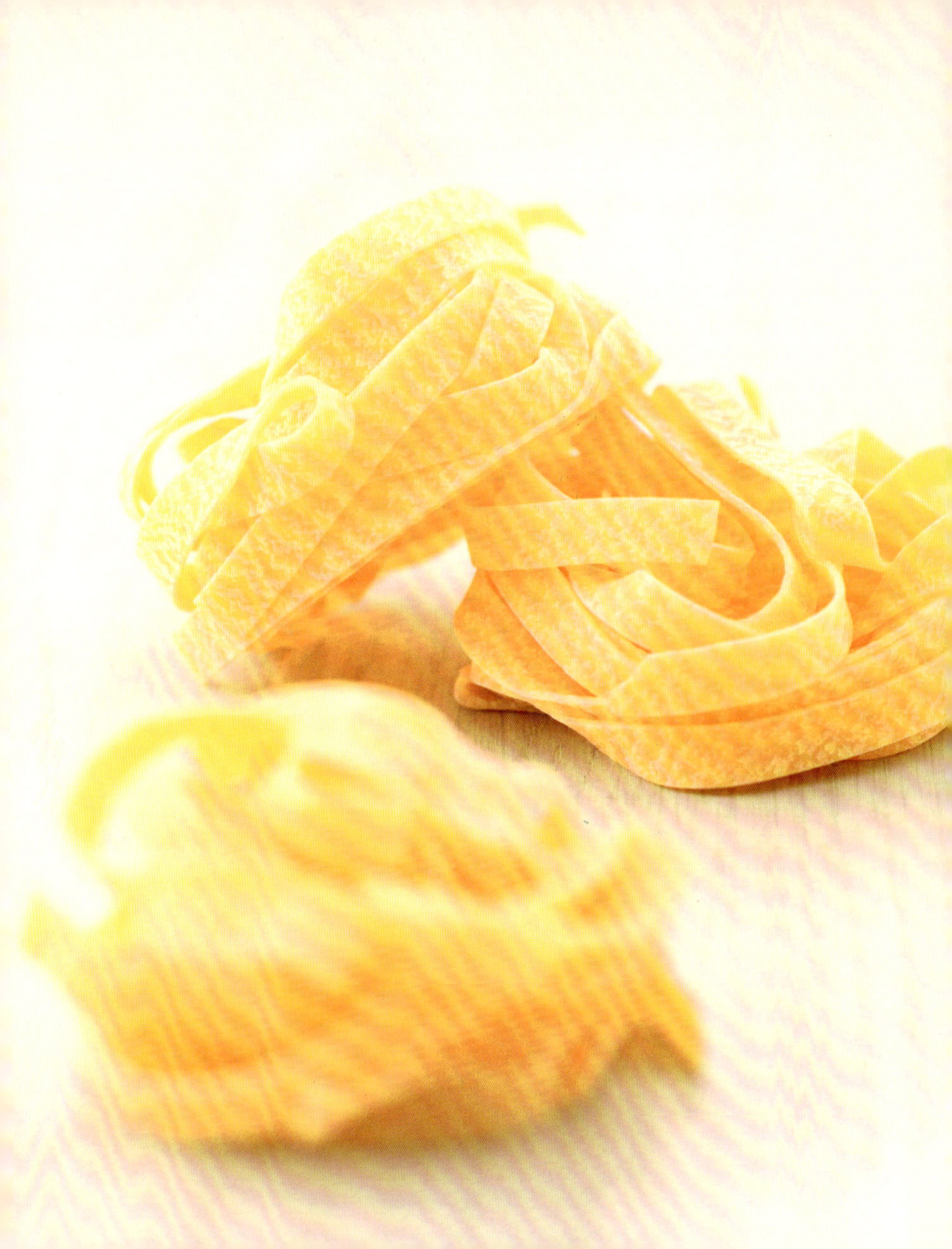

arroz e massas

conchiglione ao forno com atum

4 porções
Preparo: **5 minutos**
Cozimento: **15 minutos**

300 g de **conchiglione**
2 colheres (sopa) de **azeite**
1 **cebola** finamente picada
2 **pimentões vermelhos** sem sementes, sem miolo e cortados em cubos
2 **dentes de alho** amassados
200 g de **tomate-cereja** cortado ao meio
15 g de **manteiga**
50 g de **farinha de rosca**
400 g de **atum** em lata escorrido e desfiado
125 g de **muçarela** ou **gruyère** ralado

Cozinhe a massa em uma panela grande, em água fervente com sal, por 8-10 minutos, ou conforme as instruções da embalagem, até ficar *al dente*.

Aqueça o azeite em uma frigideira. Acrescente a cebola e refogue em fogo baixo por 3 minutos. Adicione os pimentões e o alho, continuando a refogar e mexendo constantemente por mais 5 minutos. Coloque os tomates e refogue por mais 1 minuto, até começarem a amolecer.

Derreta a manteiga, em outra panela, junte a farinha de rosca e mexa até agregar bem. Escorra a massa em uma vasilha, acrescente o refogado de tomate e pimentão e o atum. Coloque tudo em uma travessa refratária.

Salpique o queijo ralado e polvilhe a farinha de rosca frita na manteiga. Leve ao forno para gratinar por 3-5 minutos, até o queijo derreter bem e a farinha dourar.

Variação: conchiglione com salmão e vagem. Cozinhe 300 g de massa como indicado acima. Refogue a cebola e o alho no azeite quente. Corte 125 g de aspargo fresco aparado em pedaços de 2,5 cm e pique 125 g de vagem. Coloque os legumes na panela com a cebola e o alho, em vez dos pimentões, e refogue por 3 minutos. Escorra e desfie 200 g de salmão cozido e misture com 200 g de creme de leite fresco. Agregue os ingredientes e arrume-os em uma travessa refratária. Polvilhe 50 g de farinha de rosca e 125 g de queijo e gratine.

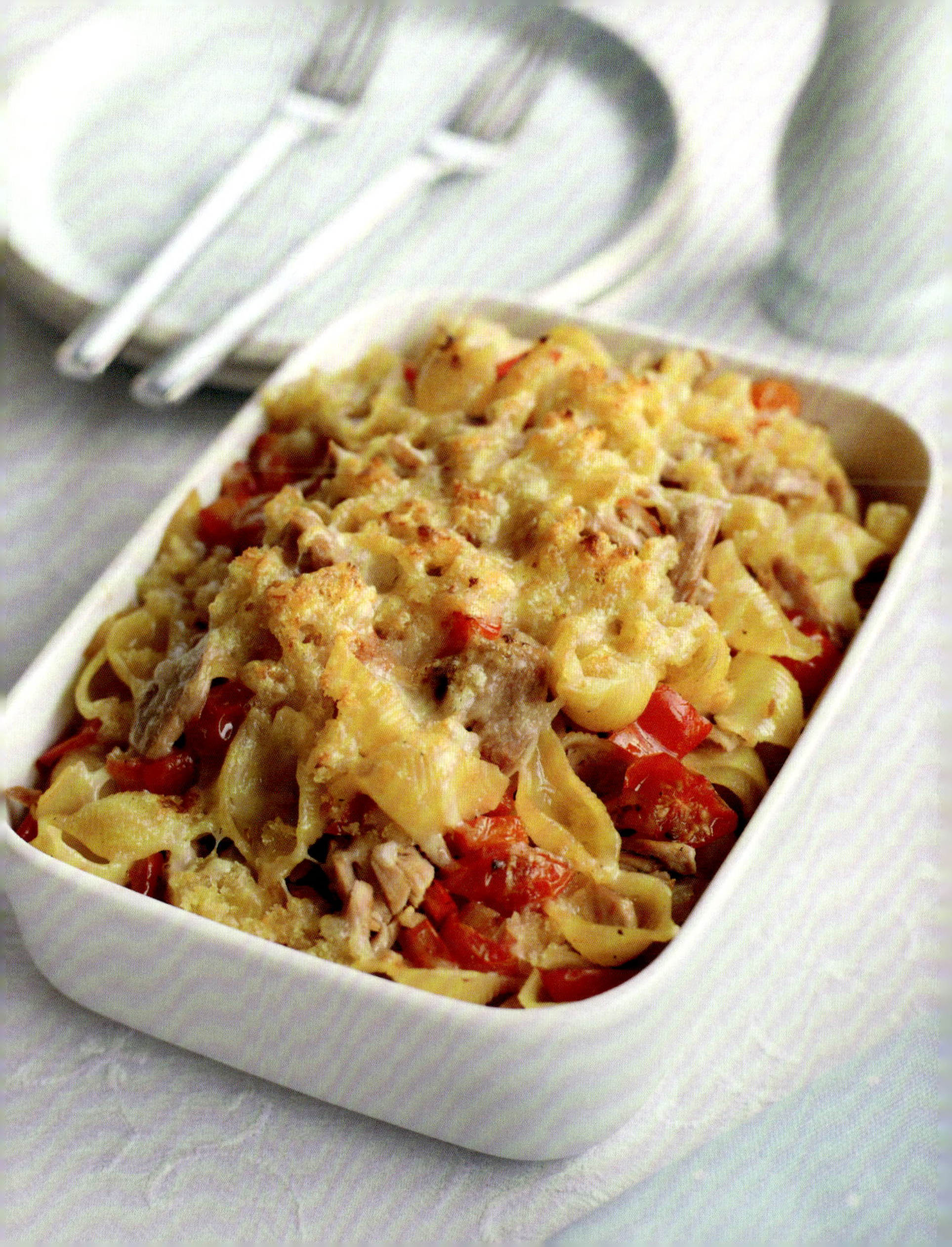

espaguete à carbonara rápido

4 porções
Preparo: **10 minutos**
Cozimento: **10 minutos**

400 g de **espaguete**
2 colheres (sopa) de **azeite**
1 **cebola** finamente picada
200 g de **bacon** sem pele
e cortado em cubos
2 **dentes de alho** finamente
picados
3 **ovos**
4 colheres (sopa) de
parmesão ralado na hora,
mais um pouco para finalizar
3 colheres (sopa) de **salsa**
picada, mais para decorar
3 colheres (sopa) de **creme
de leite fresco**
sal e **pimenta-do-reino** moída
na hora

Cozinhe a massa em água fervente com um pouco de sal por 8-10 minutos, ou conforme as instruções da embalagem, até ficar *al dente*.

Aqueça o azeite em uma frigideira grande. Acrescente a cebola, refogue até ficar macia e adicione o bacon e o alho, refogando em fogo baixo por 4-5 minutos.

Bata os ovos com o parmesão, a salsa picada e o creme de leite. Tempere com sal e pimenta-do-reino e mexa bem.

Escorra o espaguete e coloque na frigideira com a cebola e o bacon, em fogo baixo, para untar bem a massa. Despeje os ovos batidos, mexa e retire a frigideira do fogo. Continue misturando por alguns segundos, até os ovos cozinharem bem, mas ficarem ainda cremosos. Sirva logo, polvilhando parmesão e salsa picada.

Variação: espaguete rápido com abobrinha. Use um descascador de batatas para fatiar 3 abobrinhas pequenas no sentido do comprimento em lâminas finas. Aqueça o azeite em uma frigideira grande ou um wok, refogue a cebola como indicado acima, acrescente as lâminas de abobrinha e 2 dentes de alho amassados e refogue por 4-5 minutos. Não utilize o bacon. Complete a preparação como indicado acima e sirva com bastante pecorino ou parmesão ralado.

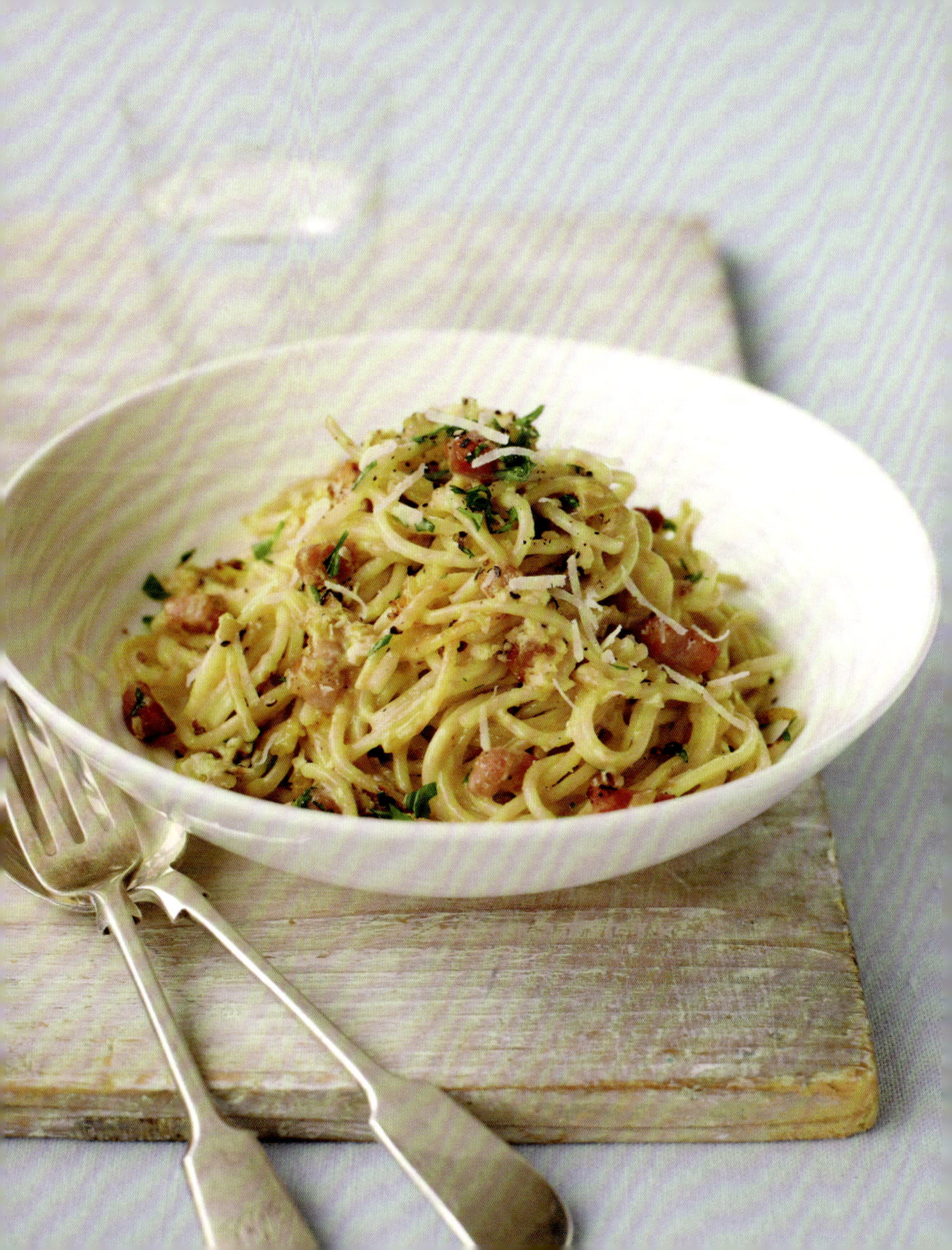

macarrão com queijo ao forno

4 porções
Preparo: **5 minutos**
Cozimento: **20 minutos**

- 250 g de **massa** tubular pequena (caracol, maccheroni, ditalini, rigatoni)
- 4 fatias de **bacon defumado** cortadas em cubinhos
- 1 **dente de alho** amassado
- 150 ml de **creme de leite** fresco
- 150 ml de **leite**
- 1 pitada de **noz-moscada** ralada na hora
- 175 g de **cheddar** ou **gruyère** ralado
- 4 colheres (sopa) de **manjericão** picado
- 2 **tomates** cortados em rodelas
- **sal** e **pimenta-do-reino** moída na hora

Cozinhe a massa em uma panela grande, por 8-10 minutos, até ficar *al dente*. Escorra e reserve.

Frite o bacon em uma frigideira sem gordura até ficar crocante. Acrescente o alho, doure por 1 minuto, coloque o creme de leite e o leite e aromatize com a noz-moscada. Deixe ferver.

Adicione 125 g do cheddar ralado com o manjericão, retire a frigideira do fogo e mexa até derreter. Tempere com sal e pimenta-do-reino e despeje o molho sobre o macarrão reservado.

Divida a massa com o molho em cumbucas refratárias individuais, cubra com as rodelas de tomate e o cheddar ralado restante. Leve ao forno preaquecido a 230°C por 10 minutos.

Variação: potinho de macarrão com espinafre e cogumelo. Cozinhe e escorra 250 g de massa tubular pequena, como indicado acima. Corte 300 g de cogumelos frescos variados em fatias. Em uma frigideira grande, aqueça o azeite e salteie os cogumelos. Acrescente 1 dente de alho amassado e refogue por mais 1 minuto. Lave e escorra bem 400 g de espinafre fresco, misture-o aos cogumelos e cozinhe por 1 minuto até murchar. Não use o bacon. Acrescente o creme de leite fresco como indicado acima e aromatize com a noz-moscada e o queijo, sem o manjericão e as rodelas de tomate. Junte a massa e o molho e finalize como descrito acima. Sirva bem temperado com sal e pimenta-do-reino.

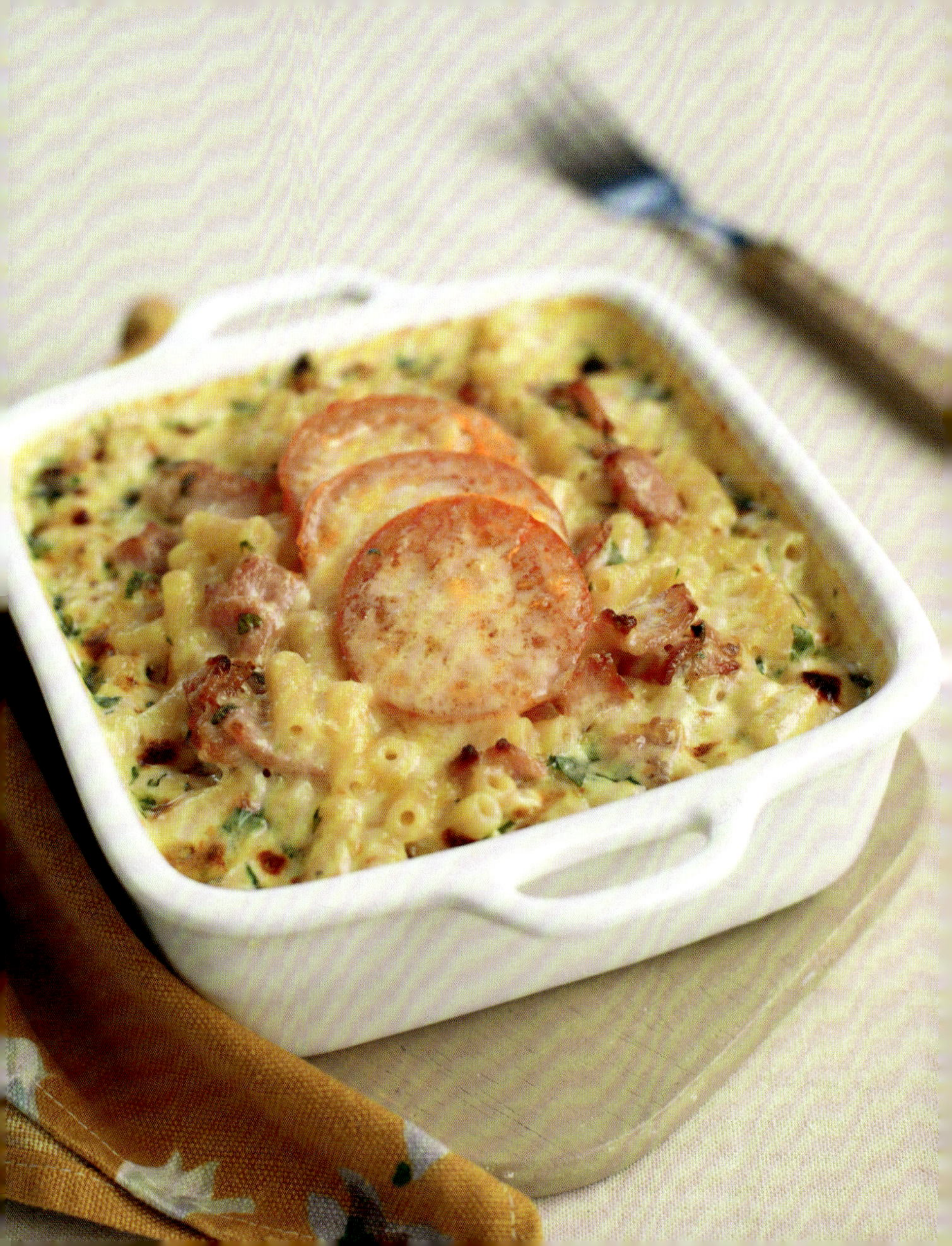

espaguete com frutos do mar

4 porções
Preparo: **10 minutos**
Cozimento: 10 minutos

300 g de **espaguete**
2 colheres (sopa) de **azeite**
2 **dentes de alho** amassados
4 **cebolinhas** picadas
400 g de **frutos do mar** frescos variados (camarão pequeno descascado e limpo, lula cortada em anéis finos, vieira)
200 g de **camarão grande** descascado e limpo
125 ml de **vinho branco seco**
75 g de **creme de leite fresco**
½ maço pequeno de **salsa** picada
sal e **pimenta-do-reino** moída na hora
parmesão ralado na hora, para servir

Cozinhe o espaguete em água fervente com um pouco de sal por 8-10 minutos, ou conforme as instruções da embalagem, até ficar *al dente*.

Aqueça o azeite em uma frigideira, acrescente o alho e as cebolinhas e refogue por 2 minutos. Aumente o fogo, adicione os frutos do mar e salteie por 3-4 minutos, até os camarões ficarem rosados e as vieiras, cozidas.

Retire os frutos do mar com uma escumadeira e reserve. Coloque o vinho branco na frigideira para soltar os resíduos, junte o creme de leite e aumente o fogo para reduzir o molho.

Recoloque os frutos do mar na frigideira, mexa bem e deixe cozinhar em fogo baixo por 2 minutos. Escorra o espaguete e coloque na frigideira com a salsa picada, tempere com sal e pimenta-do-reino e misture tudo com o auxílio de duas colheres. Sirva com o parmesão.

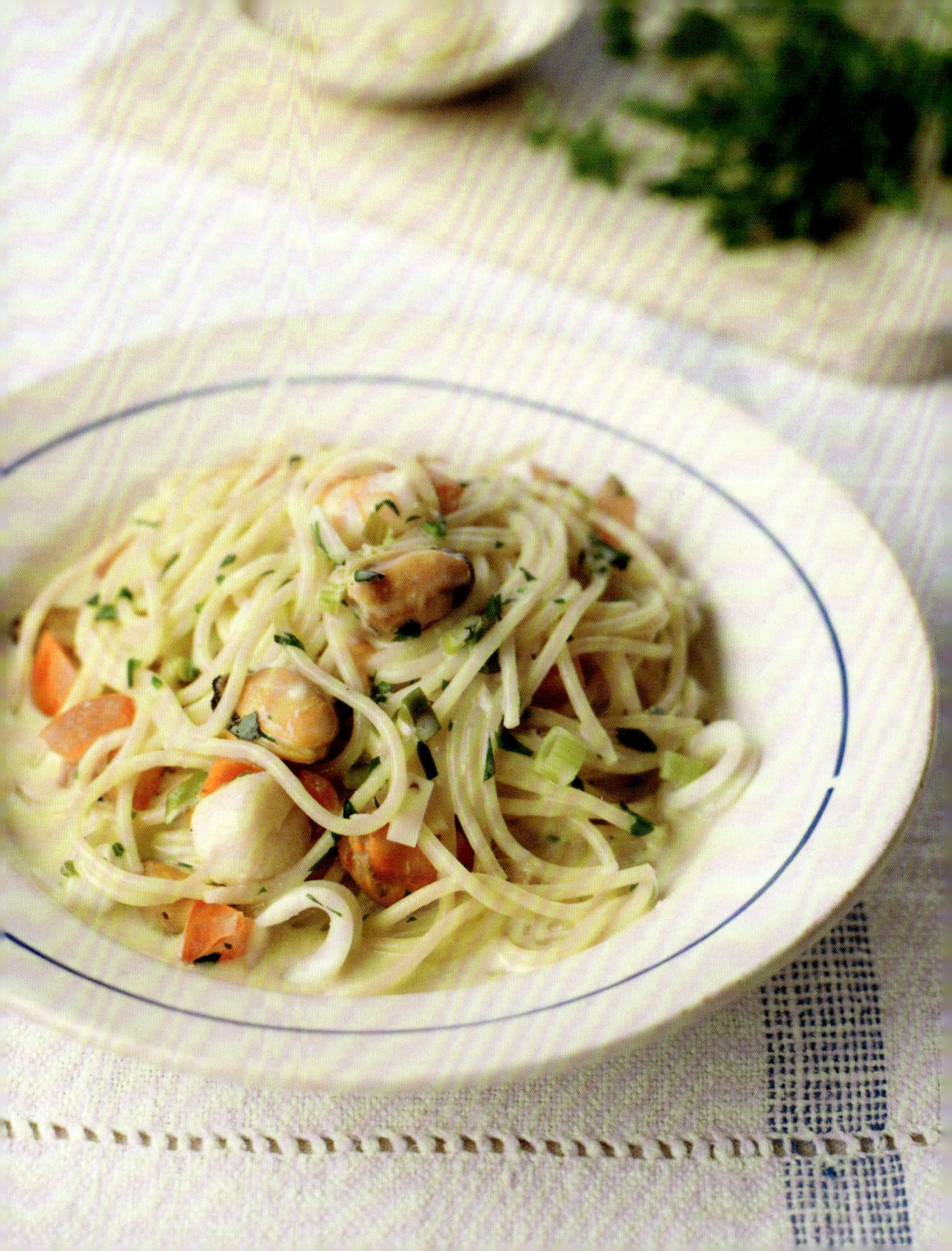

linguine com legumes

4 porções
Preparo: **10 minutos**
Cozimento: **10 minutos**

1 **pimentão vermelho** cortado ao meio, sem sementes e sem miolo
1 **abobrinha** fatiada
1 **cebola roxa** fatiada
1 **berinjela** pequena fatiada finamente
8 **aspargos** aparados
5 colheres (sopa) de **azeite**
300 g de **linguine**
3 colheres (sopa) de **ervilha congelada**
125 de **parmesão** ralado na hora
1 porção de **manjericão** rasgado grosseiramente
sal e **pimenta-do-reino** moída na hora

Aqueça uma chapa de fogão ou grill elétrico. Grelhe o pimentão com a pele para baixo até surgirem bolhas escuras. Grelhe as fatias de abobrinha, de cebola e de berinjela e os aspargos por 2 minutos de cada lado. Como alternativa, asse os legumes no forno alto preaquecido.

Retire a pele do pimentão e corte-o em tiras. Disponha--as em um prato com os outros legumes grelhados. Regue com 4 colheres (sopa) de azeite. Mantenha aquecido no forno baixo.

Cozinhe, em uma panela grande, o linguine em água fervente com um pouco de sal por 8-10 minutos, ou conforme as instruções da embalagem, até ficar *al dente*. Acrescente as ervilhas no último minuto de cozimento da massa.

Escorra o linguine e as ervilhas e recoloque-os na panela. Acrescente os legumes reservados, tempere tudo e junte o parmesão. Misture vigorosamente, adicionando o azeite restante, caso necessário. Finalize com o manjericão e mexa bem antes de servir.

Variação: linguine ao azeite aromatizado com manjericão e ervilha. Cozinhe e escorra 300 g de linguine. Em uma panela, aqueça 3 colheres (sopa) de azeite e doure 1 dente de alho em lâminas. No processador, junte 150 ml de azeite, 1 maço de manjericão lavado e seco e o alho com azeite. Bata bem para obter um molho verde. Cozinhe 175 g de ervilhas e misture com o linguine cozido. Regue tudo com o molho de azeite e manjericão e misture bem. Sirva com parmesão ralado.

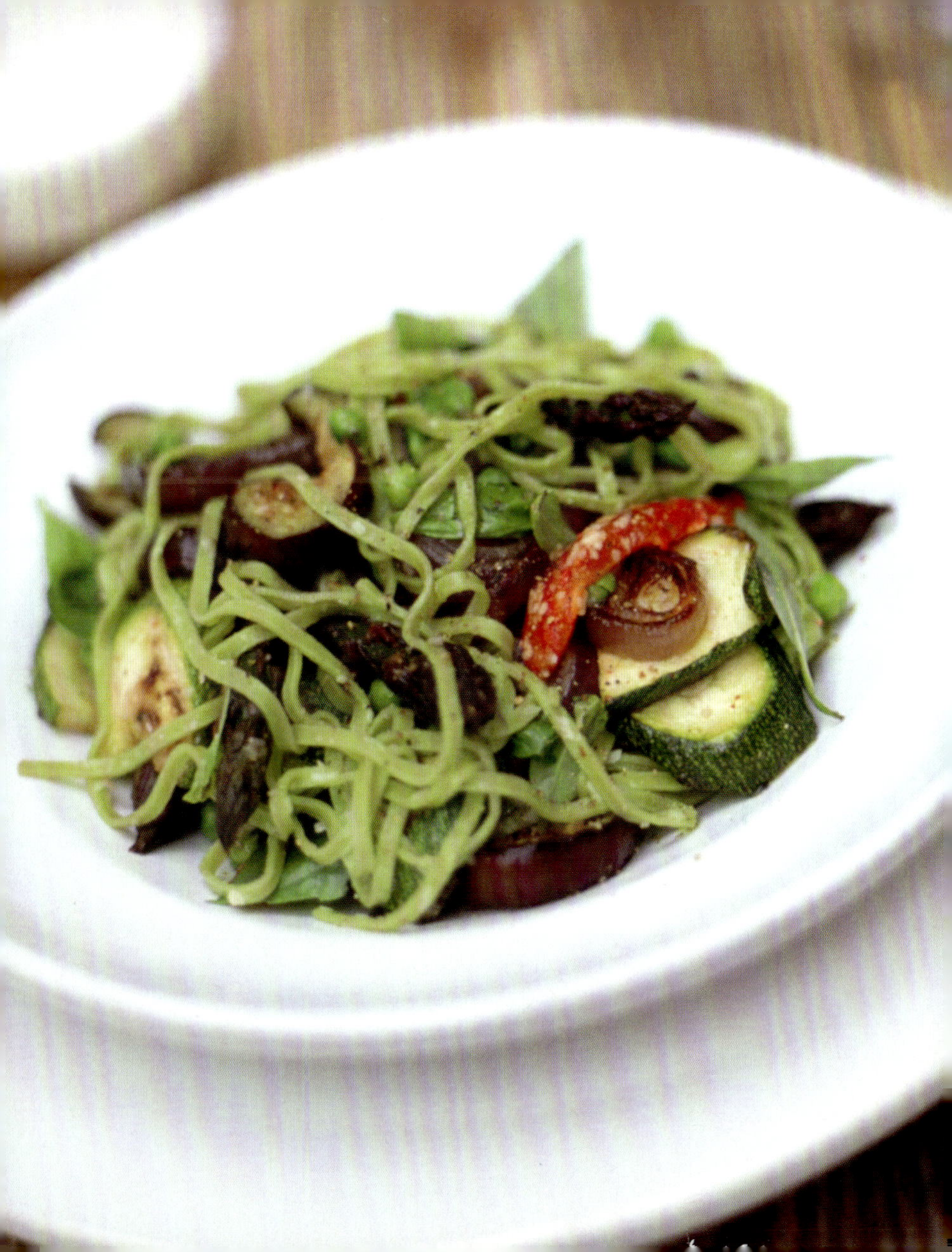

talharim à moda mediterrânea

4 porções
Preparo: **10 minutos**
Cozimento: **5 minutos**

125 g de **azeitona preta** sem caroço
1 **pimenta-dedo-de-moça** sem sementes e fatiada
4 colheres (sopa) de **alcaparra** em conserva escorrida
2 colheres (sopa) de **extrato de tomate**
3 colheres (sopa) de **manjericão** picado
3 colheres (sopa) de **salsa** picada
4 **tomates** picados
125 ml de **azeite**
375 g de **talharim** ou **papardelle**
sal e **pimenta-do-reino** moída na hora
lâminas de parmesão, para servir

Bata as azeitonas, a pimenta e as alcaparras no processador até ficarem bem picadas. Se preferir, pique bem com a faca. Despeje em uma vasilha, acrescente o extrato de tomate, as ervas, os tomates picados e o azeite e tempere com sal e pimenta-do-reino.

Cozinhe a massa em bastante água com um pouco de sal por 2-3 minutos, ou conforme as instruções da embalagem, até ficar *al dente*. Escorra e recoloque na panela.

Junte o molho de azeitonas e misture por 2 minutos em fogo baixo. Ao servir, salpique as lâminas de parmesão.

Variação: massa com abobrinha picante e pinhole.
Cozinhe e escorra 375 g de massa à sua escolha. Pique grosseiramente 1 abobrinha grande, coloque em uma assadeira e regue com 4 colheres (sopa) de azeite. Asse a abobrinha em forno preaquecido a 200°C por 20-25 minutos, até ficar dourada e macia. Misture 125 g de azeitona e 1 pimenta-dedo-de-moça fatiada com 2 colheres (sopa) de extrato de tomate, as ervas e os tomates, como indicado acima, mas não use a alcaparra e o azeite restante. Coloque tudo em uma panela com 4 colheres (sopa) de água e a abobrinha e cozinhe por 2-3 minutos. Misture com a massa escorrida e sirva em cumbucas aquecidas, espalhando os pinholes levemente tostados e o parmesão. Acompanhe com torradas.

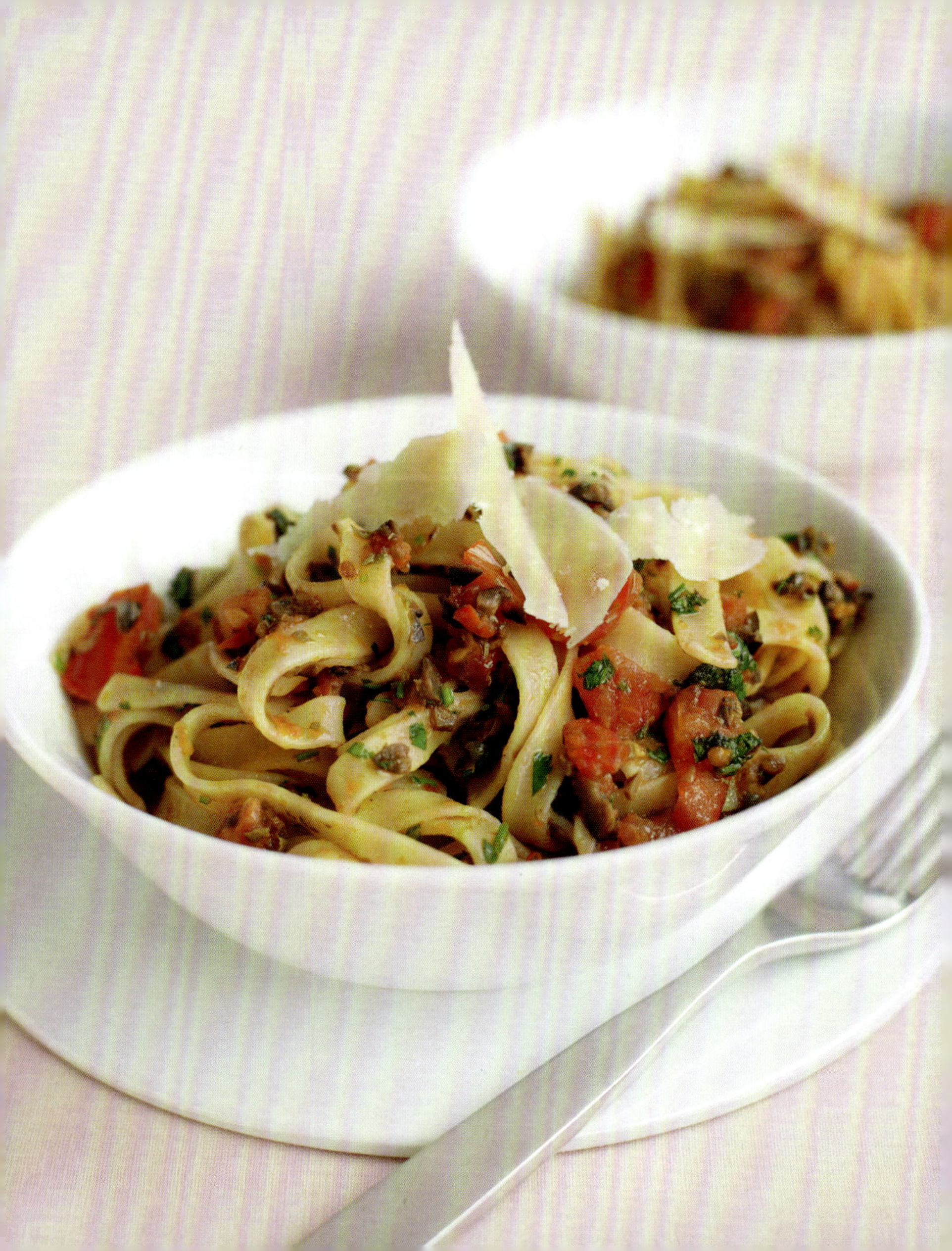

risoto de pimentão e espinafre

4 porções
Preparo: **5 minutos**
Cozimento: **25 minutos**

50 g de **manteiga**
1 colher (sopa) de **azeite**
100 g de **pimentão vermelho** fatiado finamente
75 g de **pinhole**
1 colher (sopa) de **páprica**
2 **dentes de alho** amassados
375 g de **arroz arbório**
1,2 litro de **caldo quente de galinha**
250 g de **espinafre**
75 g de **uva-passa** preta
sal e **pimenta-do-reino** moída na hora

Derreta a manteiga com o azeite em uma panela de fundo espesso. Acrescente o pimentão e os pinholes e cozinhe em fogo médio por cerca de 3 minutos, ou até os pinholes dourarem. Retire-os com uma escumadeira e reserve.

Acrescente a páprica, o alho e o arroz à panela e mexa bem, para que o arroz incorpore a manteiga e o azeite. Acrescente o caldo de galinha, uma concha por vez, mexendo sempre até o arroz absorver o líquido. Continue adicionando o caldo da mesma maneira e cozinhe até o arroz ficar cremoso, mas *al dente*. Isso leva cerca de 20 minutos.

Recoloque o pimentão e os pinholes na panela, acrescentando o espinafre e as uvas-passas. Cozinhe em fogo baixo, misturando tudo ao arroz, até o espinafre murchar. Tempere com sal e pimenta-do--reino. Sirva imediatamente depois de pronto.

Variação: risoto de linguiça e abóbora. Aqueça 1 colher (sopa) de azeite em uma panela e frite 175 g de linguiça curada fatiada finamente até dourar. Corte 350 g de abóbora em cubos pequenos, acrescente à panela e refogue por mais 2 minutos. Junte o arroz e misture bem. Aos poucos, adicione 1,2 litro de caldo como indicado acima. Sirva em pratos fundos aquecidos.

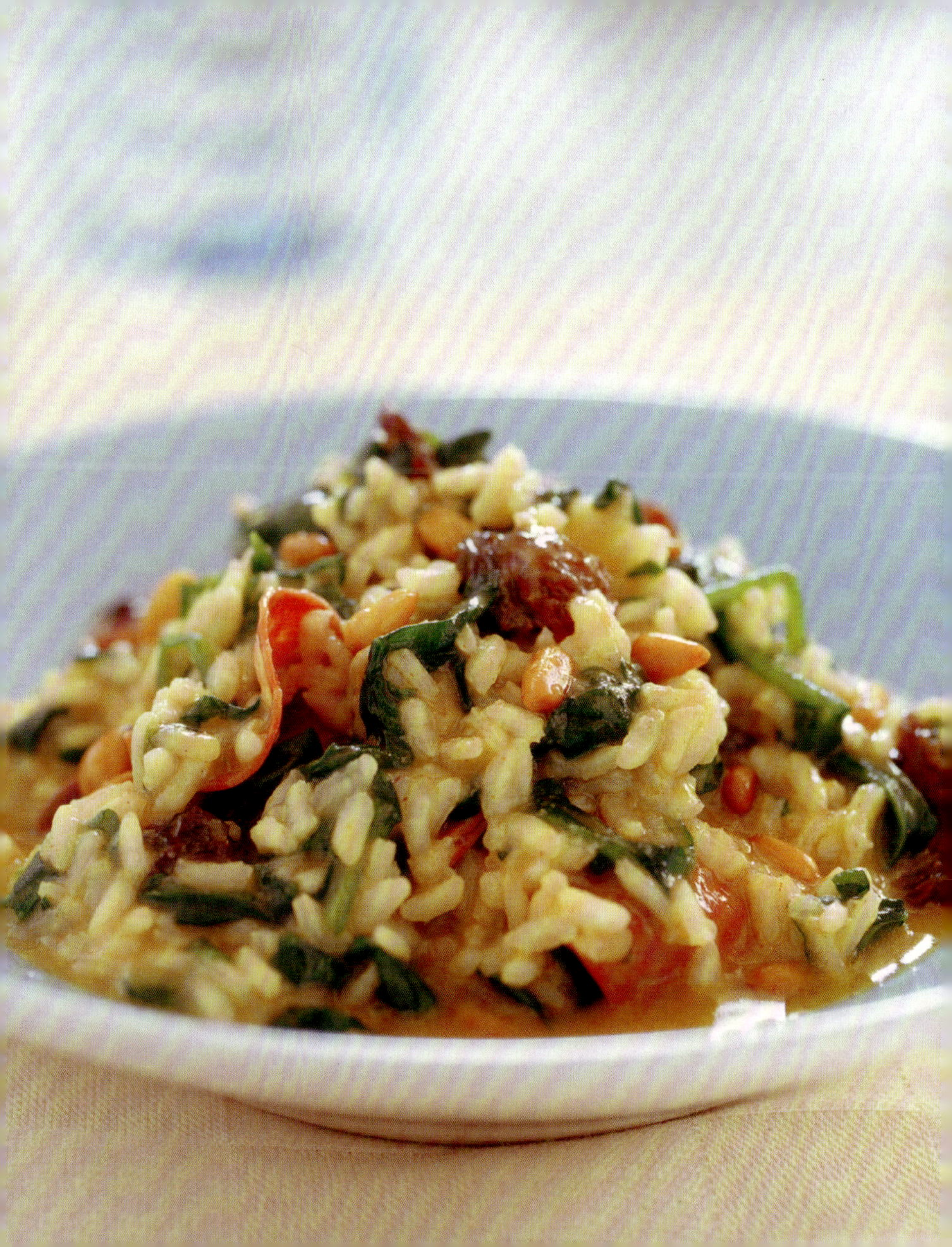

… # risoto de presunto e batata-doce

4 porções
Preparo: **5 minutos**
Cozimento: **25 minutos**

2 **batatas-doces** médias descascadas e cortadas em pedaços de 1 cm
50 g de **manteiga**
1 maço de **cebolinha** picada finamente
375 g de **arroz arbório**
2 **folhas de louro**
1,2 litro de **caldo quente de galinha** ou **de legumes**
3 colheres (sopa) de **azeite**
75 g de **presunto cru** em fatias rasgadas
25 g de **ervas frescas** picadas (salsa, cerefólio, estragão, cebolinha-francesa)
sal e **pimenta-do-reino** moída na hora

Cozinhe as batatas-doces em água fervente com um pouco de sal por 2-3 minutos, até ficarem macias. Escorra e reserve. Em uma uma panela grande, derreta a manteiga, acrescente a cebolinha e salteie por 1 minuto. Adicione o arroz e mexa para untar bem.

Junte as folhas de louro e o caldo quente, uma concha por vez, mexendo até o arroz absorver o líquido. Continue adicionando o caldo e cozinhe por 20 minutos, ou até o arroz ficar cremoso, mas *al dente*.

Aqueça 1 colher (sopa) de azeite em uma frigideira e frite as tiras de presunto. Escorra-as em papel-toalha e mantenha-as aquecidas. Acrescente o azeite restante e frite as batatas-doces, virando de vez em quando, por 6-8 minutos. Adicione as ervas ao risoto e tempere com sal e pimenta-do-reino. Em seguida, coloque o presunto e as batatas-doces, misturando com cuidado. Sirva imediatamente depois de pronto.

Variação: risoto de tomate assado, presunto cru e brie. Corte 8 tomates italianos ao meio, tempere-os com sal e regue com 3 colheres (sopa) de azeite. Asse-os em forno preaquecido a 200°C por 30 minutos, ou até ficarem tostados e macios. Reserve para esfriarem. Prepare o risoto como descrito acima. Adicione os tomates assados, misturando bem com o arroz, e, no final, 125 g de brie cortado em cubos, em lugar das batatas-doces. Tempere bem e sirva em pratos fundos aquecidos.

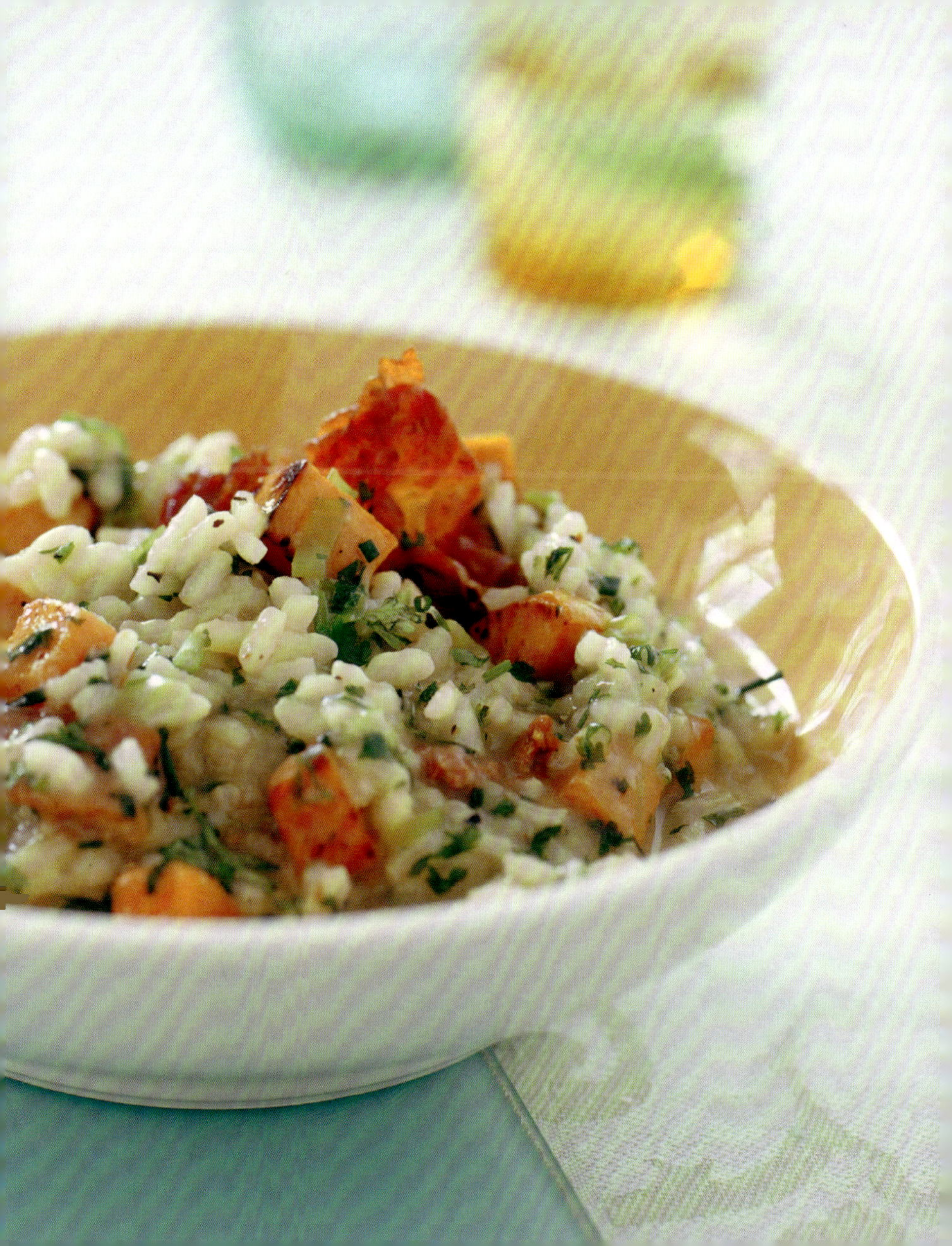

arroz frito à chinesa

4 porções
Preparo: **10 minutos**, mais o tempo para gelar
Cozimento: **10 minutos**

2 colheres (sopa) de **óleo vegetal**
2 **ovos** batidos
1 **cenoura** cortada em cubos pequenos
75 g de **ervilha congelada**
200 g de **camarão** descascado e cozido
400 g de **arroz basmati** cozido
2 colheres (sopa) de **molho de soja light**
6 **cebolinhas** aparadas e fatiadas, mais um pouco para decorar
2 colheres (chá) de **óleo de gergelim**

Aqueça um wok em fogo alto até começar a soltar fumaça. Acrescente metade do óleo vegetal e, quando estiver quente, junte os ovos batidos e frite até formar uma omelete fina. Transfira para um prato, enrole e reserve. Corte em tirinhas depois de esfriar.

Aqueça o óleo restante, no mesmo wok, acrescente a cenoura em cubos e refogue por 2 minutos. Junte as ervilhas, os camarões e o arroz e refogue por mais 2 minutos.

Acrescente o molho de soja, as cebolinhas e o óleo de gergelim e retire do fogo. Misture tudo e disponha as tirinhas de omelete por cima.

Faça os anéis de cebolinha para decorar. Corte 2 cebolinhas em pedaços de 4 cm de comprimento e fatie cada pedaço bem fino. Coloque as tirinhas em uma vasilha com água gelada e mais 3 cubos de gelo e deixe por 15 minutos. Escorra bem e decore o arroz frito com elas.

Variação: arroz frito com cogumelo e ovo. Corte 225 g de cogumelo-de-paris ou shiitake em quartos e salteie-os em uma frigideira grande com 2 colheres (sopa) de óleo vegetal por 2 minutos, ou até ficarem dourados e macios. Acrescente 400 g de arroz e salteie como indicado acima. Bata 2 ovos com ½ colher (chá) do tempero chinês cinco especiarias, despeje na frigideira e frite como descrito acima. Sirva acompanhado de molho de soja.

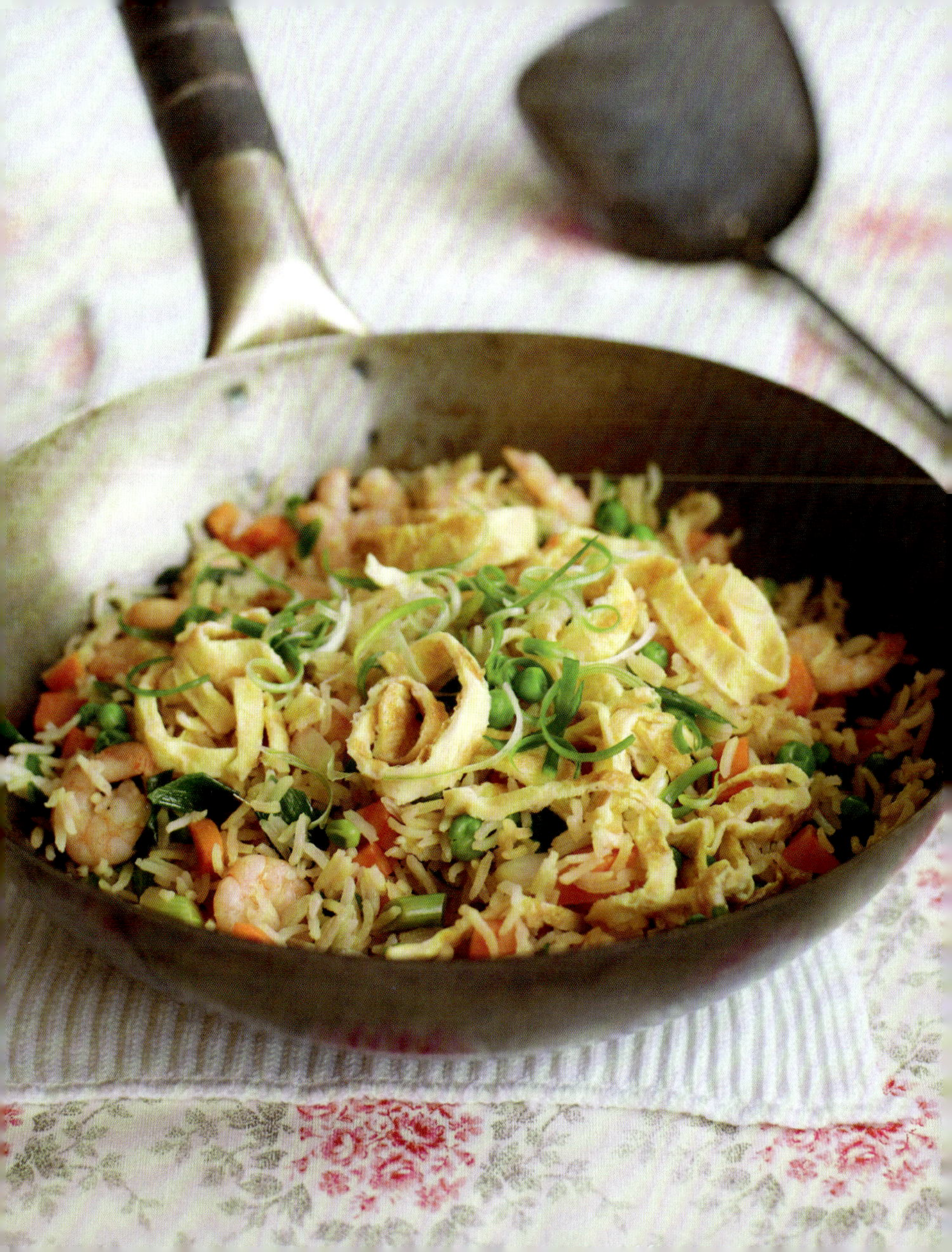

arroz com camarão e coco

4 porções
Preparo: **10 minutos**, mais o tempo para reservar
Cozimento: **15 minutos**

4 colheres (sopa) de **óleo de amendoim**
250 g de **arroz jasmim**
1 colher (chá) de **semente de cominho**
1 **canela em pau** pequena
4 **folhas de limão**
400 ml de **leite de coco**
150 ml de **água**
1 colher (chá) de **sal**
2 **dentes de alho** amassados
2,5 cm de **gengibre** descascado e ralado
uma pitada de **pimenta- -calabresa** em flocos
500 g de **camarão grande** descascado e limpo
2 colheres (sopa) de **molho de peixe tailandês**
1 colher (sopa) de **suco de limão**
2 colheres (sopa) de **coentro** picado
25 g de **amendoim torrado** picado, para decorar

Aqueça metade do óleo e refogue o arroz até deixar os grãos bem untados. Junte as sementes de cominho, a canela em pau, as folhas de limão, o leite de coco, a água e o sal. Deixe ferver e cozinhe em fogo baixo por 10 minutos. Retire a panela do fogo, tampe e reserve por 10 minutos.

Aqueça o óleo restante em um wok e refogue o alho, o gengibre e a pimenta-calabresa por 30 segundos. Acrescente os camarões e salteie por 3-4 minutos, até ficarem rosados. Misture os camarões, o molho de peixe, o suco de limão e o coentro ao arroz e sirva decorado com o amendoim picado.

Variação: arroz de coco com soja, limão e tomate- -cereja. Cozinhe 250 g de arroz, adicionando as sementes de cominho, a canela, as folhas de limão, o leite de coco, a água e o sal como descrito acima. Acrescente 175 g de soja em grão em lugar dos camarões. Pique grosseiramente uma boa porção de folhas de coentro e corte ao meio 175 g de tomate- -cereja. Misture tudo ao arroz com 1 colher (sopa) de suco de limão e raspas de 1 limão. Misture bem, mantendo por 3-4 minutos, até ficar bem quente e cozido, e sirva imediatamente.

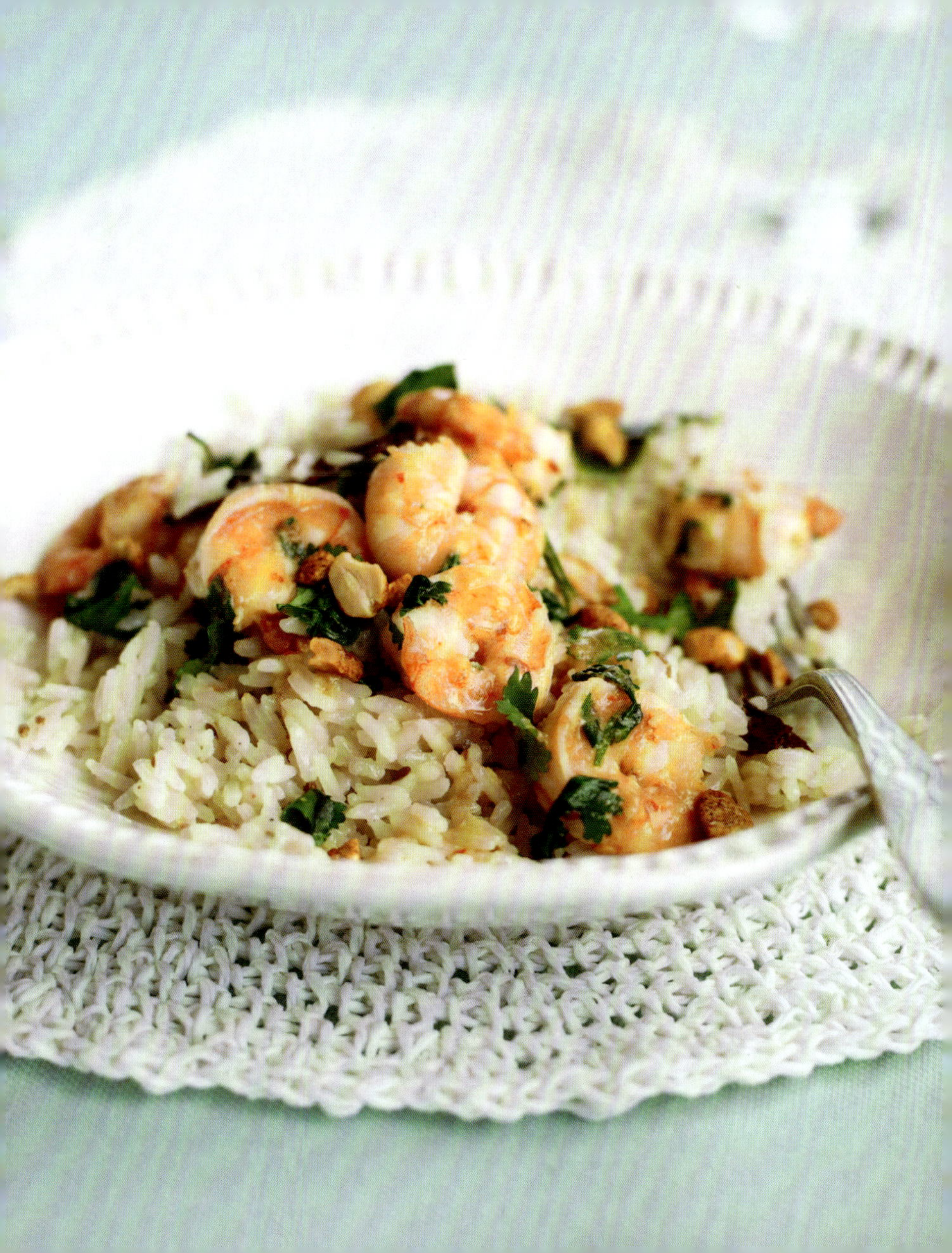

nasi goreng

4 porções
Preparo: **10 minutos**
Cozimento: **10 minutos**

- 2 colheres (sopa) de **óleo vegetal**
- 150 g de **filé de frango** sem pele e picado
- 50 g de **camarão** descascado e cozido
- 1 **dente de alho** amassado
- 1 **cenoura** ralada
- ½ **repolho** cortado em tiras finas
- 1 **ovo** batido
- 300 g de **arroz basmati** cozido frio
- 2 colheres (sopa) de **kecap manis** (shoyu adocicado)
- ½ colher (chá) de **óleo de gergelim**
- 1 colher (sopa) de **molho de pimenta**
- 1 **pimenta-dedo-de-moça** sem sementes e cortada em tiras finas, para decorar

Aqueça o óleo em um wok ou frigideira grande, coloque o frango e refogue por 1 minuto. Junte os camarões, o alho, a cenoura e o repolho e refogue por mais 3-4 minutos.

Despeje o ovo batido e mexa com uma colher de pau. Frite até ficar firme, acrescente o arroz e misture-o aos pedacinhos de ovo.

Acrescente o kecap manis, o óleo de gergelim e o molho de pimenta e aqueça tudo. Sirva imediatamente, decorando com as tirinhas de pimenta.

Variação: nasi goreng vegetariano. Amasse um dente de alho e frite em uma frigideira com 2 colheres (sopa) de óleo, 1 cenoura ralada e ¼ do repolho picado. Não utilize o frango e os camarões, mas acrescente 1 pimentão vermelho picado finamente, 125 g de shiitake fatiado e 2 cabeças de couve-chinesa. Refogue por mais 2-3 minutos, até a verdura ficar macia, mas sem desmanchar. Adicione os demais ingredientes e sirva em pratos fundos aquecidos.

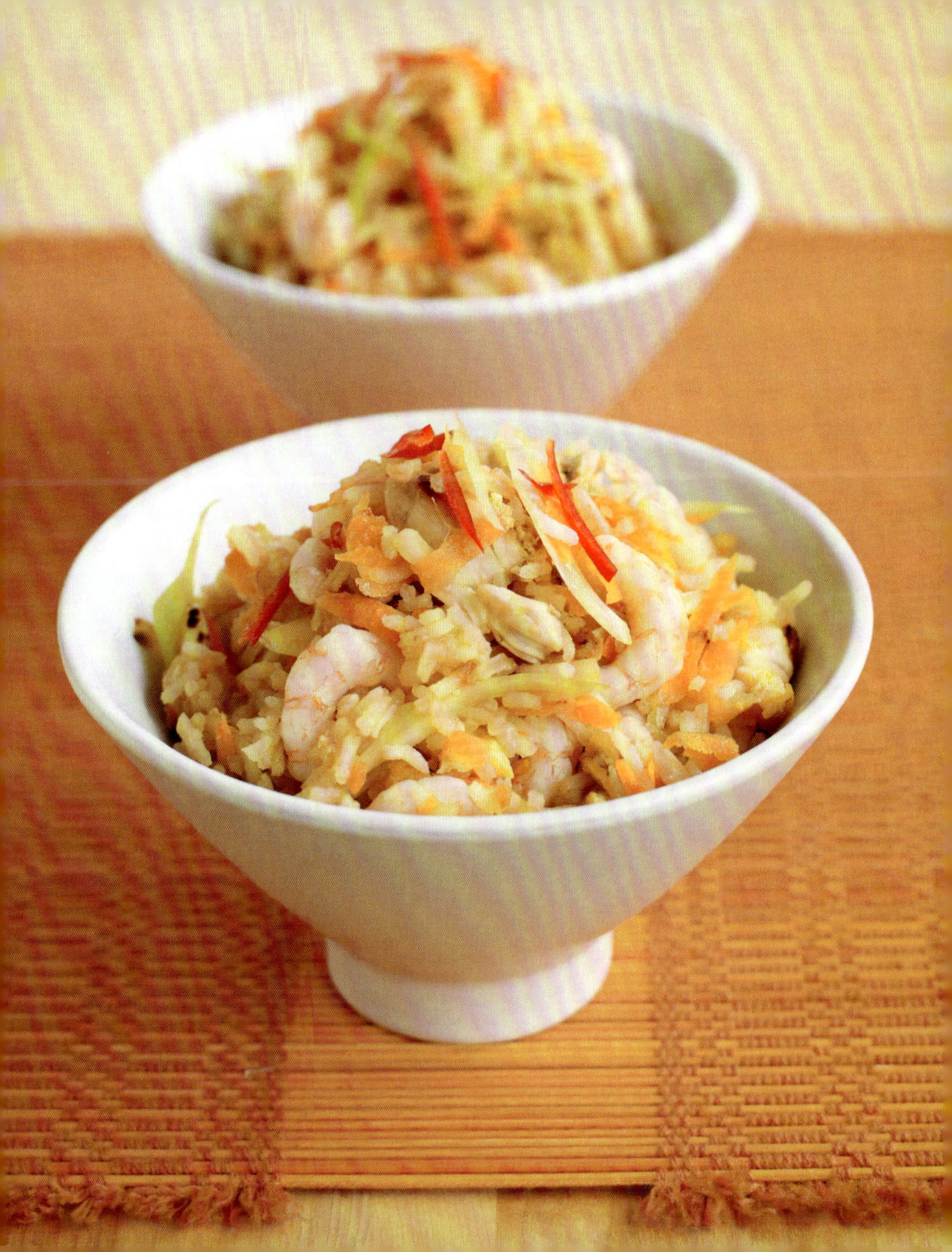

sopa vietnamita

4 porções
Preparo: **5 minutos**
Cozimento: **15 minutos**

1,5 litro de **caldo de galinha**
2 talos de **capim-limão** macerados
1 pedaço pequeno de **gengibre** fatiado
2 colheres (sopa) de **molho de soja light**
2 colheres (sopa) de **suco de limão**
2 colheres (chá) de **açúcar demerara**
125 g de **talharim de arroz**
1 colher (sopa) de **óleo de girassol**
275 g de **filé-mignon**
150 g de **broto de feijão**
1 **pimenta-dedo-de-moça** fatiada finamente
um punhado de **manjericão**
um punhado de **hortelã**

Coloque o caldo de galinha, o capim-limão, o gengibre, o molho de soja, o suco de limão e o açúcar em uma panela grande, deixe ferver e cozinhe em fogo baixo por 10 minutos.

Retire o capim-limão e o gengibre com uma escumadeira e acrescente o talharim de arroz. Cozinhe conforme as instruções da embalagem.

Aqueça o óleo em uma frigideira, acrescente a carne e frite até estar ao ponto. Remova o excesso de gordura da carne e corte-a em fatias. Sirva a sopa bem quente em tigelas fundas e coloque fatias de carne, os brotos de feijão, a pimenta, o manjericão e a hortelã.

Variação: sopa de frango e gengibre. Cozinhe 1,5 litro de caldo como indicado acima, dobrando a quantidade de gengibre. Substitua a carne por 275 g de fatias finas de filé de frango. Descasque 1 cenoura grande e corte as pontas. Em seguida, com o auxílio de um descascador de batatas, corte fatias finas no sentido do comprimento e adicione ao caldo com 125 g de macarrão e o frango. Cozinhe por 4-5 minutos, até o frango ficar no ponto. Despeje a sopa em cumbucas aquecidas e finalize com os brotos de feijão, a pimenta e as ervas frescas, como descrito anteriormente.

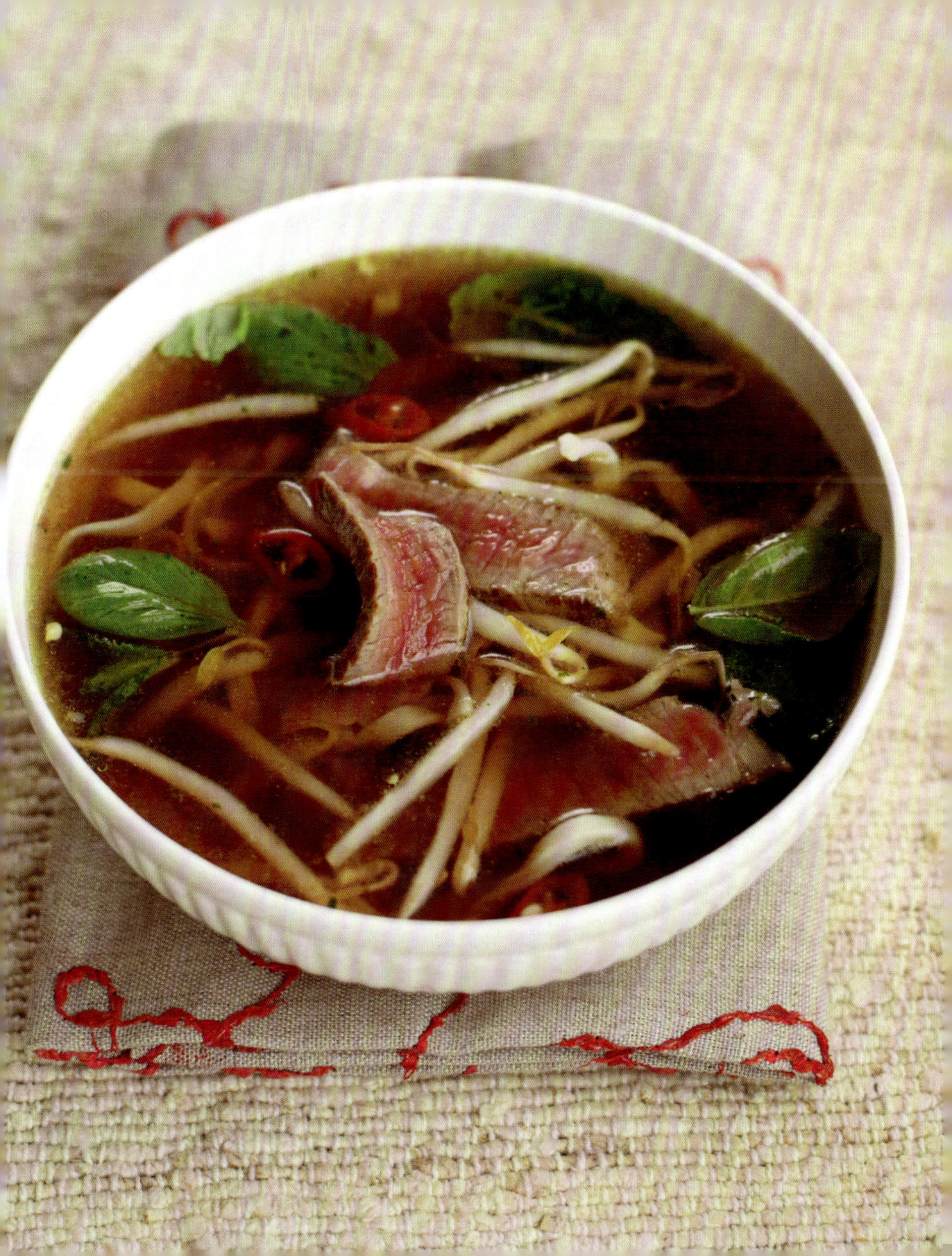

macarrão de arroz com gengibre

4 porções
Preparo: **10 minutos**
Cozimento: **5 minutos**

100 g de **macarrão de arroz** fino
125 g de **vagem** cortada ao meio
suco e **raspas** de 2 **limões**
1 **pimenta-dedo-de-moça** sem sementes e picada finamente
2,5 cm de **gengibre** descascado e picado finamente
2 colheres (chá) de **açúcar**
1 porção de **coentro** fresco picado
50 g de **abacaxi desidratado** picado

Coloque o macarrão em uma vasilha, cubra com água fervente e deixe hidratar por 4 minutos, até ficar macio.

Cozinhe as vagens em água fervente por cerca de 3 minutos, até ficarem macias, escorra e reserve.

Misture, em uma vasilha, as raspas e o suco de limão, a pimenta, o gengibre, o açúcar e o coentro.

Escorra o macarrão, coloque em uma tigela de servir com as vagens cozidas e o abacaxi e misture, com cuidado, antes de servir.

Variação: macarrão de arroz com salada e molho de coco. Cozinhe o macarrão e as vagens como indicado acima e esfrie tudo sob água corrente. Coloque-os em uma vasilha com 125 g de broto de feijão e 125 g de ervilha-torta pré-cozida picada e misture bem. Prepare o molho como indicado acima e acrescente 150 ml de leite de coco. Regue a salada com o molho preparado e mexa para temperar tudo. Sirva com folhas de coentro frescas.

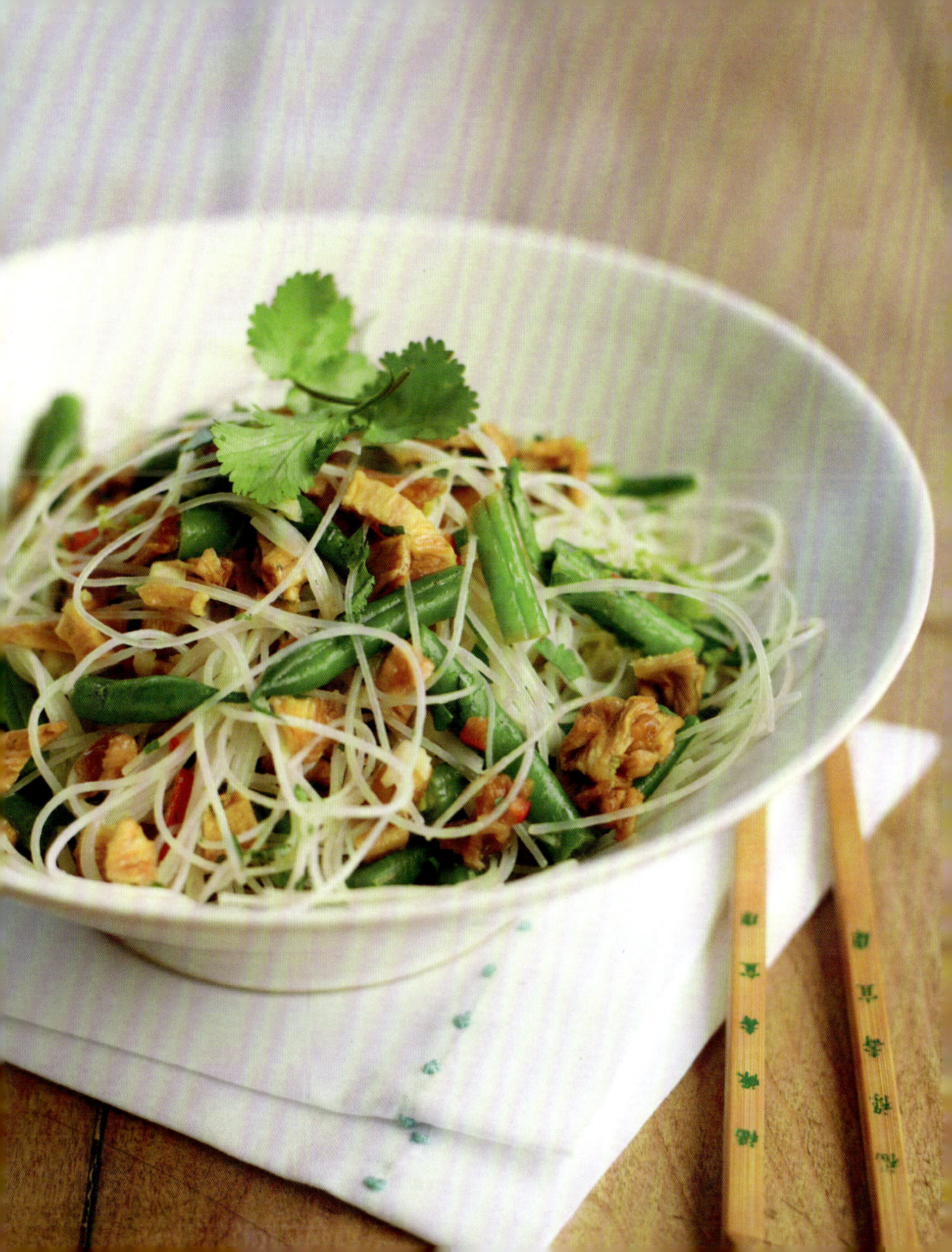

teriyaki de frango

4 porções
Preparo: **5 minutos**, mais a marinada
Cozimento: **15 minutos**

- 4 colheres (sopa) de **molho de soja**, mais um pouco para servir
- 4 colheres (sopa) de **saquê mirin**
- 2 colheres (sopa) de **açúcar**
- 500 g de **peito de frango** cortado em cubos de 2,5 cm
- 250 g de **macarrão sobá**
- **óleo de gergelim**, para servir

Misture o molho de soja, o saquê e o açúcar, regue o frango com essa marinada e mexa bem. Deixe por 15 minutos.

Cozinhe o macarrão, conforme as instruções da embalagem, escorra e coloque em uma vasilha com água e gelo para interromper o cozimento. Escorra novamente e reserve na geladeira.

Coloque os cubos de frango em espetos de metal e leve ao grill elétrico ou à chapa de fogão por 2-3 minutos de cada lado.

Regue o macarrão reservado com o óleo de gergelim e sirva com o frango, mais um pouco de óleo de gergelim e molho de soja.

Variação: teriyaki de camarão com vagem e coentro. Coloque 24 camarões grandes descascados e limpos em um prato grande. Prepare uma marinada, como indicado acima, e deixe os camarões nesse tempero por 15 minutos. Fatie finamente 125 g de vagem e branqueie por 1-2 minutos. Regue o macarrão cozido e já frio com o óleo de gergelim e acrescente uma porção grande de folhas de coentro. Coloque os camarões nos espetos e leve ao grill elétrico ou chapa de fogão por 2-3 minutos de cada lado. Sirva os camarões sobre o macarrão com vagens.

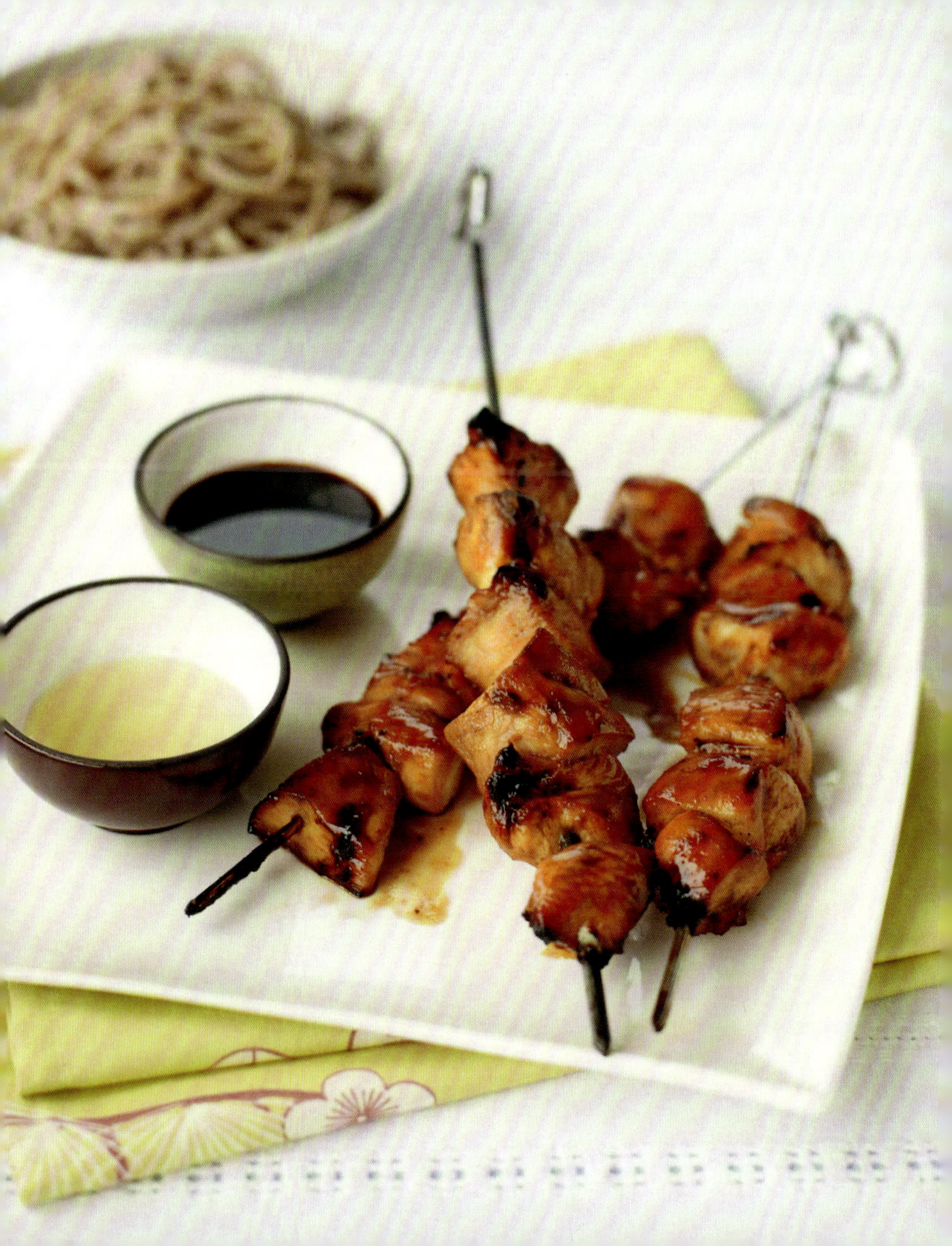

frango ao molho de feijão-preto

4 porções
Preparo: **10 minutos**
Cozimento: cerca de **20 minutos**

1 **clara**
1 colher (sopa) de **maisena**
2 **filés de frango** (cerca de 400 g) cortados em tiras finas
cerca de 300 ml de **óleo de amendoim**
1 **pimentão verde** sem sementes e sem miolo e picado finamente
1 **pimenta-dedo-de-moça** sem sementes e picada finamente
4 **dentes de alho** cortados em tiras bem finas
4 **cebolinhas** picadas
4 colheres (sopa) de **molho chinês de feijão-preto fermentado**
300 ml de **caldo de galinha**
sal e **pimenta-do-reino** moída na hora
macarrão para **lamen**, para servir
1-2 colheres (sopa) de **feijão-preto** cozido e escorrido, para decorar

Coloque a clara em uma vasilha com sal e pimenta-do-reino e bata com um garfo até espumar. Peneire a maisena na vasilha e agregue bem. Mergulhe as tiras de frango na massa obtida, cobrindo-as por completo.

Aqueça o óleo em um wok, mas sem soltar fumaça. Coloque ¼ das tiras de frango no óleo, mexendo para não grudar umas nas outras. Frite por 30-60 segundos. Retire do óleo com uma escumadeira e reserve sobre papel-toalha. Repita a operação com o frango restante. Com cuidado, descarte o óleo do wok, deixando cerca de uma colher (sopa).

Recoloque o wok no fogo baixo e acrescente o pimentão verde, a pimenta, o alho e cerca de metade das cebolinhas picadas. Refogue salteando por alguns minutos, até o pimentão começar a amolecer, então acrescente o molho de feijão-preto e misture tudo. Adicione o caldo de galinha, aumente a chama para fogo alto e deixe levantar fervura, mexendo sem parar.

Acrescente o frango ao molho e esquente em fogo médio por 5 minutos, mexendo de vez em quando. Prove e ajuste o tempero. Sirva bem quente com o macarrão, decorado com o restante das cebolinhas picadas e os grãos de feijão-preto.

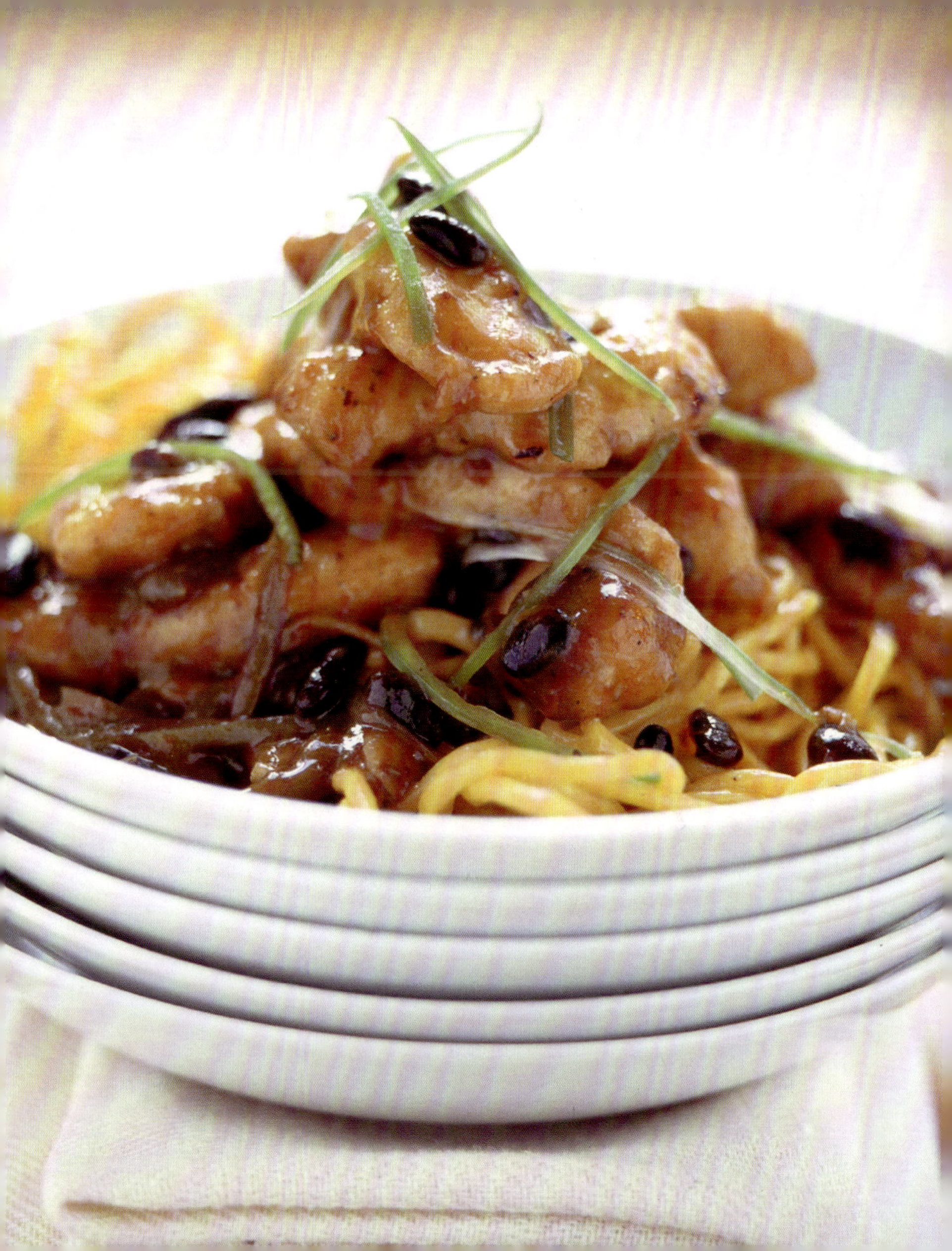

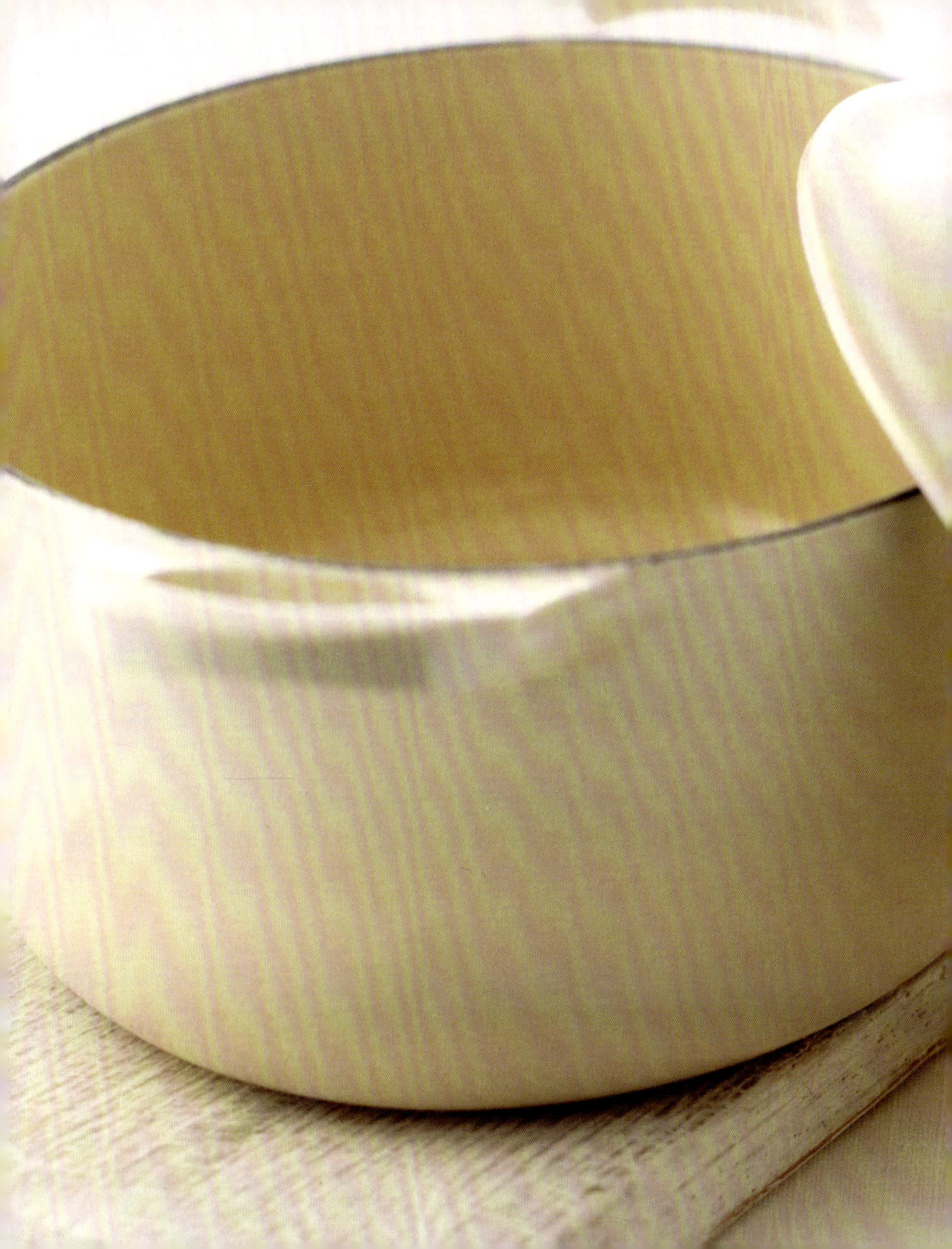

oratos únicos

ensopado de linguiça e feijão

4 porções
Preparo: **10 minutos**
Cozimento: **20 minutos**

1 colher (sopa) de **óleo vegetal**
1 **cebola** picada
1 **dente de alho** amassado
1 **pimentão vermelho** sem sementes, sem miolo e picado
8 **linguiças de carne de porco sem gordura** (cerca de 500 g) cortadas em pedaços
800 g de **feijões variados** cozidos e escorridos
400 g de **tomate pelado em lata** picado
150 ml de **caldo de legumes**
2 colheres (sopa) de **purê de tomate**
2 colheres (sopa) de **salsa** picada
sal e **pimenta-do-reino** moída na hora

Aqueça o óleo em uma panela, adicione a cebola, o alho e o pimentão e refogue por 2-3 minutos, até começarem a amolecer.

Junte as linguiças e continue a cozinhar por mais 5 minutos, até dourarem por igual.

Amasse com um garfo metade dos grãos de feijão e coloque na panela com os grãos inteiros, os tomates, o caldo de legumes e o purê de tomate. Tempere com sal e pimenta-do-reino. Deixe ferver, abaixe o fogo e apure por 10 minutos. Retire a panela do fogo, acrescente a salsa picada ao ensopado e sirva.

Variação: ensopado de cordeiro e alecrim. Refogue a cebola, o alho e o pimentão como descrito acima. Corte 375 g de carne magra de cordeiro em cubos e acrescente ao refogado. Refogue por mais 4-5 minutos, até a carne dourar. Acrescente 3 colheres (sopa) de alecrim fresco. Com as costas de um garfo, amasse 410 g de feijão-vermelho cozido e acrescente à panela com a mesma quantidade de grãos inteiros, como acima. Acrescente os tomates, o caldo e o purê de tomate. Tempere e deixe levantar fervura, apurando em fogo baixo por 25-30 minutos, até o cordeiro ficar macio. Não adicione a salsa e sirva com purê de batata.

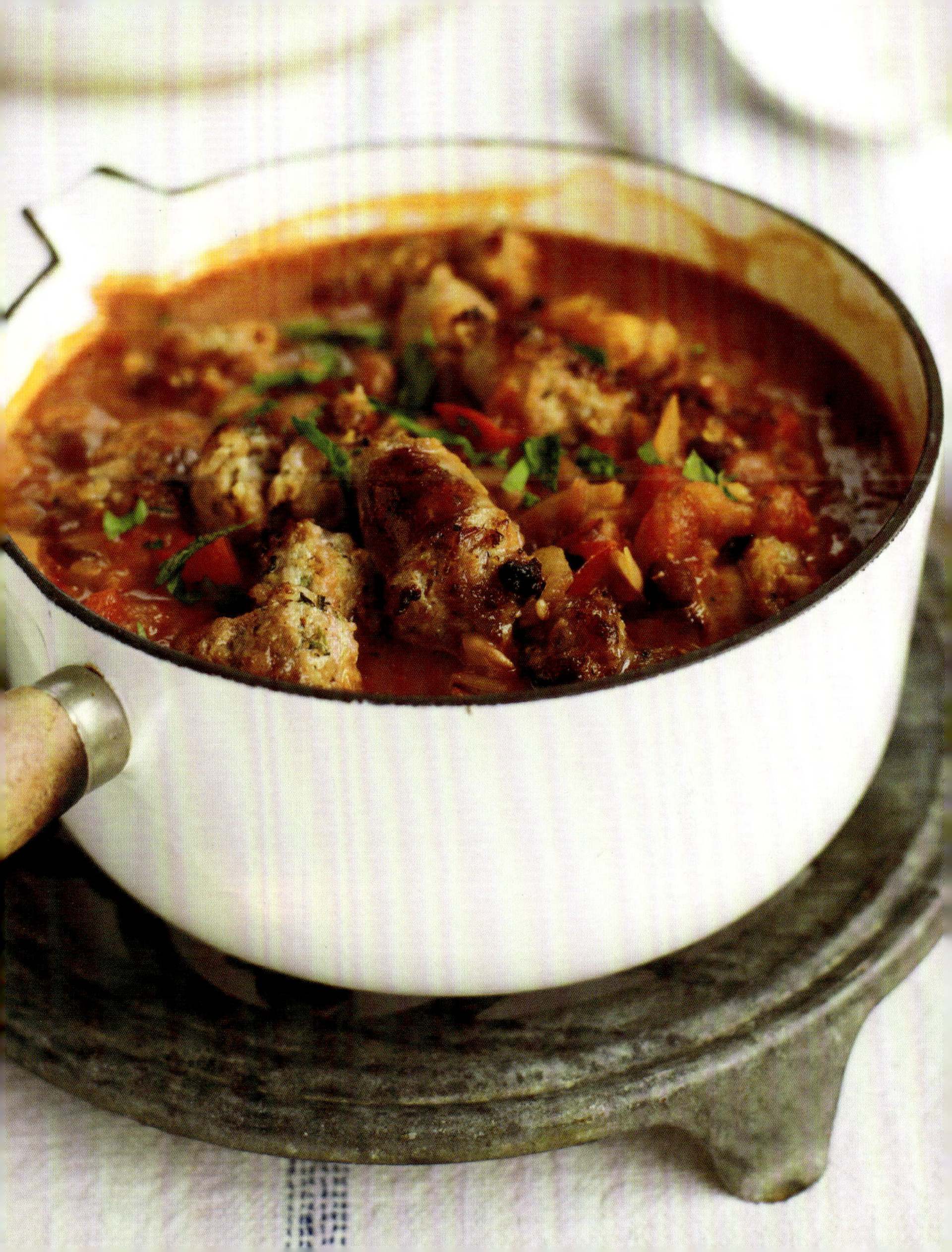

sopa de brócolis com ervilha

4 porções
Preparo: **5 minutos**
Cozimento: **25 minutos**

2 colheres (sopa) de **azeite**
1 **cebola** picada finamente
1 **batata** (cerca de 275 g) cortada em cubos
1 **dente de alho** picado
200 g de **tomate pelado em lata** picado
900 ml de **caldo de galinha** ou **de legumes**
175 g de **brócolis** em buquês e com os talos fatiados
125 g de **ervilha congelada**
6 colheres (chá) de **pesto**, mais um pouco para finalizar
sal e **pimenta-do-reino** moída na hora
algumas **folhas de manjericão**, para decorar
parmesão ralado na hora, para servir

Aqueça o azeite em uma panela grande, refogue a cebola por 5 minutos, ou até caramelizar. Junte a batata e o alho e refogue por mais 5 minutos, até começar a amolecer.

Acrescente os tomates e o caldo, tempere com sal e pimenta-do-reino e deixe levantar fervura. Tampe a panela e cozinhe em fogo baixo por 10 minutos, até o caldo reduzir e começar a encorpar. Acrescente os brócolis, as ervilhas e 2 colheres de pesto e cozinhe por 3-4 minutos, até os brócolis ficarem macios.

Sirva a sopa com uma colherada de pesto em cada prato, polvilhe o parmesão e decore com as folhas de manjericão.

Variação: sopa de feijão e macarrão com pesto. Refogue a cebola e o alho por 3-4 minutos como indicado acima, acrescente os tomates, o caldo e 125 g de fusili, sem a batata, os brócolis e as ervilhas. Acrescente à panela 400 g de feijões variados cozidos e 2 colheres (chá) de pesto. Tampe a panela e cozinhe em fogo baixo por 10 minutos, até a massa ficar no ponto. Tempere com sal e pimenta-do--reino. Sirva a sopa em pratos fundos aquecidos, salpique algumas folhas de manjericão e polvilhe o parmesão ralado.

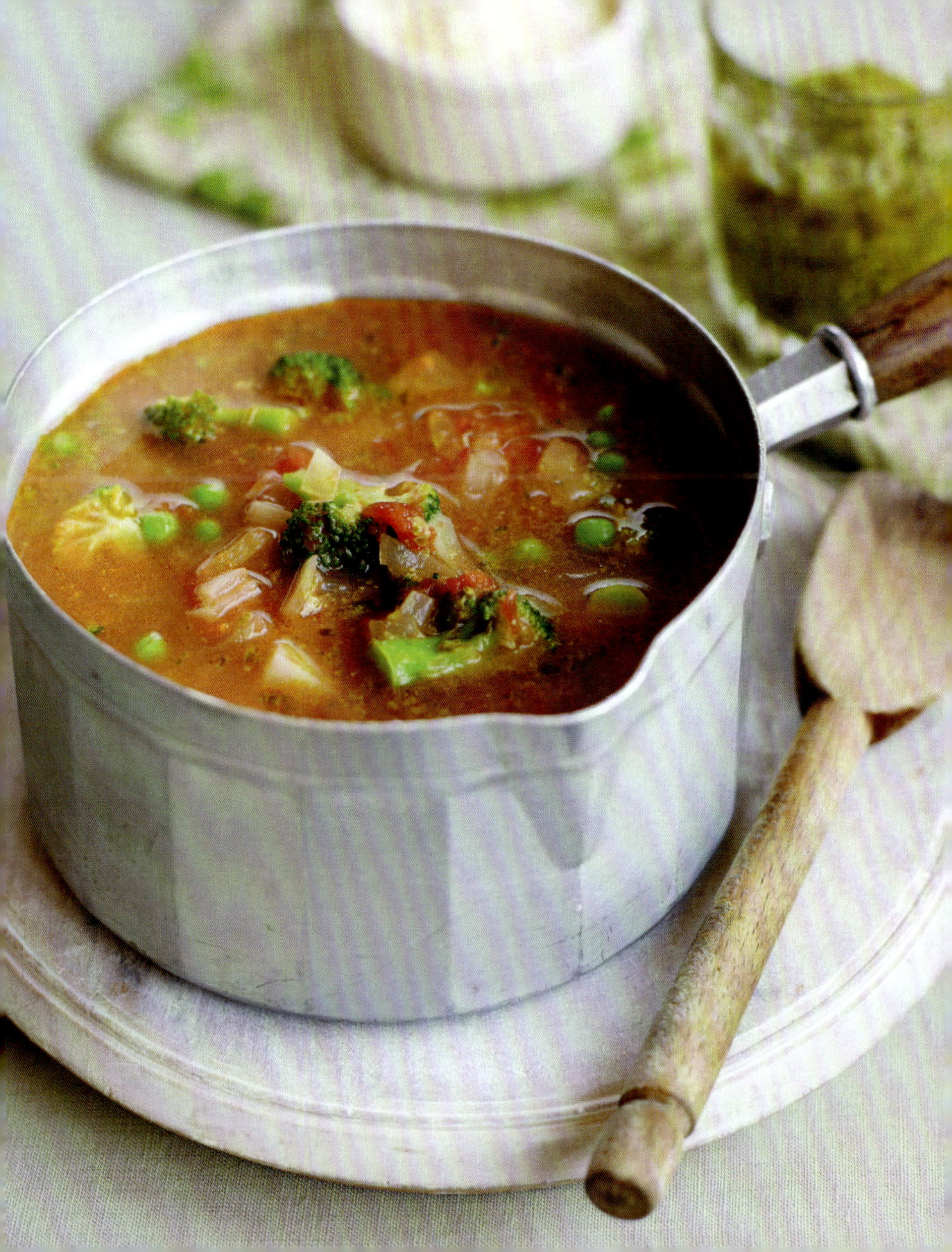

curry tailandês de frango

4 porções
Preparo: **10 minutos**
Cozimento: **20 minutos**

- 1 colher (sopa) de **óleo de girassol**
- 1 talo de **capim-limão** cortado em quartos
- 2 **folhas de limão kaffir**
- 1-2 **pimentas-dedo-de-moça** sem sementes e picadas finamente
- 2,5 cm de **gengibre** descascado e ralado
- 1 **cebola** picada finamente
- 1 **dente de alho** amassado
- 1 **pimentão vermelho** sem sementes, sem miolo e picado
- 1 **pimentão verde** sem sementes, sem miolo e picado
- 3 **filés de frango** (cerca de 500 g) sem pele e picados
- 410 g de **leite de coco**
- 150 ml de **caldo de galinha**
- 2 colheres (sopa) de **folhas de coentro** picadas
- sal e **pimenta-do-reino** moída na hora
- **arroz basmati**, para servir

Aqueça o óleo em uma panela, acrescente o capim-limão, as folhas de limão, a pimenta picada, o gengibre, a cebola e o alho e refogue por 2 minutos. Junte os pimentões picados e o frango e refogue por mais 5 minutos.

Adicione o leite de coco e o caldo, deixe ferver, abaixe o fogo e cozinhe por 10 minutos, ou até o frango atingir o ponto.

Finalize com as folhas de coentro e tempere com sal e pimenta-do-reino. Sirva com arroz basmati cozido.

Variação: curry de abóbora e pimentão. Cozinhe o capim-limão, as folhas de limão, a pimenta, o gengibre, a cebola e o alho como indicado acima. Coloque os pimentões picados na panela. Em vez do frango, acrescente 375 g de abóbora cortada em cubos e 2 abobrinhas sem as pontas e cortadas em pedaços. Refogue tudo por 5 minutos. Adicione o leite de coco e o caldo e cozinhe como indicado acima, acrescentando 125 g de vagem fina nos últimos 5 minutos de cozimento. Junte o coentro e sirva com arroz.

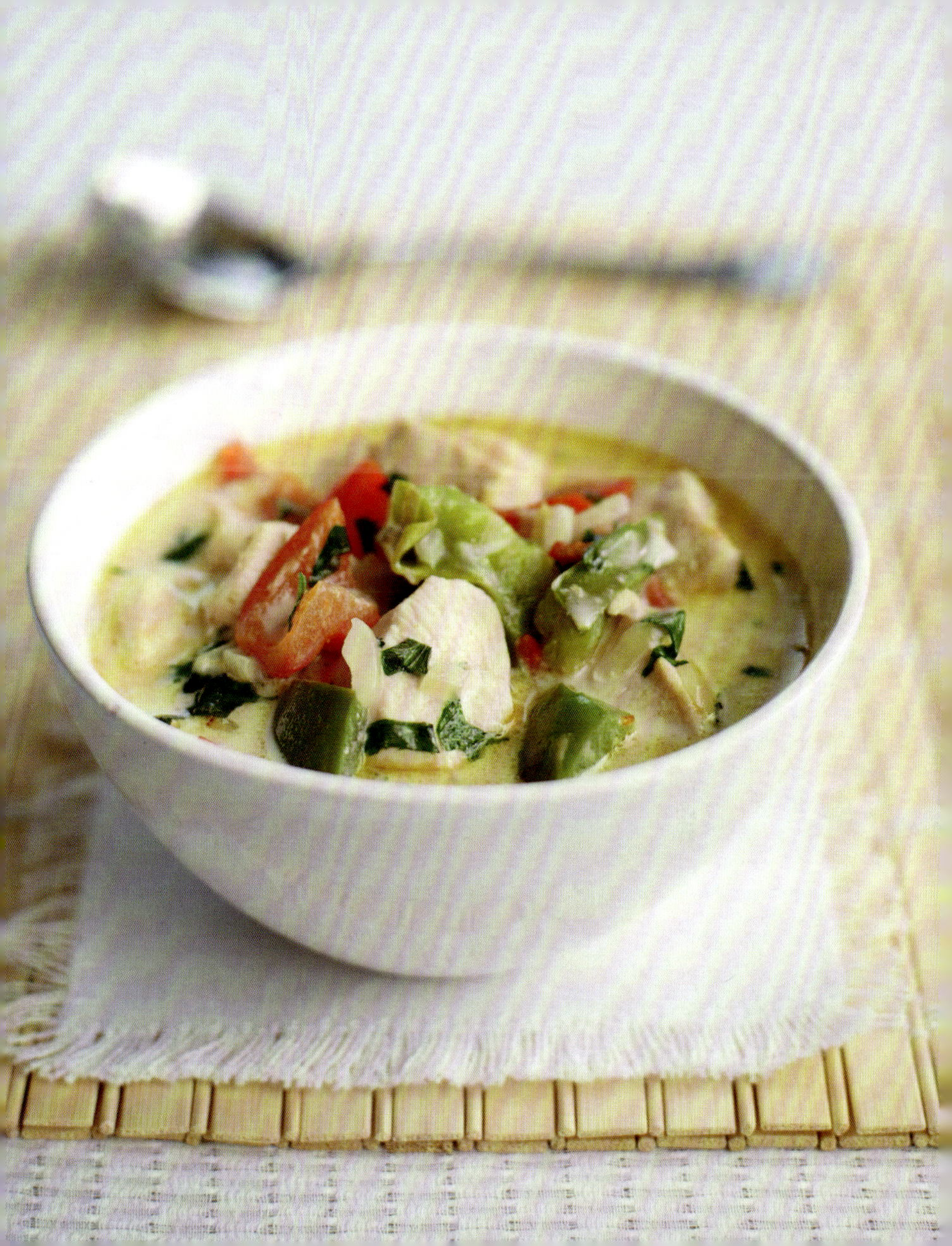

ensopado de merluza e espinafre

4 porções
Preparo: **5 minutos**
Cozimento: **25 minutos**

50 g de **manteiga**
1 colher (sopa) de **óleo de girassol**
1 **cebola** grande picada
1 **batata** grande cortada em cubos
900 ml de **leite semidesnatado**
1 cubo de **caldo de peixe**
2 **folhas de louro**
noz-moscada ralada na hora a gosto
400 g de **filé de merluza** cortado ao meio
125 g de **espinafre**
sal e **pimenta-do-reino** moída na hora
4 fatias de **bacon** fritas e crocantes, para decorar (opcional)
torradas, para servir

Aqueça a manteiga e o óleo, acrescente a cebola e refogue em fogo baixo por 5 minutos, ou até ficar macia, mas não dourada. Junte a batata e refogue por mais 5 minutos, mexendo sempre, até dourar levemente.

Acrescente o leite, o cubo de caldo de peixe, as folhas de louro e a noz-moscada e tempere com sal e pimenta-do-reino. Adicione a merluza, deixe levantar fervura, abaixe o fogo e tampe a panela, cozinhando por 10 minutos, até o peixe ficar no ponto e fácil de desfiar.

Retire a merluza da panela e coloque-a em um prato. Desfie em lascas grandes, retirando qualquer espinha que apareça. Reserve.

Junte o espinafre à panela e cozinhe por 2-3 minutos, até ficar macio. Recoloque a merluza na panela e esquente bem. Sirva a sopa em pratos fundos, decorando com o bacon, se desejar, e acompanhando com as torradas.

Variação: sopa de camarão e milho-verde. Cozinhe a cebola e a batata como indicado acima. Acrescente o leite, o cubo de caldo e tempere. Em vez de usar a merluza e o espinafre, adicione 225 g de camarão limpo e 225 g de milho-verde. Cozinhe por 2-3 minutos até aquecer bem e junte 6 colheres (sopa) de salsa picada. Decore com o bacon, como indicado acima, e sirva com torradas de pão integral.

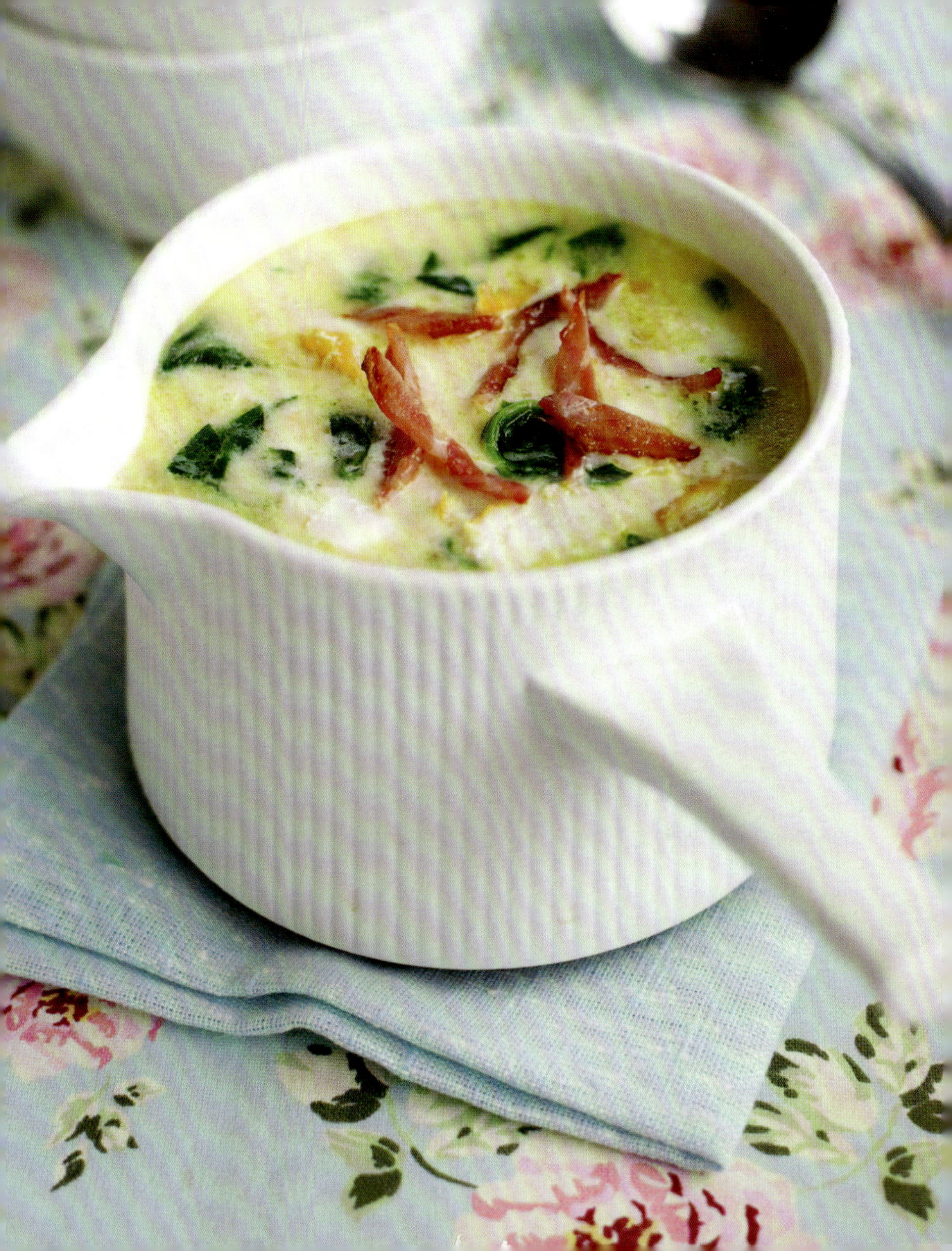

biryani de frango

4 porções
Preparo: **10 minutos**, mais o tempo da marinada
Cozimento: **25 minutos**

250 g de **coxa de frango** cortada em pedaços pequenos
1 colher (chá) de **cúrcuma**
1 colher (chá) de **cominho**
1 colher (chá) de **coentro**
1 colher (chá) de **pimenta vermelha** em pó
6 colheres (sopa) de **iogurte**
1 colher (sopa) de **óleo**
1 **cebola** fatiada finamente
2 **dentes de alho** picados
1 colher (chá) de **gengibre** ralado
1 **canela em pau**
3 **cravos**
3 **bagas de cardamomo**
250 g de **arroz basmati**
600 ml de **caldo de galinha**
400 g de **batata** em pedaços
sal e **pimenta-do-reino** moída na hora
ramos de coentro, para decorar
pão indiano e **chutneys diversos**, para servir

Coloque o frango com a cúrcuma, o cominho, o coentro, a pimenta e o iogurte em uma vasilha e misture bem. Cubra a vasilha com filme de PVC e reserve por 3 horas na geladeira (se puder, deixe o frango marinar por 10 horas).

Aqueça o óleo em uma panela pesada de fundo espesso. Acrescente a cebola, o alho, o gengibre, a canela, os cravos e o cardamomo e refogue por 3-4 minutos.

Junte a marinada de frango e doure por 2-3 minutos, mexendo sempre. Acrescente o arroz e despeje o caldo na panela. Tempere bem com sal e pimenta-do-reino e deixe levantar fervura. Adicione a batata, tampe a panela, abaixe o fogo e cozinhe por 10-12 minutos.

Retire a panela do fogo e reserve, tampada, por 5 minutos. Solte os grãos de arroz com um garfo, decore com ramos de coentro e sirva com pão indiano e chutneys à sua escolha.

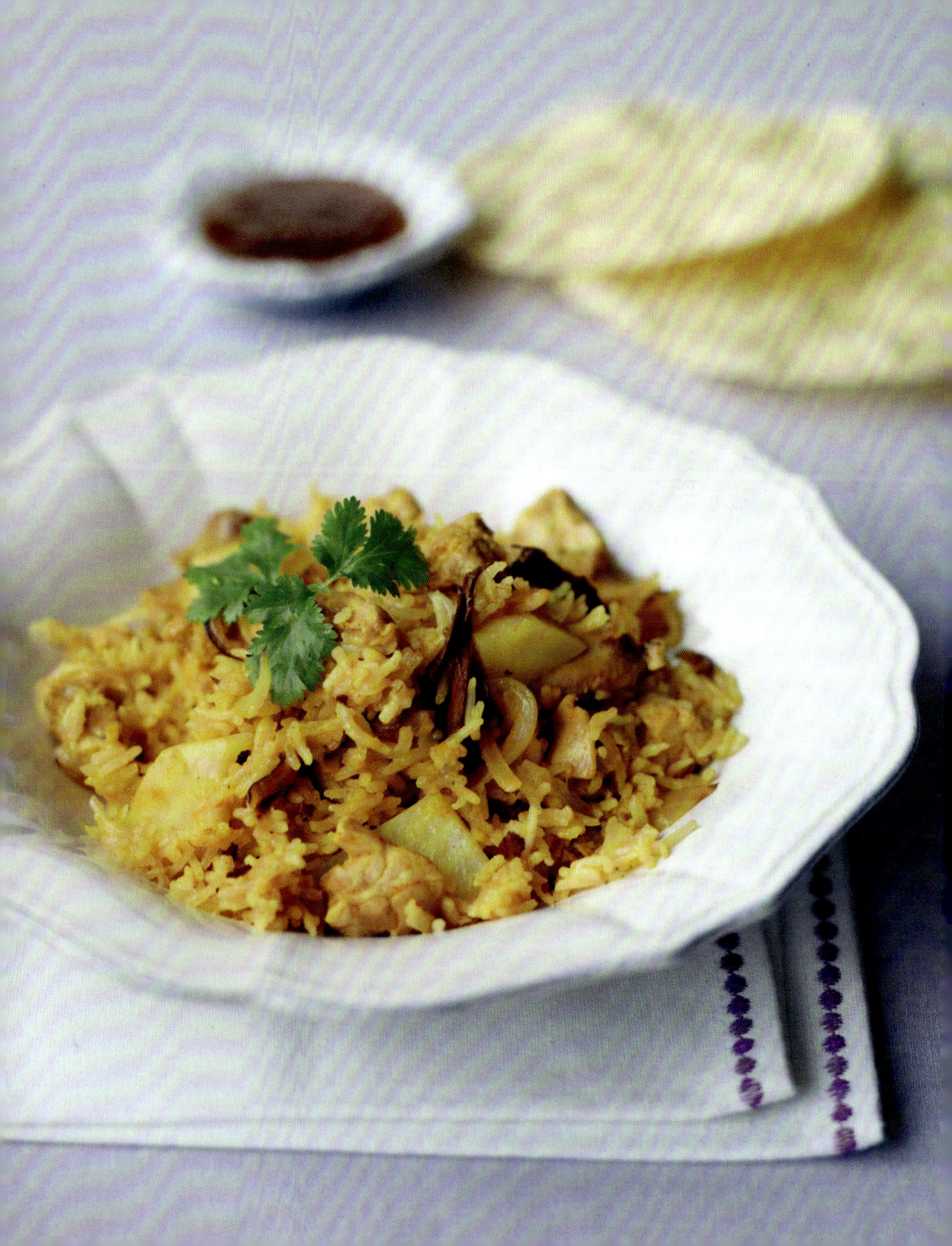

cozido de cordeiro à mediterrânea

4 porções
Preparo: **15 minutos**
Cozimento: **30 minutos**

2 colheres (sopa) de **azeite**
500 g de **filé de cordeiro** fatiado finamente
1 **cebola roxa** picada
1 **berinjela** grande (375 g) em pedaços pequenos
2 **dentes de alho** amassados
400 g de **tomate pelado em lata** picado
2 colheres (sopa) de **extrato de tomate**
1 colher (chá) de **açúcar mascavo**
150 ml de **caldo de legumes**
sal e **pimenta-do-reino** moída na hora
torradas, para servir

Pesto de cebolinha
½ maço de **cebolinha** picada grosseiramente
50 g de **parmesão** ralado na hora
2 colheres (chá) de **vinagre de vinho** ou **suco de limão**
3 colheres (chá) de **azeite**

Aqueça 1 colher (sopa) de azeite em uma panela grande. Acrescente a carne de cordeiro e doure levemente por 5 minutos. Reserve.

Aqueça o azeite restante na mesma panela, acrescente a cebola e a berinjela e refogue por cerca de 5 minutos. Junte o alho, os tomates picados, o extrato de tomate, o açúcar e o caldo e deixe levantar fervura. Abaixe o fogo e cozinhe por 5 minutos.

Recoloque a carne na panela e misture aos legumes. Cozinhe por mais 5 minutos e ajuste o tempero.

Bata a cebolinha, o parmesão, o vinagre e o azeite no processador até obter uma pasta grossa. Coloque o pesto em uma vasilha.

Sirva o cozido em pratos fundos com colheradas de pesto e torradas.

Variação: cozido mediterrâneo vegetariano. Apare as pontas e corte 2 abobrinhas grandes em pedaços. Tire o miolo e as sementes de 2 pimentões vermelhos. Refogue a cebola e a berinjela como indicado acima, acrescente as abobrinhas e os pimentões e mantenha por 5 minutos. Acrescente os demais ingredientes (exceto o cordeiro) e 125 g de azeitona preta e cozinhe por 15-20 minutos. Faça o pesto com uma boa porção de folhas de manjericão, em lugar da cebolinha, e 1 colher de sopa de pinhole. Sirva bem quente, regando com colheradas do pesto.

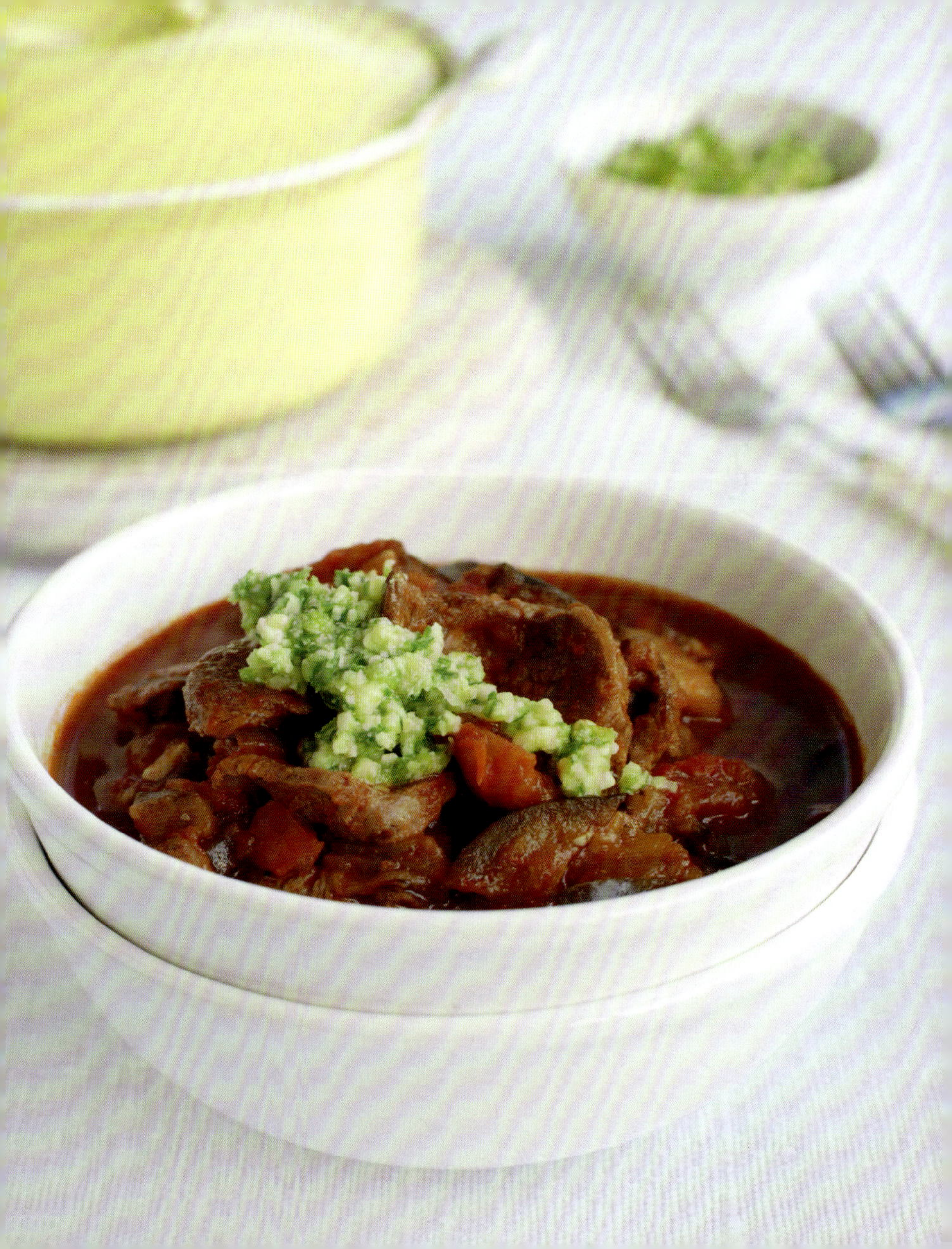

ensopado de legumes

4 porções
Preparo: **10 minutos**
Cozimento: **25 minutos**

250 g de **fava** fresca
175 g de **vagem** aparada
175 g de **aspargo** fresco limpo e cortado em pedaços de 2,5 cm
75 g de **manteiga**
8 **cebolinhas**
2 **dentes de alho** picados
900 ml de **caldo de galinha** ou **de legumes**
1 ramo de **tomilho** fresco
15 **minicebolas**
10 **mininabos** cortados em pedaços
250 g de **minicenouras**
1½ colher (sopa) de **suco de limão-siciliano**
sal e **pimenta-do-reino** moída na hora
salsa picada, para polvilhar

Cozinhe as favas, as vagens e os aspargos por 2-3 minutos, com água fervente e um pouco de sal, retire-os com uma escumadeira e coloque em uma vasilha com água e gelo. Esse procedimento é conhecido como branqueamento. Escorra os legumes e reserve. Retire a casca das favas.

Derreta a manteiga em uma panela grande em fogo baixo, coloque as cebolinhas e o alho e refogue por 3 minutos, até ficarem macios, mas não dourados. Acrescente o caldo e o tomilho, deixe levantar fervura e adicione as minicebolas. Tampe a panela e cozinhe em fogo baixo por 5 minutos.

Junte os nabos, ferva novamente, abaixe o fogo e cozinhe por 6-8 minutos. Coloque as cenouras e deixe por 5-6 minutos. Tempere com sal, pimenta-do-reino e um pouco do limão. Adicione as favas, as vagens e os aspargos e aqueça bem. Sirva polvilhado com a salsa.

Variação: ensopado de cordeiro. Branqueie as favas, as vagens e os aspargos. Aqueça 75 g de manteiga em uma panela grande e doure 4 costeletas de cordeiro por 2 minutos de cada lado, com o alho (descarte as cebolinhas). Adicione o caldo e o tomilho, deixe levantar fervura, acrescente as minicebolas, 225 g de batata-bolinha sem casca e as cenouras. Continue o cozimento em fogo baixo, como indicado acima, por 20 minutos. Nos últimos 5 minutos de cozimento, junte 125 g de alho-poró sem as pontas e picado. Sirva salpicado de cerefólio.

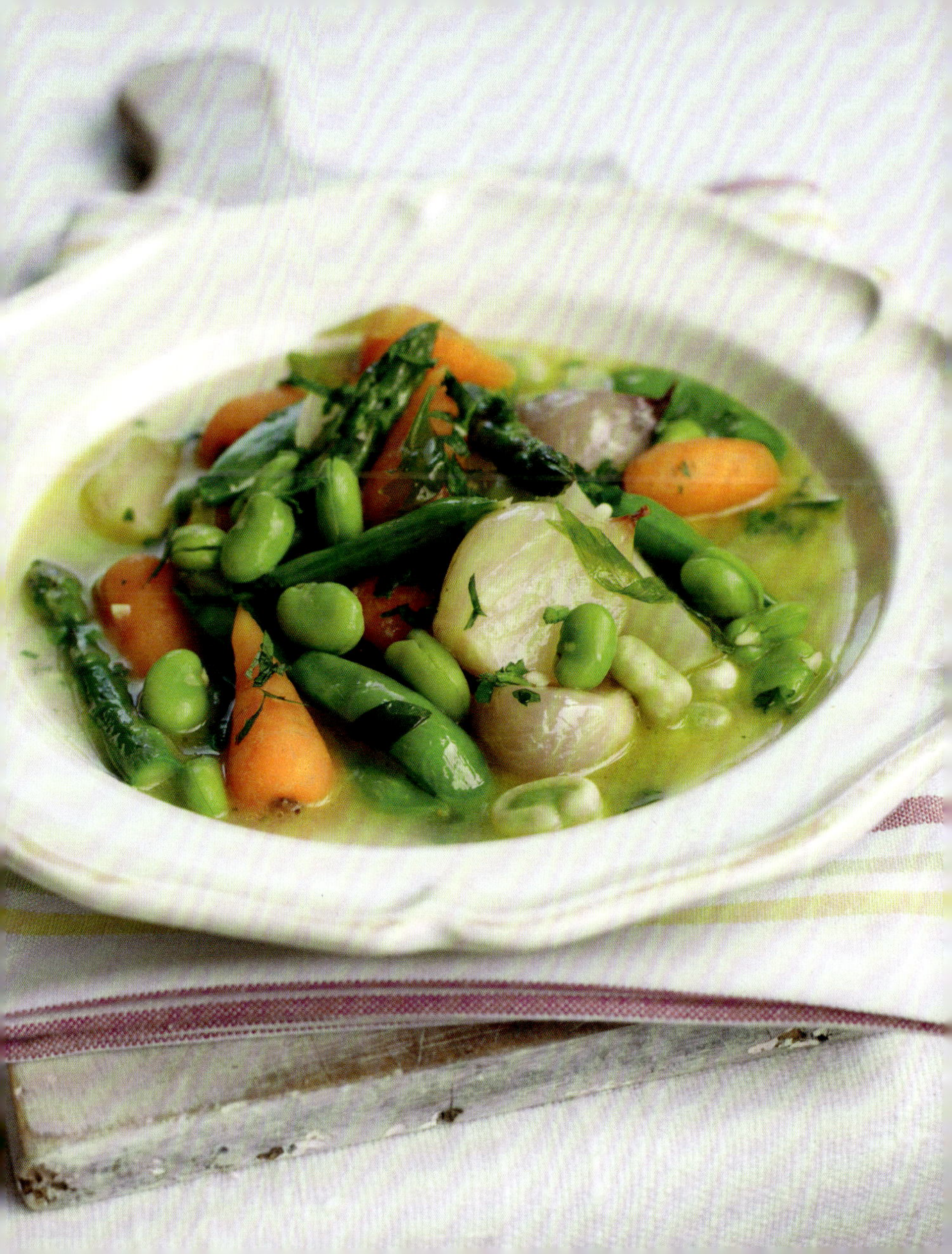

mix de feijões à moda de Boston

4 porções
Preparo: **10 minutos**
Cozimento: **30 minutos**

- 2 colheres (sopa) de **óleo vegetal**
- 1 **cebola roxa** grande picada finamente
- 4 **talos de aipo** picados finamente
- 2 **dentes de alho** amassados
- 400 g de **tomate pelado em lata** picado
- 300 ml de **caldo de legumes**
- 2 colheres (sopa) de **molho de soja**
- 2 colheres (sopa) de **açúcar mascavo**
- 4 colheres (sopa) de **mostarda de Dijon**
- 800 g de **feijões variados** cozidos e escorridos
- 4 colheres (sopa) de **salsa** picada
- **torradas com manteiga**, para servir

Aqueça o óleo em uma panela de fundo espesso. Acrescente a cebola e refogue em fogo baixo por 5 minutos, até ficar macia. Adicione o aipo e o alho e refogue por mais 1-2 minutos.

Junte os tomates, o caldo e o molho de soja. Deixe levantar fervura, abaixe o fogo para médio e apure por 15 minutos, ou até o molho começar a encorpar.

Adicione o açúcar, a mostarda e os feijões e cozinhe por mais 5 minutos, ou até aquecerem bem. Acrescente a salsa picada, mexa bem e sirva com as torradas.

Variação: torrada gratinada com mix de feijões.
Refogue a cebola, o aipo e o alho como indicado acima, com 125 g de bacon em pedaços, por 5 minutos. Acrescente os tomates. Em lugar do caldo e do molho de soja, adicione 6 colheres (sopa) de purê de tomate e 4 colheres (sopa) de água. Apure como descrito acima. Junte o açúcar, a mostarda e os feijões e cozinhe como indicado acima. Coloque colheradas do feijão sobre as torradas, polvilhe 25 g de cheddar ralado em cada uma e leve ao forno quente por 2-3 minutos, até gratinar. Sirva imediatamente.

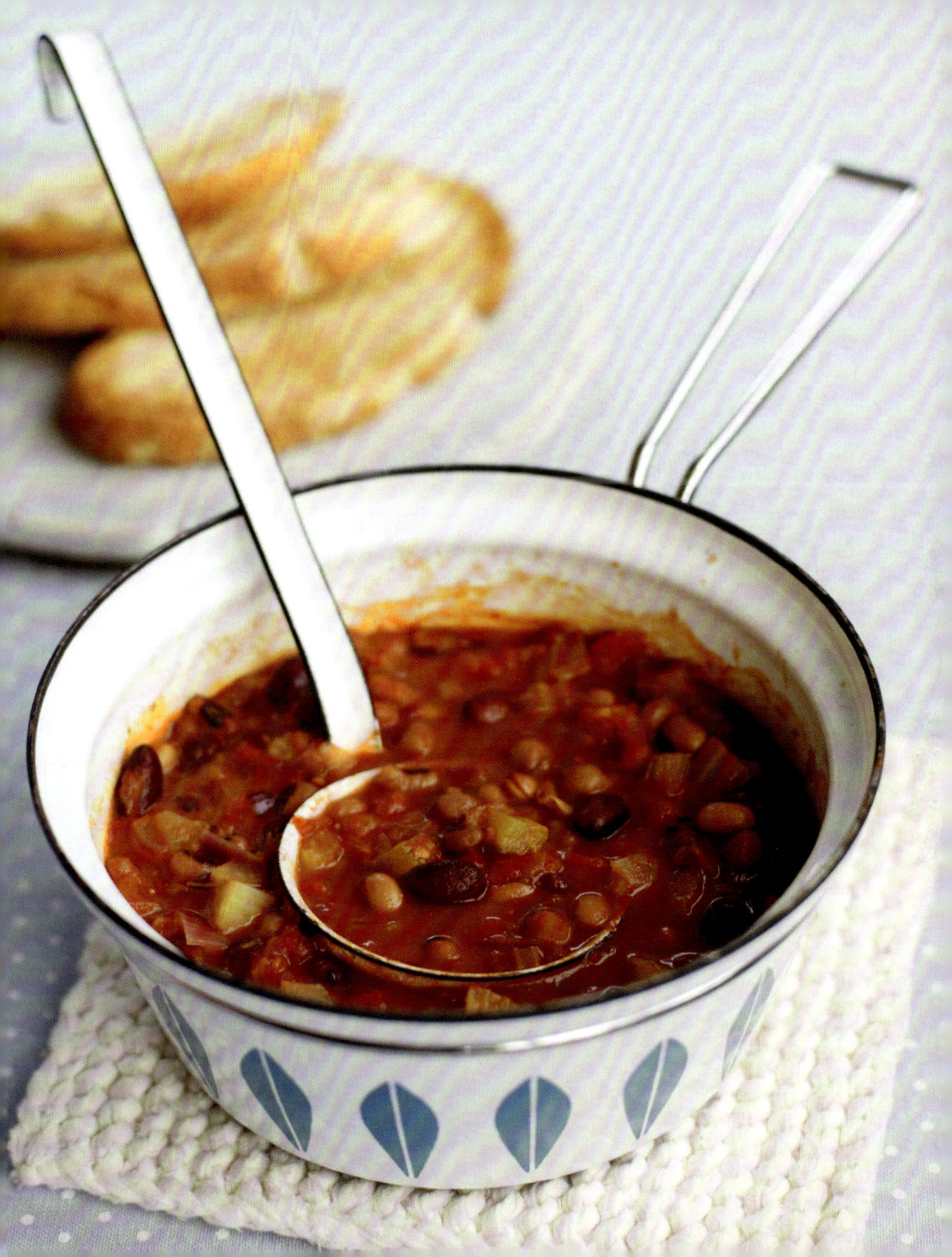

paella de frango

4 porções
Preparo: **15 minutos**
Cozimento: **30-40 minutos**

2 colheres (sopa) de **azeite**
500 g de **filé de frango** sem pele e cortado em cubos
2 **cebolas** fatiadas
3 **dentes de alho** amassados
1 **pimentão vermelho** sem sementes, sem miolo e picado grosseiramente
200 g de **arroz parboilizado**
4 colheres (sopa) de **xerez seco**
450 ml de **caldo de galinha**
200 g de **ervilha congelada**
suco e **raspas** de **1 limão**
sal e **pimenta-do-reino** moída na hora
ramos de tomilho fresco, para decorar
limão-siciliano em gomos, para servir

Aqueça 1 colher (chá) de azeite em uma frigideira funda em fogo médio e refogue o frango por 4-6 minutos, ou até dourar. Reserve. Na mesma frigideira, coloque o azeite restante, acrescente as cebolas e refogue em fogo médio por 10 minutos, até ficar macia. Junte o alho e o pimentão e refogue por mais 3 minutos.

Adicione o arroz e misture bem, acrescente o xerez e o caldo, abaixe o fogo e cozinhe por 10-15 minutos.

Acrescente as ervilhas e mantenha por mais 2-3 minutos, ou até o líquido evaporar. Junte as raspas e o suco de limão e tempere com sal e pimenta-do--reino. Sirva decorado com o tomilho e acompanhado dos gomos de limão.

Variação: paella de linguiça, camarão e frango. Refogue o frango como indicado acima. Sem retirá-lo da frigideira, acrescente as cebolas, o alho e o pimentão com 175 g de linguiça curada fatiada finamente. Prepare como indicado acima. Acrescente o arroz, o xerez e o caldo, sem adicionar as ervilhas, e cozinhe por 10-15 minutos. Misture o suco e as raspas de limão ao arroz, acrescente 125 g de camarão descascado e limpo e cozinhe por mais 2-3 minutos, até o camarão ficar rosado. Acrescente 6 colheres (sopa) de salsa picada e acerte o tempero. Sirva bem quente.

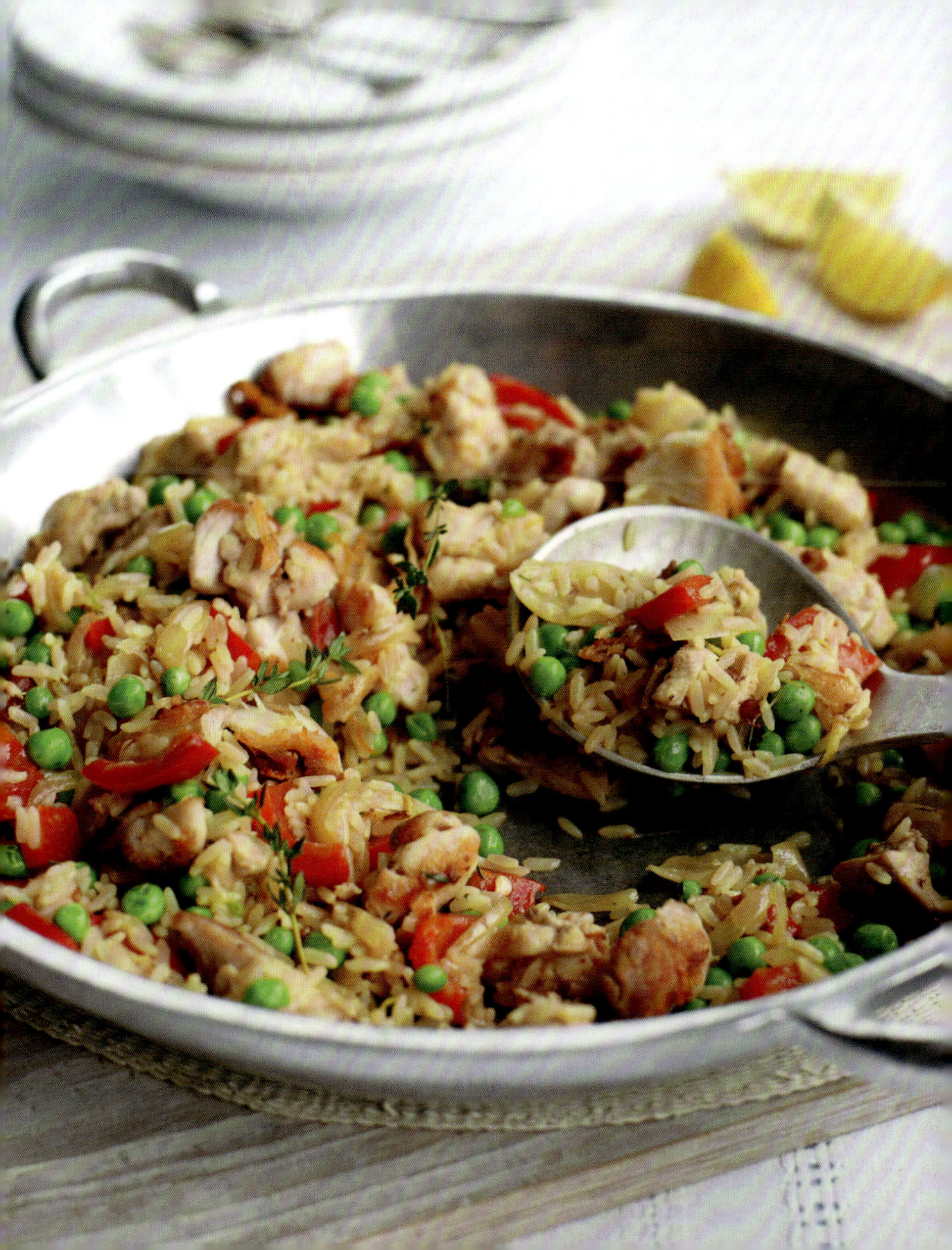

curry de legumes

4 porções
Preparo: **10 minutos**
Cozimento: **20-25 minutos**

1 colher (sopa) de **azeite**
1 **cebola** picada
1 **dente de alho** amassado
2 colheres (sopa) de **pasta de curry**
1,5 kg de **legumes** (abobrinha, pimentões de todas as cores, abóbora, cogumelos de vários tipos e vagem) limpos e cortados em pedaços regulares
200 g de **tomate pelado em lata** picado
410 g de **leite de coco**
2 colheres (sopa) de **folhas de coentro** picadas
arroz cozido, para servir

Aqueça o azeite em uma panela grande, acrescente a cebola e o alho e refogue por 2 minutos. Junte a pasta de curry e refogue por mais 1 minuto.

Coloque os legumes cortados, refogue por 2-3 minutos, mexendo de vez em quando, e adicione os tomates e o leite de coco. Misture bem e deixe levantar fervura, abaixe o fogo e cozinhe por 12-15 minutos, até os legumes ficarem tenros. Polvilhe o coentro e sirva com o arroz.

Variação: curry de manga e frango. Corte 500 g de filé de frango em cubos. Aqueça o azeite e refogue a cebola, o alho e o frango por 5 minutos, adicionando a pasta de curry no minuto final. Pique duas mangas em cubos. Coloque na panela e refogue por 1 minuto. Acrescente os tomates e o leite de coco, tampe a panela e cozinhe em fogo baixo por 12-15 minutos, até o frango atingir o ponto. Polvilhe as folhas de coentro, misture e sirva com o arroz.

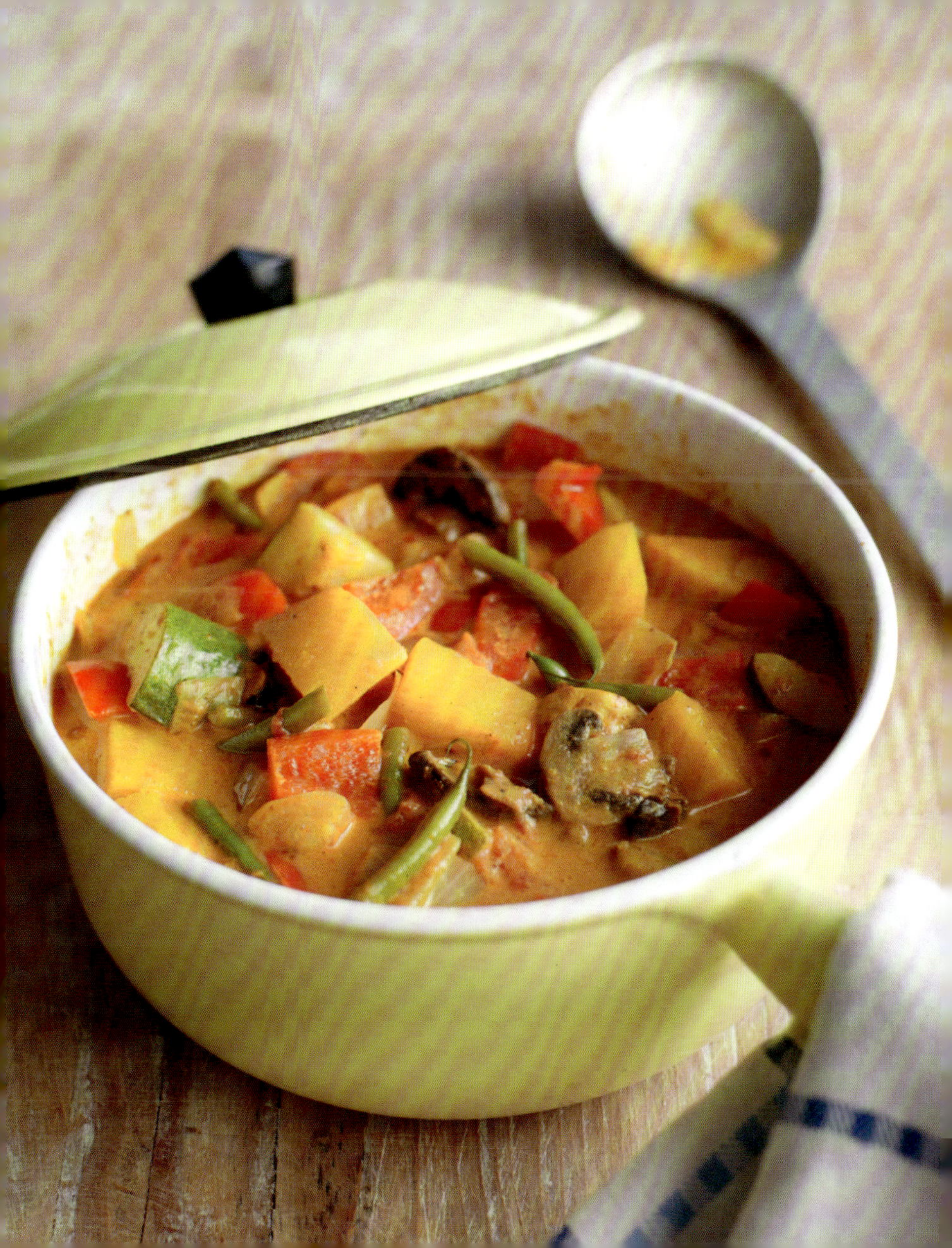

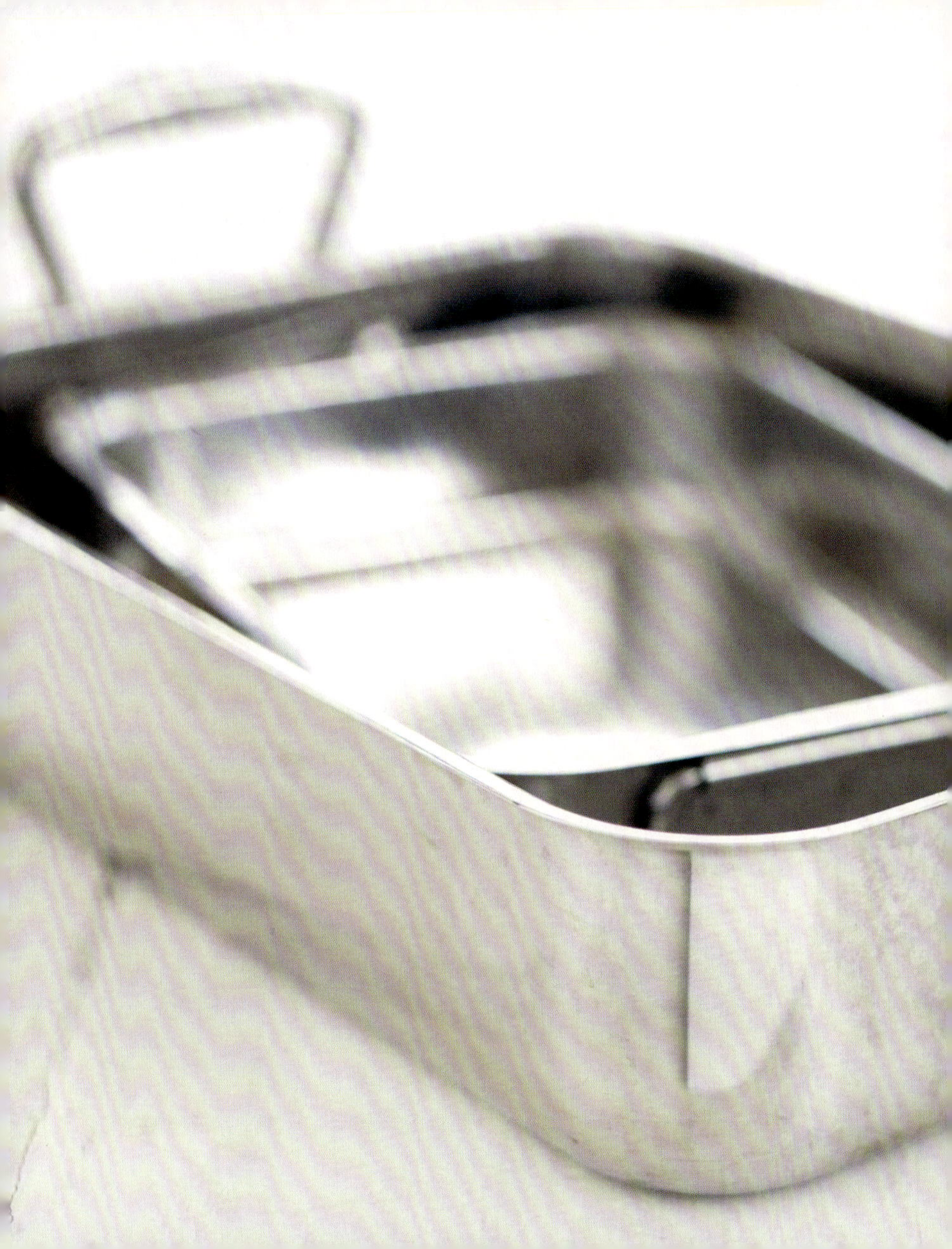

carnes saborosas

rocambole de filé de frango

4 porções
Preparo: **10 minutos**
Cozimento: **20 minutos**

4 **filés de frango** sem pele (cerca de 150 g cada)
4 fatias de **presunto cru**
4 fatias finas de **muçarela de búfala**
4 pontas de **aspargo**, mais algumas, para decorar
75 g de **farinha de trigo**
1 colher (sopa) de **azeite**
50 g de **manteiga**
50 ml de **vinho branco** seco
75 ml de **caldo de galinha**
200 g de **espinafre**
200 g de **tomate seco** escorrido
sal e **pimenta-do-reino** moída na hora

Coloque cada filé de frango entre duas folhas de papel-manteiga e, com o martelo de cozinha, achate-os até adquirirem metade do tamanho original.

Tempere os filés com sal e pimenta-do-reino, coloque sobre eles uma fatia de presunto cru, uma fatia de muçarela e uma ponta de aspargo. Enrole-os com cuidado, formando rocamboles. Amarre-os com barbante ou prenda-os com palitos de madeira.

Tempere a farinha de trigo com sal e pimenta-do-reino. Passe os rocamboles na farinha. Em uma frigideira, aqueça o azeite com metade da manteiga, coloque os rolinhos e frite por 15 minutos em fogo baixo, até dourarem.

Retire os rocamboles e reserve em um prato de servir, mantendo aquecidos. Despeje o vinho e o caldo na frigideira, deixe levantar fervura e abaixe o fogo, reduzindo por 3 minutos.

Retire o barbante ou os palitos dos rocamboles na hora de servir. Junte a manteiga restante à frigideira, bata rapidamente com um batedor de arame para emulsificar o molho, acrescente o espinafre e os tomates secos e cozinhe por 2 minutos, ou até o espinafre murchar. Coloque espinafre nos pratos, fatie os rocamboles e arrume-os sobre elas.

Variação: frango recheado com queijo e tomate. Prepare os filés de frango. Espalhe queijo de cabra cremoso sobre cada filé e complete com 4 folhas de manjericão e 3 tomates secos. Enrole os filés e forme os rocamboles, amarrando com barbante. Continue a preparação como descrito acima. Sirva com vagem cozida.

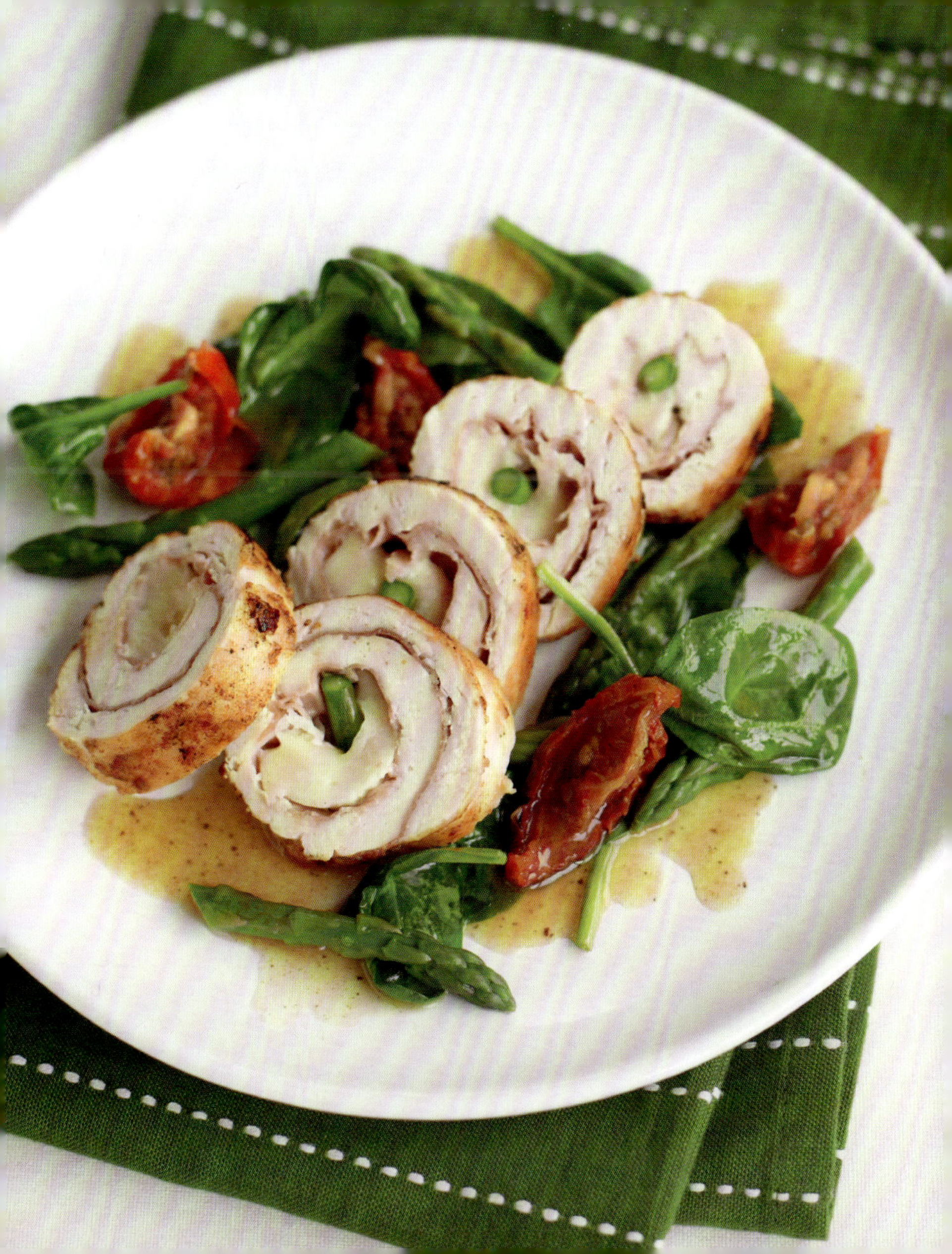

cordeiro à moda da Caxemira

4 porções
Preparo: **10 minutos**, mais o tempo da marinada
Cozimento: **8-12 minutos**

- 150 ml de **iogurte natural**
- 1 colher (chá) de **pimenta vermelha em pó**
- 2 colheres (chá) de **gengibre** ralado
- 2 **dentes de alho** amassados
- 2 colheres (sopa) de **coentro fresco** picado
- 1 colher (sopa) de **óleo de girassol**, mais um pouco para untar
- 8 **costeletas de cordeiro**
- **sal** e **pimenta-do-reino** moída na hora
- **arroz pilaf** e salada de **tomate-cereja, cebola** e **coentro**, para servir

Misture o iogurte, a pimenta em pó, o gengibre, o alho, o coentro picado e o óleo em uma vasilha. Tempere com sal e pimenta-do-reino.

Coloque as costeletas nessa marinada, envolvendo bem a carne. Tampe a vasilha com filme de PVC e deixe marinar por pelo menos 3 horas na geladeira (se puder, deixe 10 horas).

Unte uma chapa de fogão canelada com um pouco de óleo e disponha as costeletas. Grelhe por 4-6 minutos de cada lado, ou até ficarem macias. Sirva com o arroz pilaf e a salada de tomate-cereja, cebola e coentro.

Variação: espetinho de cordeiro e damasco.
Corte 375 g de filé de cordeiro em cubos. Prepare a marinada como descrito acima e coloque os cubos de carne nessa mistura, como explicado. Coloque a carne em palitos de churrasco, alternando carne, cubos de cebola roxa e damasco seco. Asse os espetinhos na churrasqueira ou em uma chapa de fogão por 4-6 minutos de cada lado, até ficarem no ponto. Sirva com arroz integral.

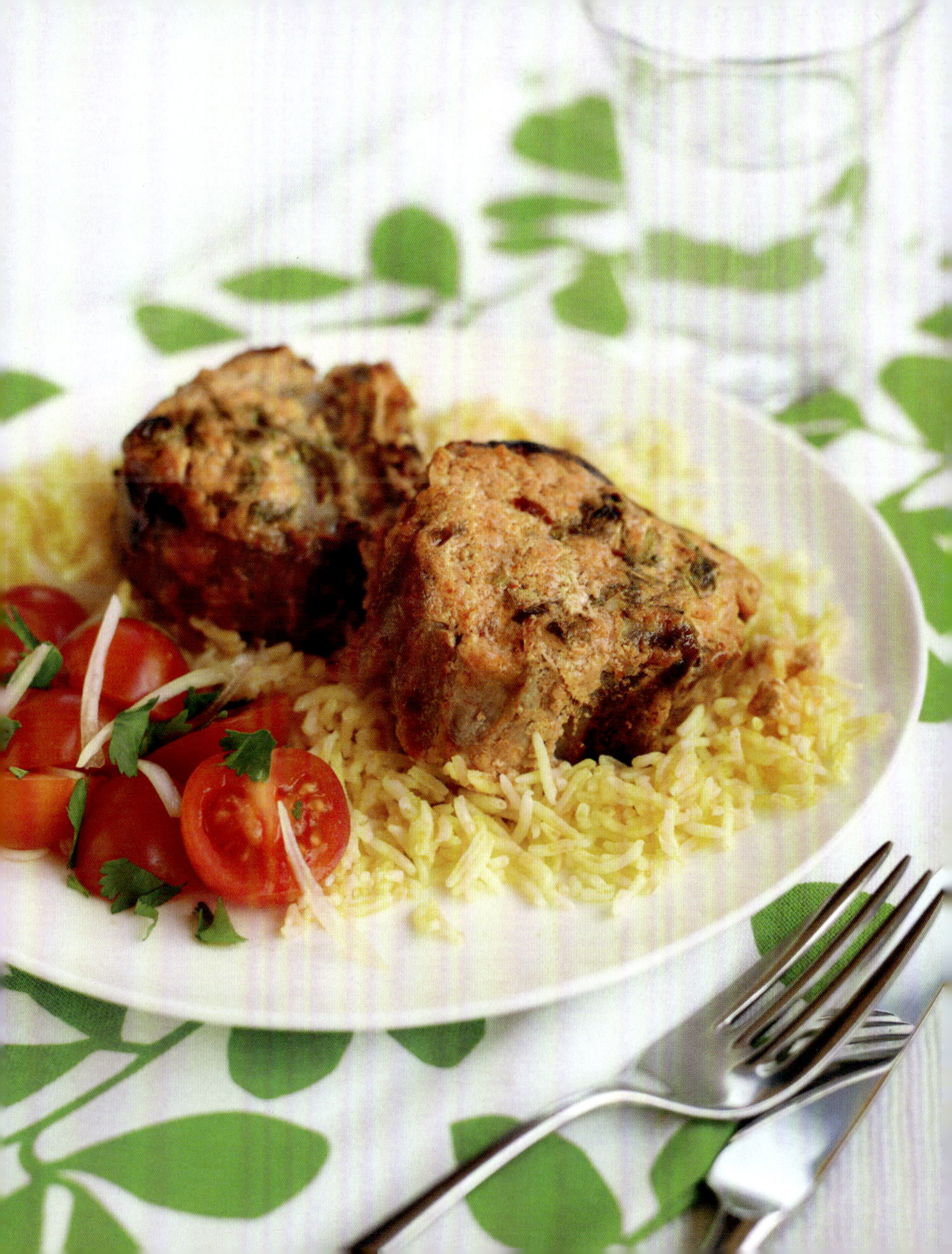

hambúrguer picante

4 porções
Preparo: **10 minutos**
Cozimento: **6-14 minutos**

575 g de **carne moída**
2 **dentes de alho** amassados
1 **cebola roxa** picada
1 **pimenta-malagueta** sem sementes e picada finamente
1 maço de **salsa** picada
1 colher (sopa) de **molho inglês**
1 **ovo** batido
4 **pães de hambúrguer integrais** abertos
folhas frescas de **rúcula**
1 **tomate-caqui** fatiado
sal e **pimenta-do-reino** moída na hora
cebolinha picada, para decorar
relish de pepino e **batata-bolinha assada**, para servir

Coloque a carne moída, o alho, a cebola, a pimenta e a salsa em uma vasilha grande. Acrescente o molho inglês, o ovo batido, um pouco de sal e pimenta-do--reino e misture bem.

Aqueça uma chapa canelada de fogão. Modele quatro hambúrgueres com a carne temperada. Coloque-os na chapa por 3 minutos de cada lado para obter o ponto malpassado, 5 minutos para ficar ao ponto ou 7 minutos para deixar bem passado.

Coloque os pães cortados para tostar no forno alto. Sobre cada pão aberto, arrume folhas de rúcula e algumas fatias de tomate, decore com cebolinha picada e acompanhe com o relish e a batata-bolinha assada.

Variação: hambúrguer de carne de porco e maçã. Misture 575 g de carne de porco moída (lombo ou pernil) com o alho, a cebola picada, a pimenta e a salsa em uma vasilha grande. Descasque uma maçã, retire as sementes, pique finamente e acrescente à vasilha. Não utilize o molho inglês, mas junte o ovo batido e tempere bem. Modele os hambúrgueres e asse-os como indicado acima. Rale queijo gouda sobre os hambúrgueres ainda quentes, coloque no pão e sirva.

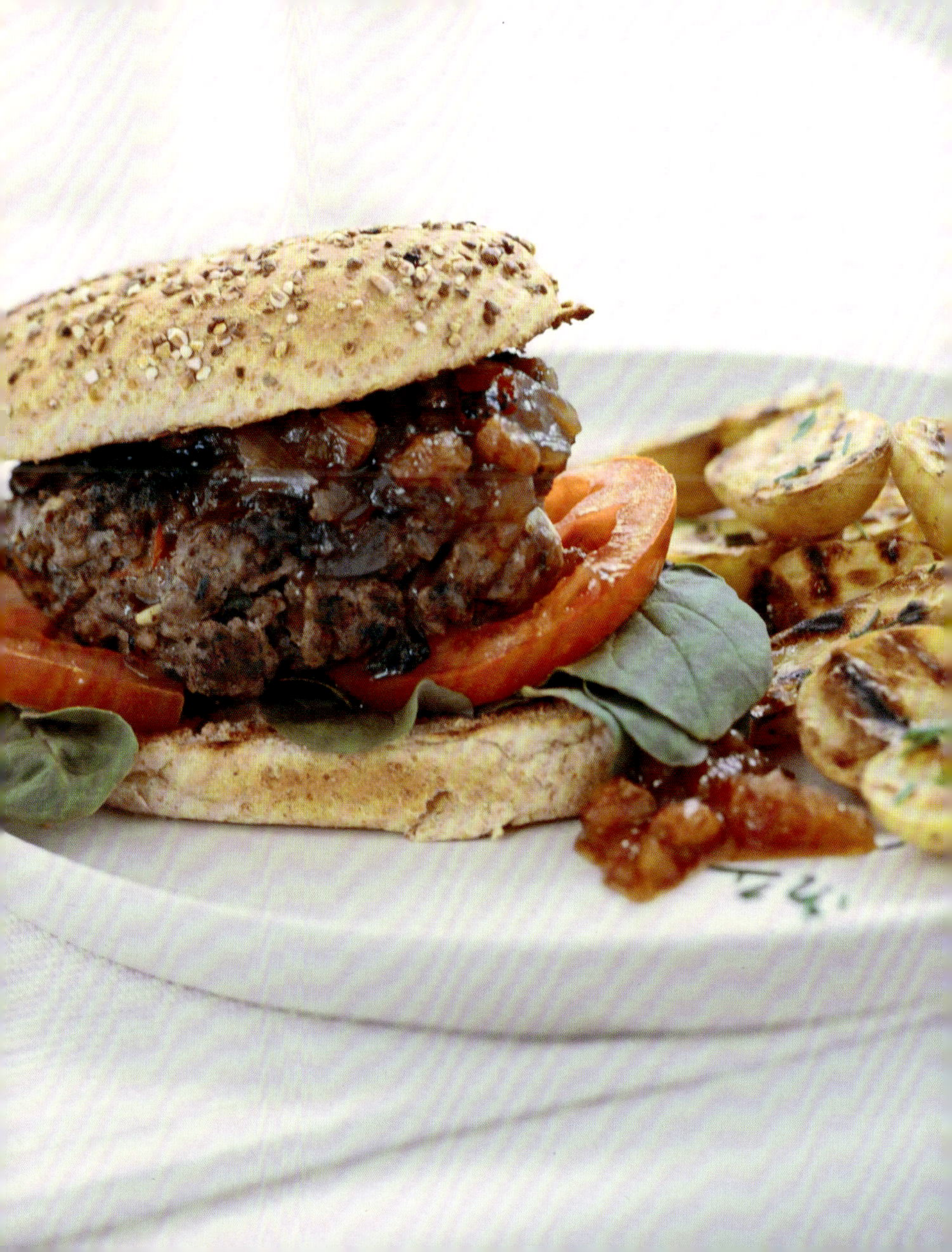

linguiça com purê de batata

4 porções
Preparo: **5 minutos**
Cozimento: **25 minutos**

8 **linguiças**
2 **cebolas** cortadas em gomos
2 **maçãs** descascadas e cortadas em gomos
1 colher (sopa) de **farinha de trigo**
200 ml de **caldo de galinha**

Purê de batata com mostarda
1 kg de **batata** lavada e cortada em quartos
75 g de **manteiga**
1-2 colheres (sopa) de **mostarda extraforte** com sementes
1 **dente de alho** amassado
sal e **pimenta-do-reino** moída na hora
um fio de **azeite**
1 maço grande de **salsa** picada

Coloque as batatas em uma panela grande com água fria, deixe ferver e cozinhe em fogo baixo por 15 minutos, ou até ficarem macias.

Grelhe as linguiças em fogo médio por 10 minutos, virando sempre para dourá-las por igual. Acrescente as cebolas e os gomos de maçã e mantenha com as linguiças por 6-7 minutos.

Escorra as batatas. Quando estiverem frias, descasque e amasse bem, até obter um purê cremoso.

Junte a manteiga, a mostarda, o alho e uma pitada generosa de sal e pimenta-do-reino e misture bem. Prove e acrescente mais mostarda, caso deseje. Por fim, adicione o azeite e a salsa picada.

Transfira as linguiças para a travessa de servir. Descarte a maior parte da gordura da frigideira, deixe 1 colher (sopa) e junte a farinha de trigo. Acrescente o caldo de galinha aos poucos, mexendo sempre, e apure até encorpar. Tempere e coloque numa molheira. Coloque o purê de batata no centro do prato e arrume sobre ele as linguiças e os gomos de maçã. Regue com o molho e sirva.

Variação: purê de batata com queijo e alho-poró salteado. Fatie finamente 2 alhos-porós. Aqueça 50 g de manteiga em uma frigideira em fogo baixo e salteie o alho-poró, até ficar macio e começar a dourar. Reserve. Cozinhe e amasse as batatas, sem o alho, e acrescente 125 g de cheddar. Misture bem até obter um purê cremoso. Coloque o alho-poró reservado e sirva com as linguiças.

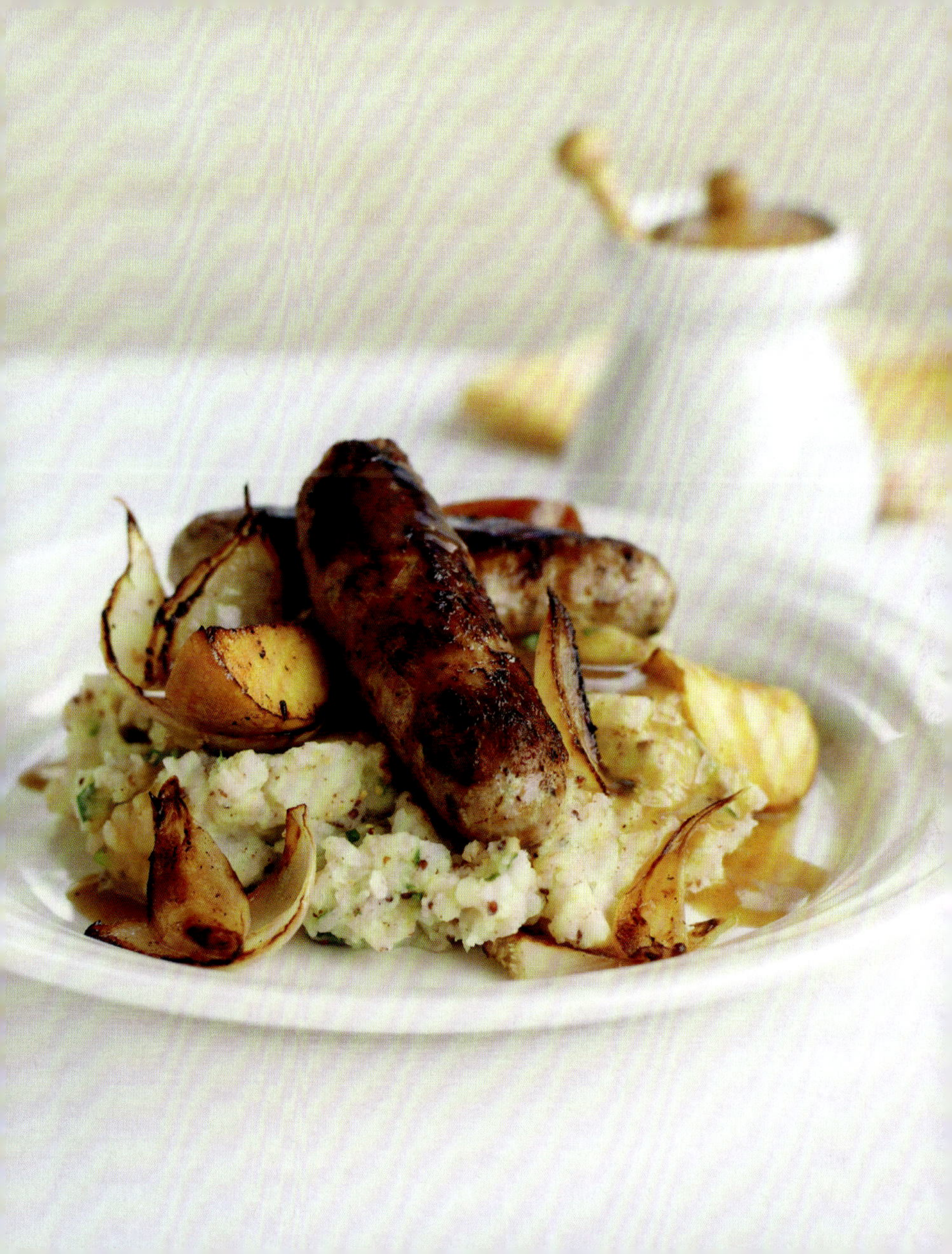

frango com salsa mexicana

4 porções
Preparo: **10 minutos,** mais o tempo da marinada
Cozimento: **18 minutos**

2 colheres (sopa) de **molho de soja**
2 colheres (chá) de **óleo de gergelim**
1 colher (sopa) de **azeite**
2 colheres (chá) de **mel**
uma pitada de **pimenta--calabresa** em flocos
4 filés de **peito de frango** (cerca de 200 g cada)

Para a salsa mexicana
1 **cebola roxa** picada
1 **dente de alho** amassado
um punhado de **folhas de coentro** picadas
6 colheres (sopa) de **azeite**
raspas e **suco** de **1 limão**
1 colher (chá) de **cominho em pó**
sal e **pimenta-do-reino** moída na hora

tomate cortado em cubos e **cuscuz marroquino** hidratado, para servir

Misture o molho de soja, o óleo de gergelim, o azeite, o mel e a pimenta-calabresa em uma vasilha. Coloque os filés de frango nesse tempero, cubra com filme de PVC e leve à geladeira para marinar por 3-4 horas.

Aqueça uma chapa de fogão ou frigideira canelada em fogo alto, coloque os filés de frango, abaixe para fogo médio e mantenha-os por 8 minutos de cada lado, até grelhar bem e alcançar o ponto correto. Embrulhe os filés em papel-alumínio e reserve por 5 minutos.

Misture os ingredientes da salsa mexicana e tempere com sal e pimenta-do-reino. Reserve para realçar bem os sabores.

Transfira o líquido da marinada para uma panela pequena, deixe levantar fervura e retire do fogo.

Sirva o frango com a salsa e a marinada ainda morna, acompanhado do cuscuz com os cubos de tomate.

Variação: salmão com salsa de pimenta e manga.
Prepare a marinada como indicado acima. Mergulhe 4 filés de salmão (cerca de 175 g cada um) na marinada e deixe em temperatura ambiente por 2 horas. Leve à grelha por 2-3 minutos de cada lado, até dourarem. Corte ½ manga em cubos pequenos. Prepare a salsa como descrito acima, mas com ½ cebola e descartando o alho. Acrescente a manga picada. Fatie finamente uma pimenta-malagueta e junte-a à salsa. Sirva o salmão bem quente com a salsa.

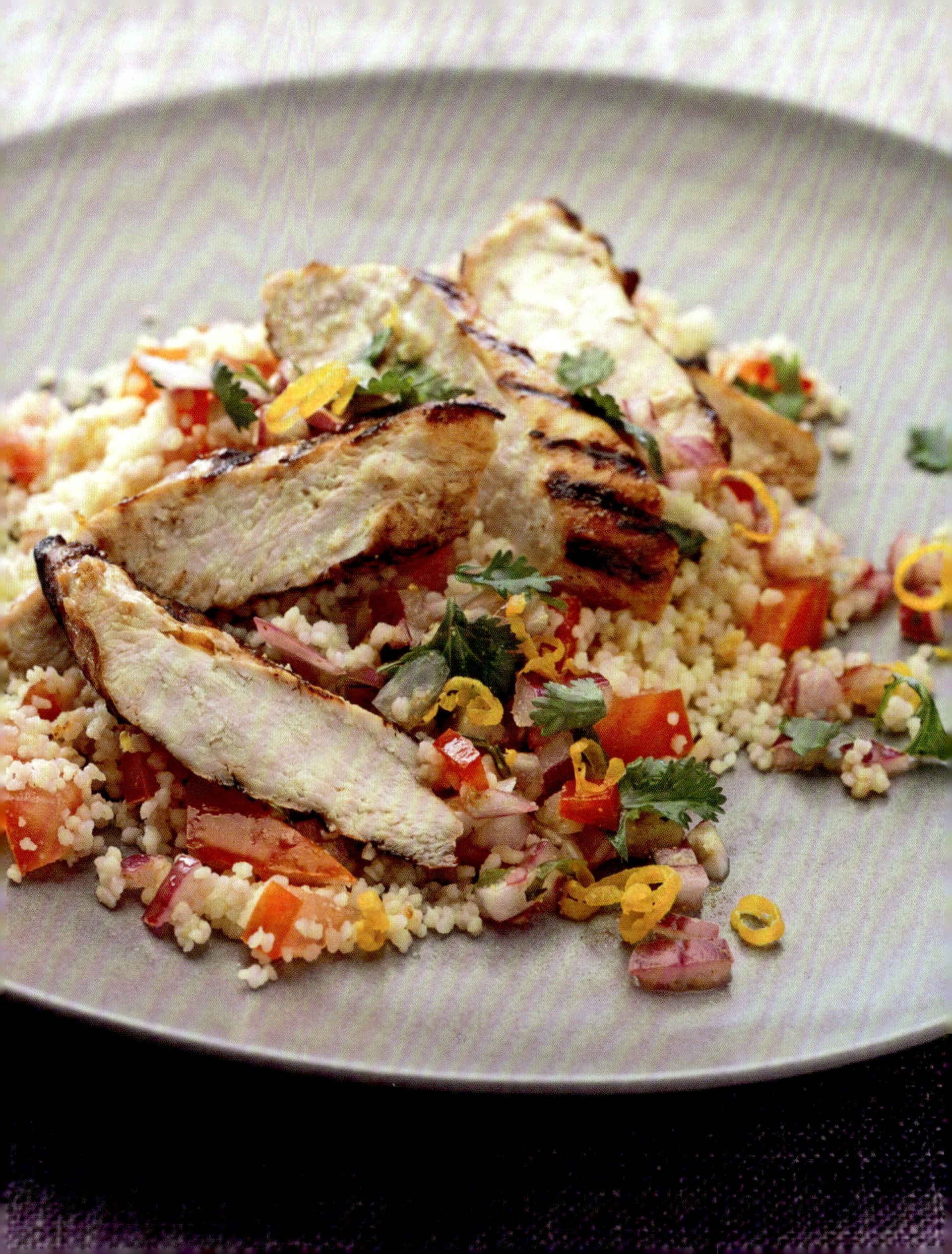

filé de cordeiro com salada

4 porções
Preparo: **5 minutos**
Cozimento: **20 minutos**

125 g de **lentilha**
125 g de **vagem**
4 colheres (sopa) de **azeite**
2 **filés de cordeiro** (cerca de 300 g cada um)
4 colheres (sopa) de **vinho tinto seco**
1 colher (sopa) de **vinagre de vinho tinto**
375 g de **beterraba** cozida cortada em cubos
um punhado pequeno de **folhas de hortelã** picadas grosseiramente
sal e **pimenta-do-reino** moída na hora

Cozinhe as lentilhas em fogo lento por 20 minutos. Escorra bem e reserve em uma vasilha.

Cozinhe as vagens em água com sal por 2-3 minutos, escorra e coloque em água gelada para cessar o cozimento. Escorra novamente e seque com cuidado sobre papel-toalha.

Aqueça 1 colher (sopa) do azeite em uma frigideira de cabo refratário e frite os filés de cordeiro por 7 minutos, virando apenas uma vez. Leve ao forno preaquecido a 150°C e deixe assar por 5 minutos, reservando o sumo da carne.

Acrescente o vinho à frigideira, de volta à boca do fogão, deixe ferver e reduza até restar uma colher de sopa. Retire a frigideira do fogo, junte o vinagre e o azeite restante e agregue com um batedor de arame. Tempere com sal e pimenta-do-reino.

Misture a lentilha, a vagem, a beterraba e a hortelã em uma vasilha, adicione o molho da frigideira e mexa bem para untar os legumes. Sirva com o filé de cordeiro fatiado.

Acompanhamento: salada de lentilha com bacon.
Aqueça 1 colher (sopa) de azeite em uma frigideira e refogue 1 cebola picada por 3-4 minutos. Acrescente 125 g de bacon defumado picado e frite por mais 3-4 minutos, até dourar. Cozinhe as lentilhas com 300 ml de caldo de galinha. Quando ferver, abaixe o fogo, tampe a panela e mantenha em fogo baixo por 20 minutos, até as lentilhas ficarem macias, adicionando mais água, se necessário. Cozinhe as vagens como descrito acima. Misture-as com as lentilhas e o bacon e sirva.

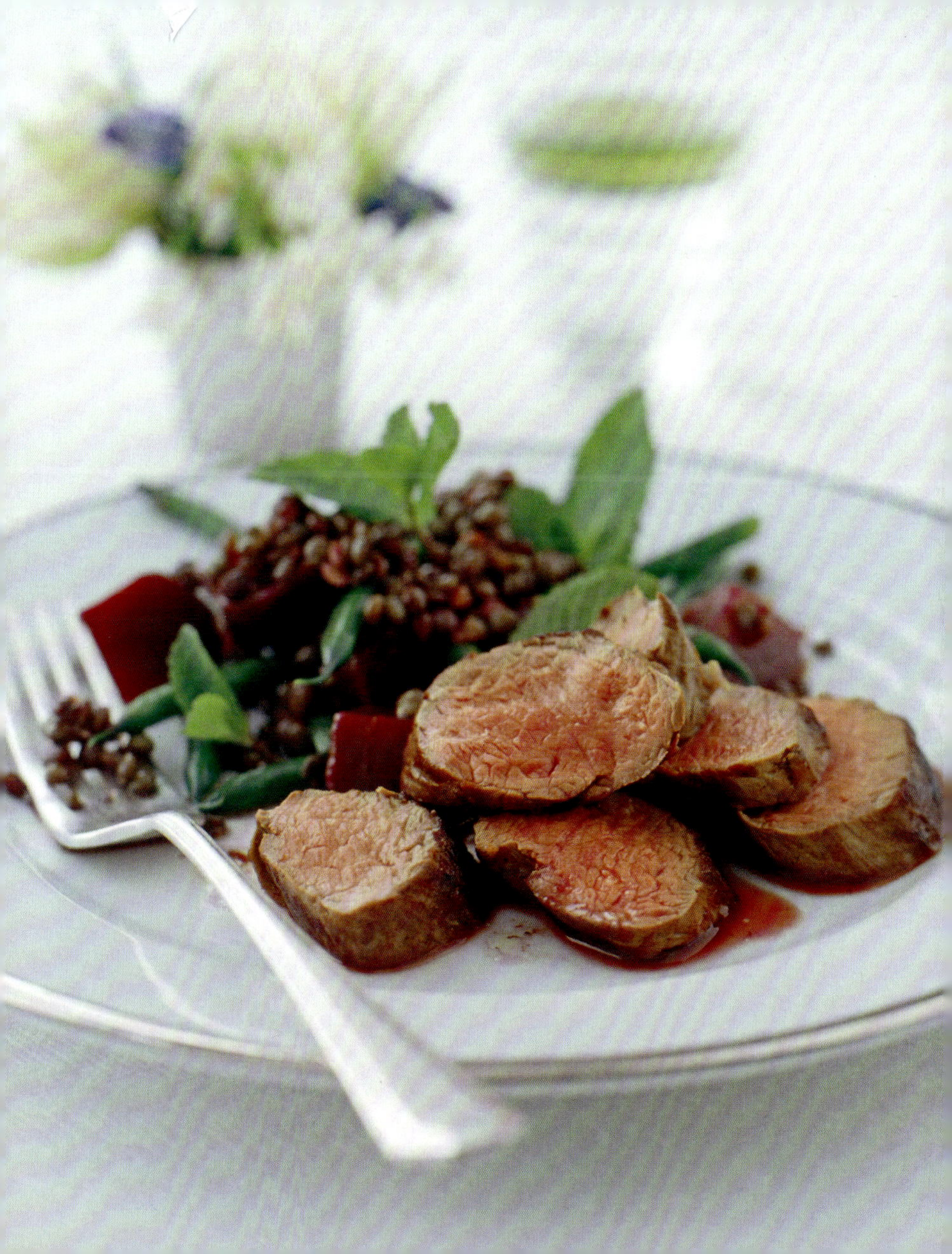

filé-mignon com muçarela

4 porções
Preparo: **10 minutos**
Cozimento: **18-22 minutos**

- 2 colheres (sopa) de **óleo vegetal**
- 4 medalhões de **filé-mignon** (cerca de 250 g cada)
- 2 colheres (sopa) de **azeite**
- 1 **cebola** picada finamente
- 1 **dente de alho** amassado
- 1 **abobrinha** em cubos
- 1 **pimentão amarelo** sem sementes, sem miolo e cortado em cubos
- 1 **berinjela** cortada em cubos
- 6 **tomates italianos** sem pele, sem sementes e cortados em cubos
- 10 **folhas de manjericão**
- 4 fatias finas de **muçarela de búfala**
- **sal** e **pimenta-do-reino** moída na hora
- ramos de **manjericão** ou **salsa**, para decorar

Aqueça o óleo vegetal em uma frigideira em fogo médio. Coloque os medalhões e frite-os por 2-4 minutos de cada lado, ou até atingir o ponto de sua preferência. Tempere com sal e pimenta-do-reino, retire a carne da panela e reserve aquecida.

Coloque o azeite na mesma panela e salteie a cebola e o alho, até ficarem dourados e crocantes. Adicione a abobrinha, o pimentão e a berinjela e refogue por mais alguns minutos. Junte os tomates, tempere com um pouco de sal e pimenta-do-reino e acrescente o manjericão.

Disponha os medalhões em uma assadeira. Arrume sobre cada um deles ¼ dos legumes refogados e uma fatia de muçarela. Leve ao forno preaquecido a 200°C por cerca de 5 minutos, ou até a muçarela começar a derreter. Sirva com os ramos de manjericão ou salsa.

Variação: bacalhau ao cheddar. Esprema suco de limão sobre 4 postas de bacalhau dessalgadas (cerca de 175 g cada uma) e tempere a gosto com sal e pimenta-do-reino. Prepare o refogado de legumes como indicado acima. Coloque as postas de bacalhau em uma assadeira levemente untada e arrume os legumes sobre cada uma delas. Cubra com uma fatia fina de cheddar e leve ao forno como indicado acima por 15 minutos, ou até o peixe atingir o ponto e o queijo derreter.

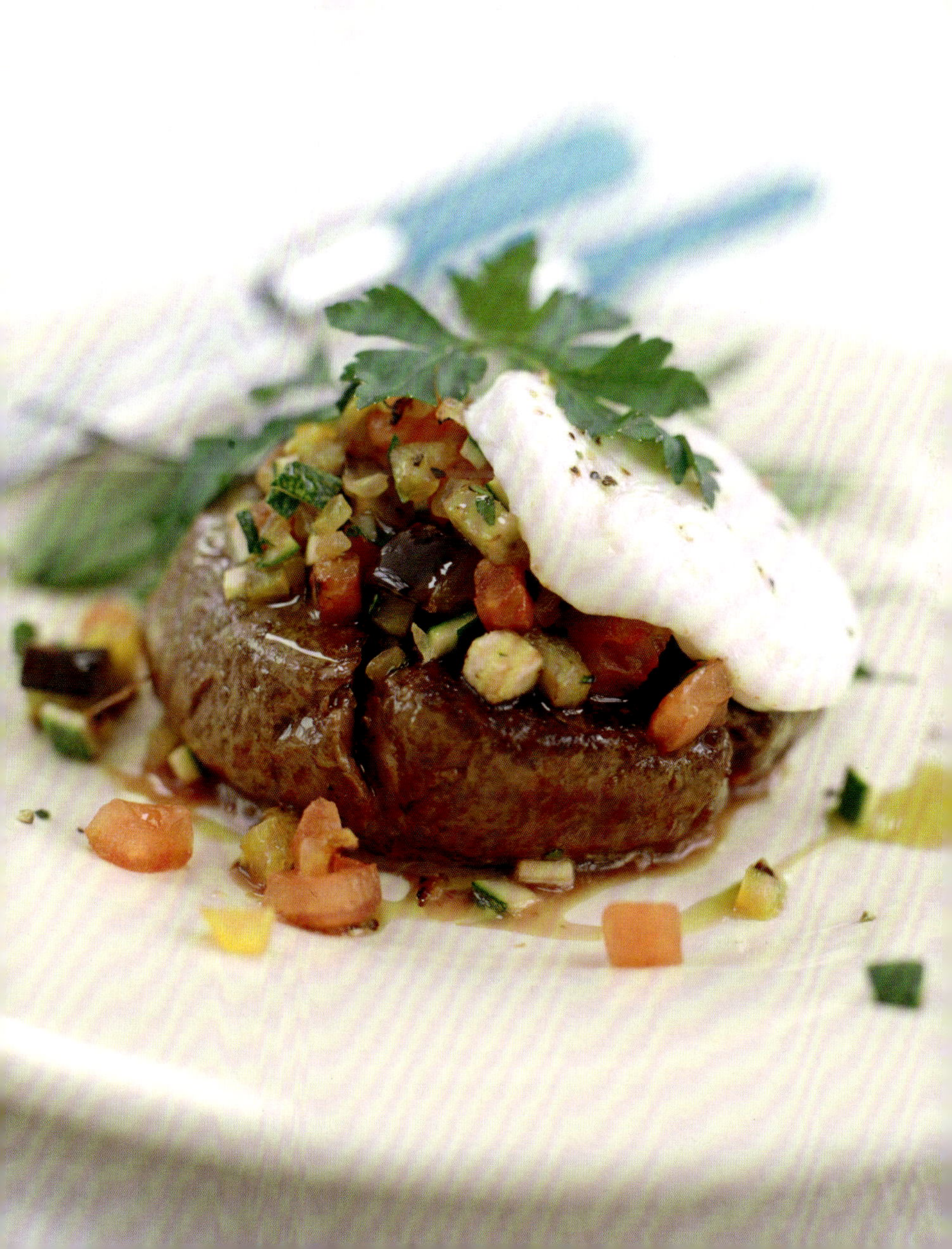

porco assado com erva-doce

4 porções
Preparo: **10 minutos**
Cozimento: **30 minutos**

625 g de **filé-mignon** suíno
1 ramo grande de **alecrim** em pedaços, mais um pouco, para decorar
3 **dentes de alho** descascados e fatiados finamente
4 colheres (sopa) de **azeite**
1 **bulbo de erva-doce** grande cortado em gomos
1 **cebola roxa** grande cortada em gomos
1 **pimentão vermelho** grande sem sementes, sem miolo e cortado em tiras largas
150 ml de **vinho branco seco**
75 g de **mascarpone** (opcional)
sal e **pimenta-do-reino** moída na hora

Faça furos no filé com uma faca afiada e introduza em cada um deles os pedaços de alecrim e as lâminas de alho. Aqueça metade do azeite em uma frigideira de cabo refratário, coloque a carne de porco e doure por igual durante 5 minutos.

Acrescente a erva-doce, a cebola e o pimentão e regue tudo com o azeite restante. Tempere bem com sal e pimenta-do-reino e leve a frigideira ao forno preaquecido a 230°C por 20 minutos.

Transfira a carne e os legumes para uma travessa de servir e reserve aquecida dentro do forno. Coloque novamente a frigideira sobre a boca do fogão e adicione o vinho branco, raspando o fundo para extrair os sumos do assado. Deixe reduzir um pouco e acrescente o mascarpone, caso deseje, mexendo bem.

Corte a carne de porco em fatias e arrume-as nos pratos com os legumes assados e regando com 1-2 colheres (sopa) do molho. Sirva imediatamente, decorado com ramos de alecrim.

Variação: porco assado com maçã e molho de cidra.
Fure a carne, introduza o alecrim e asse como descrito acima. Fatie 6 maçãs de cor variada com casca. Aqueça 50 g de manteiga e 1 colher (sopa) de azeite em uma frigideira e refogue a cebola, o pimentão e as maçãs por 4-5 minutos em fogo médio. Coloque na assadeira, arrume a carne sobre as maçãs e asse. Faça o molho como acima, utilizando 150 ml de cidra no lugar do vinho branco, e reduza antes de juntar o mascarpone e 1 colher (chá) de mostarda de Dijon. Ajuste o tempero e sirva.

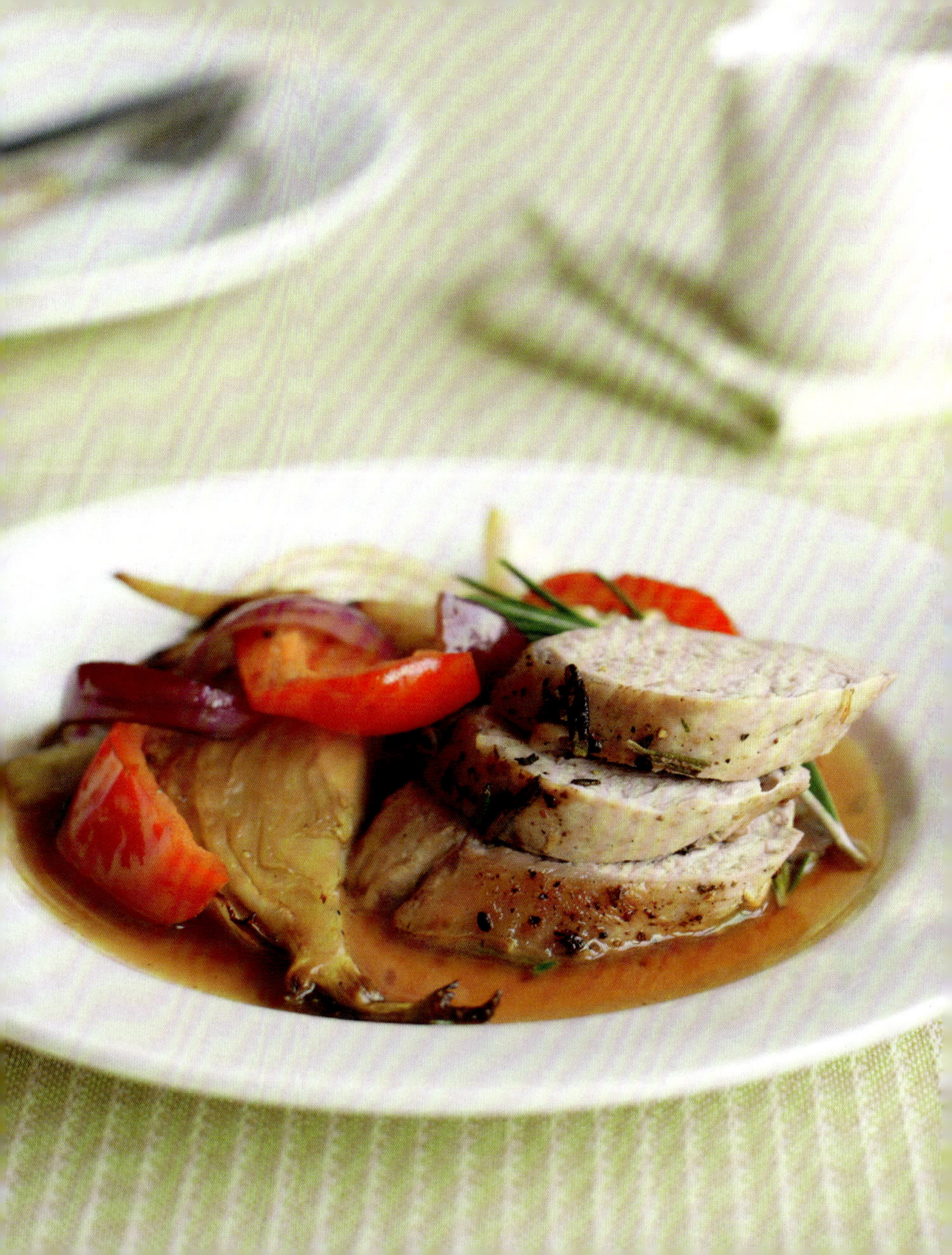

frango com castanha-de-caju

4 porções
Preparo: **10 minutos**
Cozimento: **20 minutos**

1 **cebola** picada
4 colheres (sopa) de **purê de tomate**
50 g de **castanha-de-caju**
2 colheres (chá) de **garam masala** (tempero indiano)
2 **dentes de alho** amassados
1 colher (sopa) de **suco de limão**
¼ de colher (chá) de **cúrcuma**
2 colheres (chá) de **sal**
1 colher (sopa) de **iogurte**
2 colheres (sopa) de **óleo vegetal**
3 colheres (sopa) de **folhas de coentro** picadas, mais um pouco para decorar
50 g de **damasco seco** picado
500 g de **coxa de frango** cortada em pedaços pequenos
300 ml de **caldo de galinha**
castanha-de-caju torrada, para decorar
arroz e **pão indiano**, para servir

Bata a cebola, o purê de tomate, as castanhas-de-caju, o garam masala, o alho, o suco de limão, a cúrcuma, o sal e o iogurte no processador, até obter um creme liso. Reserve.

Aqueça o óleo em uma frigideira antiaderente e coloque a pasta temperada. Refogue em fogo médio por 2 minutos, mexendo sempre. Junte metade do coentro, os damascos e o frango e refogue por 1 minuto.

Adicione o caldo de galinha, tampe a panela e cozinhe em fogo baixo por 10-12 minutos, ou até o frango ficar macio e no ponto. Acrescente o coentro restante e sirva com arroz e pão indiano, decorando com as castanhas torradas e coentro.

Variação: camarão com castanha-de-caju e ervilha-torta. Prepare a pasta temperada como indicado acima e refogue em fogo baixo por 2 minutos. Não utilize o frango e os damascos, mas acrescente metade do coentro como acima, com 300 g de camarão limpo e 175 g de ervilha-torta cortada ao meio. Refogue por 1-2 minutos e acrescente o caldo. Tampe a panela e cozinhe como indicado acima. Decore com o coentro restante e as castanhas-de-caju torradas e sirva imediatamente.

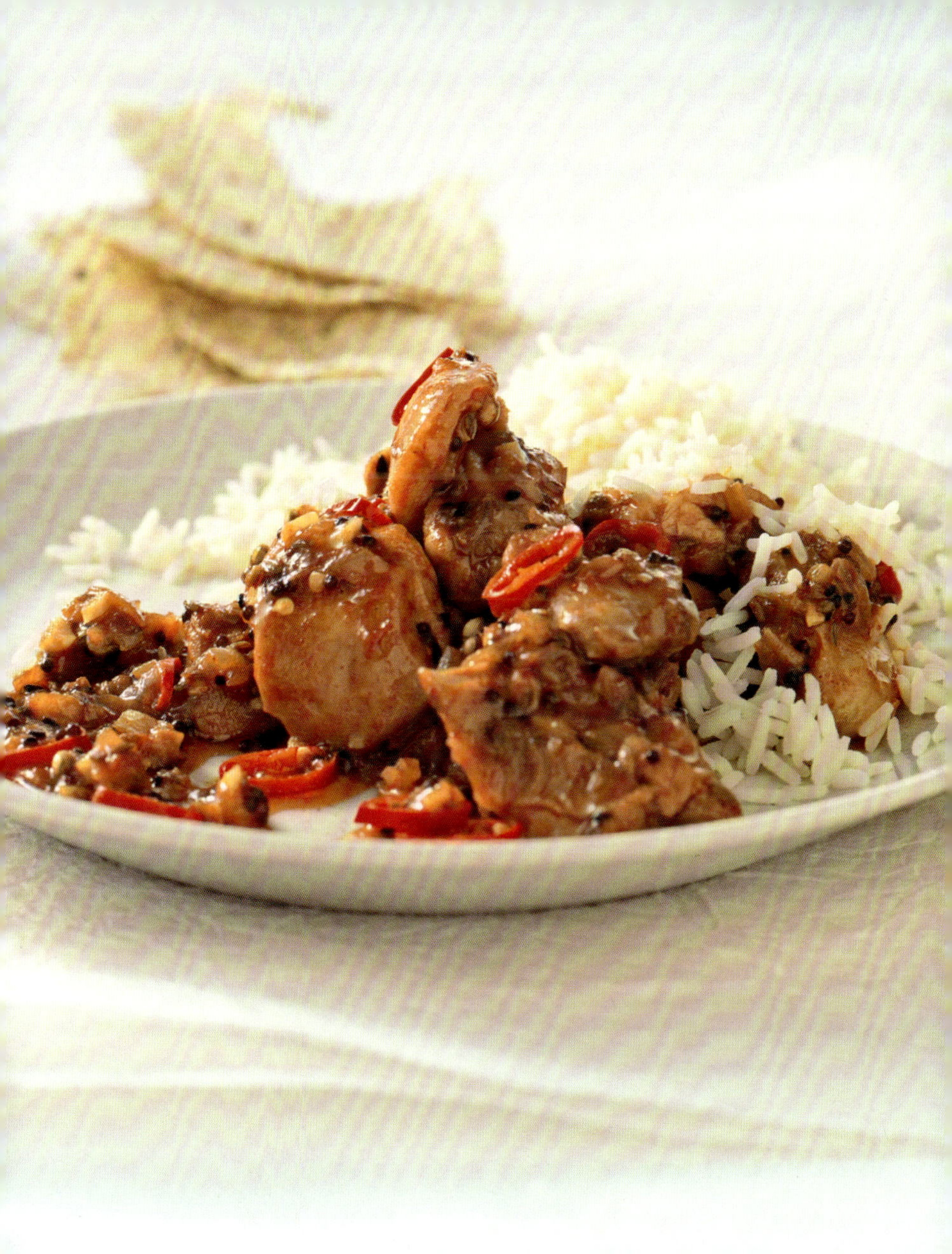

kheema aloo

4 porções
Preparo: **10 minutos**
Cozimento: **15-20 minutos**

1 colher (sopa) de **óleo vegetal**
4 **bagas de cardamomo**
1 **canela em pau**
3 **cravos**
2 **cebolas** picadas finamente
375 g de **carne de cordeiro** moída
2 colheres (chá) de **garam masala** (tempero indiano)
2 colheres (chá) de **pimenta vermelha** em pó
2 **dentes de alho** amassados
2 colheres (chá) de **gengibre** ralado
2 colheres (chá) de **sal**
200 g de **batata** cortada em cubos de 1 cm
400 g de **tomate pelado em lata** picado
100 ml de **água**
4 colheres (sopa) de **folhas de coentro** picadas
arroz ou **pão pita**, para servir

Aqueça o óleo em uma frigideira antiaderente e, quando estiver quente, coloque o cardamomo, a canela e os cravos. Frite por 1 minuto e acrescente as cebolas. Refogue, mexendo sempre, por 3-4 minutos.

Acrescente a carne de cordeiro, o garam masala, a pimenta em pó, o alho, o gengibre e o sal. Mexa bem para soltar a carne moída e refogue por 5-7 minutos.

Adicione os cubos de batata, os tomates e a água, tampe a panela e cozinhe em fogo lento por 5 minutos, ou até a batata ficar macia.

Junte o coentro picado e sirva com arroz ou pão pita.

Variação: curry de abobrinha. Pique finamente 1 abobrinha grande. Refogue as especiarias e as cebolas como indicado acima. Não utilize a carne. Acrescente mais 3 colheres (sopa) de óleo à frigideira, junte a abobrinha e refogue por mais 5-7 minutos. Adicione as especiarias, os cubos de batata, os tomates e a água e cozinhe em fogo baixo, como indicado acima. Nos últimos 3 minutos do cozimento, junte 300 g de folhas de espinafre lavadas. Por último, acrescente o coentro. Sirva com arroz ou pão pita aquecido.

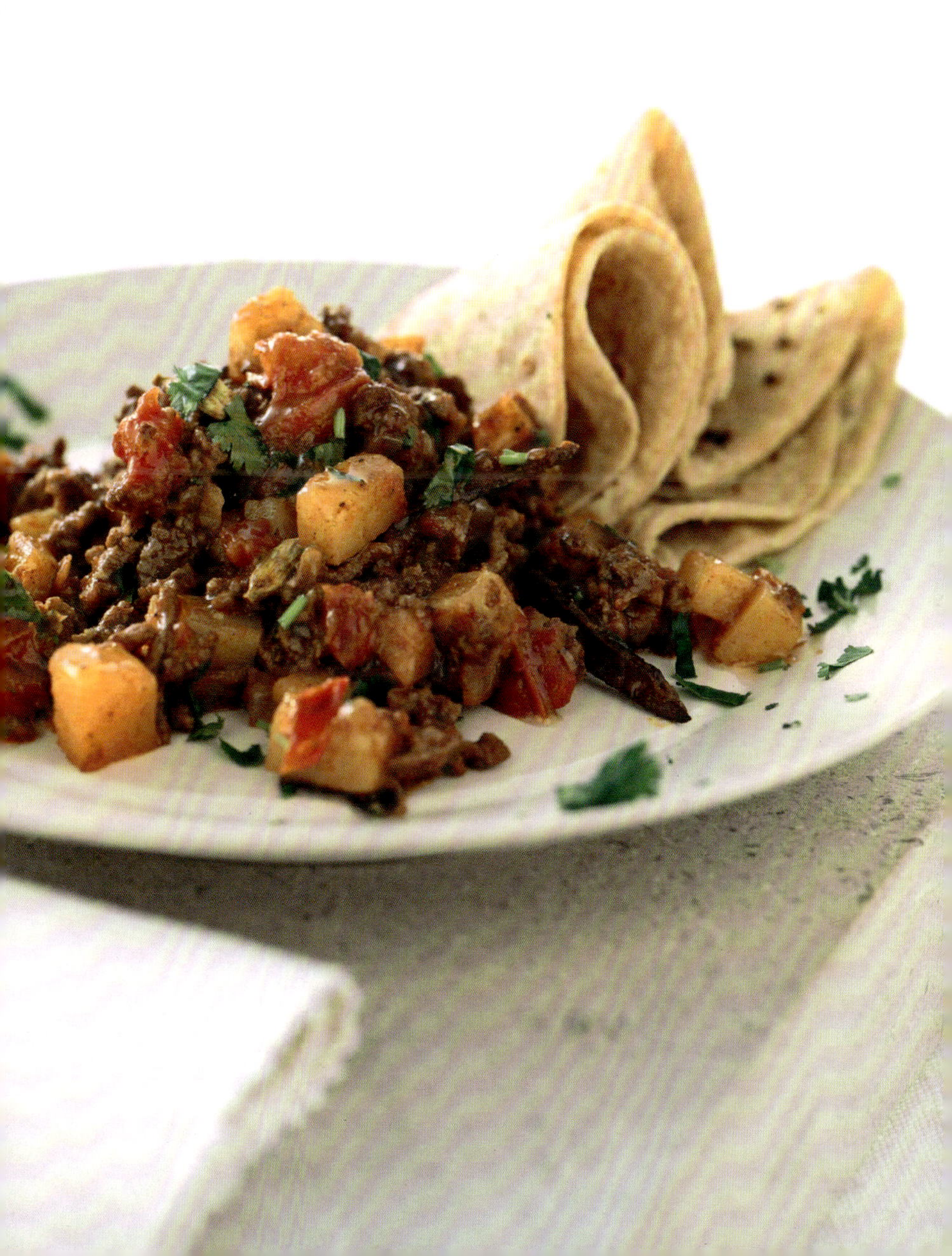

estrogonofe de carne

4 porções
Preparo: **10 minutos**
Cozimento: **15 minutos**

50 g de **manteiga**
3 **cebolas** picadas finamente
250 g de **cogumelo-de-paris** em lâminas finas
1 **pimentão verde** sem sementes e cortado em tiras finas
500 g de **filé-mignon** cortado em tiras de 5 mm de espessura por 5 cm de comprimento
150 ml de **creme de leite fresco**
sal e **pimenta-do-reino** moída na hora
1 colher (chá) de **salsa** picada, para decorar

Derreta metade da manteiga em uma frigideira grande e refogue as cebolas até dourar um pouco. Acrescente o cogumelo e o pimentão e salteie por 5 minutos. Retire todos esses vegetais da frigideira.

Derreta a manteiga restante na mesma frigideira e frite as tiras de carne por 4 minutos, até dourarem uniformemente.

Recoloque as cebolas, os cogumelos e o pimentão na panela, tempere com sal e pimenta-do-reino e adicione o creme de leite, mexendo bem. Aqueça, mas sem deixar ferver. Decore com a salsa picada e sirva.

Variação: estrogonofe de mix de cogumelos.
Refogue as cebolas na manteiga como descrito acima. Corte 750 g de mix de cogumelos (cogumelo-de-paris, shiitake, ostra) em quartos ou tiras, deixando-os inteiros se forem muito pequenos, e leve-os à frigideira. Não coloque o pimentão e salteie os cogumelos em fogo alto por 4 minutos. Adicione 1 colher (sopa) de conhaque à frigideira e misture bem. Acrescente 300 ml de creme de leite fresco com 1 colher (sopa) de mostarda extraforte à frigideira e mantenha por 1 minuto, mexendo sem parar, até aquecer bem. Decore com salsa e sirva com arroz.

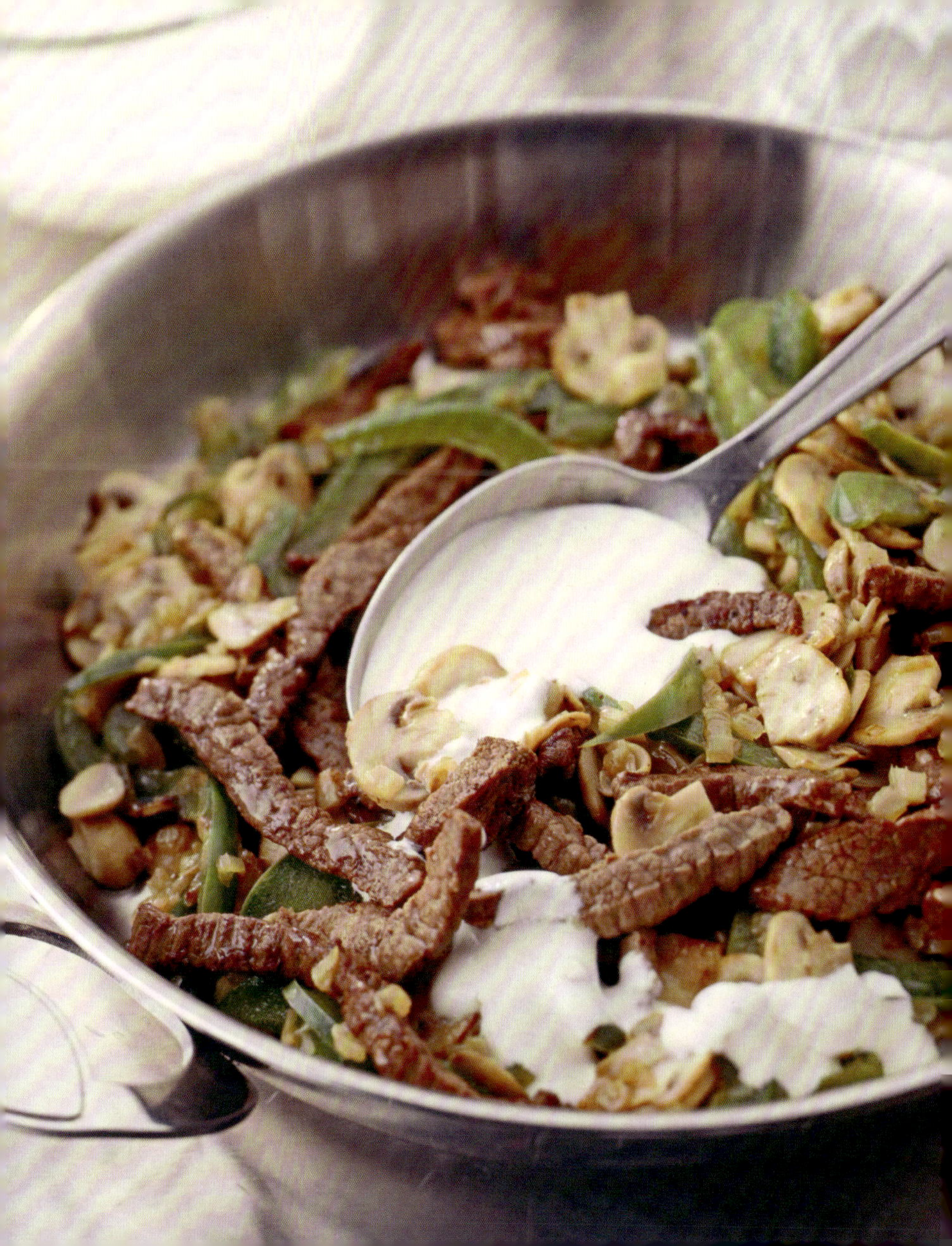

porco agridoce

4 porções
Preparo: **10 minutos**
Cozimento: **10 minutos**

2 colheres (sopa) de **óleo vegetal**
300 g de **filé-mignon** suíno fatiado finamente
1 **cebola** grande fatiada
2 **tomates** cortados em quartos
½ **pepino** cortado em pedaços
125 g de **abacaxi** em calda picado em pedaços
1 **pimentão verde** ou **vermelho** sem sementes, sem miolo e cortado em fatias finas
300 ml de **molho agridoce** pronto
arroz ou **macarrão de arroz**, para servir

Aqueça bem o óleo em uma frigideira grande. Coloque a carne de porco e a cebola e refogue em fogo alto por 2-3 minutos, até começar a dourar.

Acrescente os tomates, o pepino, o abacaxi e o pimentão e refogue por mais 3 minutos.

Adicione o molho agridoce e misture bem, mexendo sem parar por 1 minuto. Sirva com arroz ou macarrão de arroz.

Variação: almôndega de porco agridoce. Em uma vasilha, misture 250 g de carne de porco moída, 1 colher (chá) de cinco especiarias em pó e 2 colheres (chá) de gengibre ralado. Misture bem, modele dezesseis almôndegas do tamanho de uma noz e leve ao freezer por 10 minutos. Prepare uma massa misturando 75 g de farinha de trigo, 4 colheres (sopa) de maisena, 2 colheres (chá) de fermento químico e uma pitada de sal. Bata esses ingredientes e adicione 175 ml de água e 1 colher (sopa) de óleo de gergelim, até obter uma massa cremosa. Coloque óleo vegetal até a metade de uma frigideira média e aqueça a ponto de dourar um cubo de pão em 30 segundos. Mergulhe as almôndegas na massa e frite-as no óleo quente por 2-3 minutos, até ficarem douradas e crocantes. Retire com uma escumadeira e deixe escorrer o excesso de óleo em papel-toalha. Refogue os demais ingredientes como descrito acima (exceto o filé de porco), juntando as almôndegas crocantes no final.

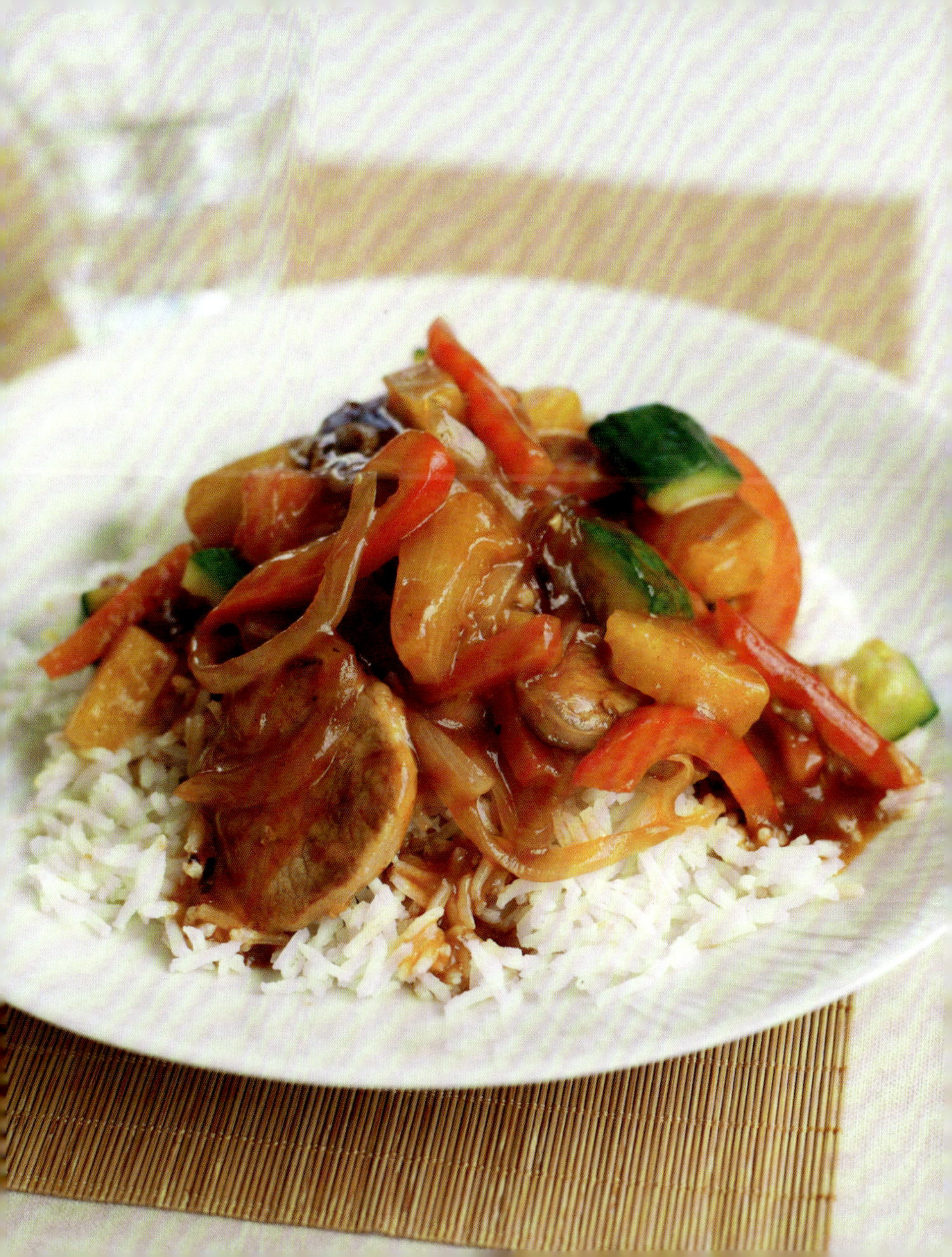

frango com geleia de pimenta

4 porções
Preparo: **5 minutos**
Cozimento: **25 minutos**

4 **filés de peito de frango** sem pele (cerca de 125 g cada)
folhas de coentro, para decorar
macarrão de arroz, para servir

Geleia de pimenta

125 g de **pimenta-dedo-de-moça** sem sementes e picada
1 **dente de alho** amassado
1 **cebola** picada
5 cm de **gengibre** descascado e picado
125 ml de **vinagre de vinho branco**
500 g de **açúcar**

Coloque todos os ingredientes da geleia de pimenta em uma panela pequena e leve ao fogo até levantar fervura. Abaixe o fogo e apure por 15 minutos, até alcançar a textura de uma geleia. Quando esfriar, ficará mais encorpada.

Aqueça uma frigideira canelada, coloque os filés de frango e grelhe por 10 minutos de cada lado.

Sirva os filés sobre o macarrão oriental, coloque uma colherada de geleia de pimenta sobre cada um deles e decore com o coentro. Guarde a geleia restante na geladeira em recipiente tampado por até uma semana e use-a como acompanhamento para carnes grelhadas.

Variação: sanduíche de frango com geleia de pimenta. Toste levemente quatro fatias de pão integral. Espalhe uma generosa colherada de geleia de pimenta sobre duas fatias e uma colherada de maionese sobre as outras duas. Grelhe os filés de frango como descrito acima e corte-os em fatias finas. Arrume as fatias de frango sobre a geleia de pimenta e acrescente algumas folhas de coentro. Cubra com a fatia com maionese, aperte levemente e corte o sanduíche em triângulos. Sirva morno.

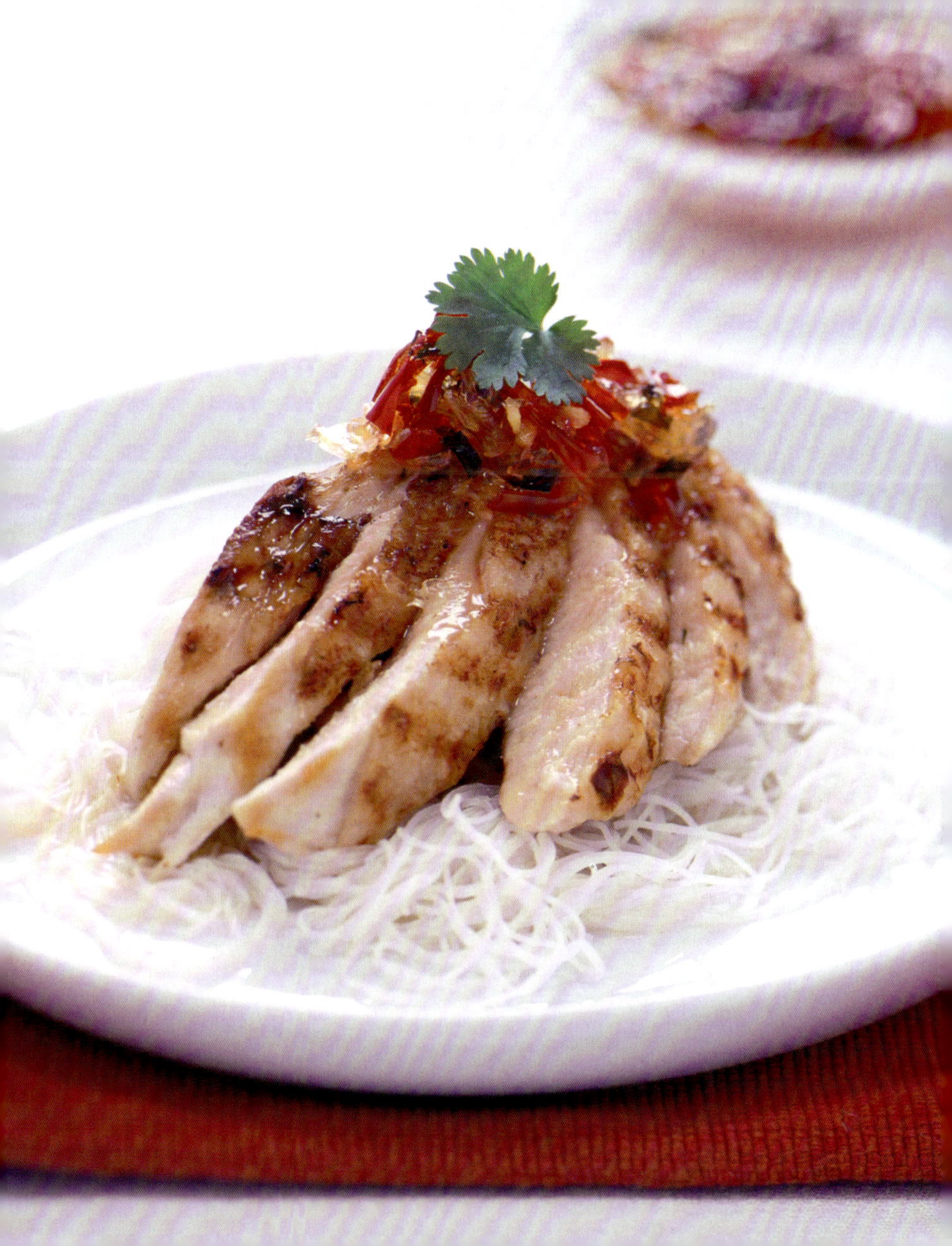

carne com tangerina

4 porções
Preparo: cerca de **15 minutos**, mais o tempo de congelamento e marinada
Cozimento: **15 minutos**

uma peça de **alcatra** (cerca de 500 g)
3 colheres (sopa) de **óleo de amendoim**
4 **echalotas**
200 ml de **caldo de carne**
2 colheres (sopa) de **molho de soja**
2 colheres (sopa) de **saquê**
3 **tangerinas**, 2 separadas em gomos e da outra apenas o suco
1 **pimenta verde** picada
1-2 colheres (chá) de **açúcar**
sal e **pimenta-do-reino** moída na hora
½ maço de **coentro** picado

Marinada
2 pedaços da **casca** ou **raspas** de 1 **laranja**
2 colheres (sopa) de **molho de soja**
1 colher (sopa) de **vinagre de arroz**
1 colher (sopa) de **maisena**
1 colher (chá) de **açúcar**

Embrulhe a carne em filme de PVC e leve ao freezer por 1-2 horas. Enquanto isso, mergulhe a casca de laranja (caso não esteja usando raspas) em água quente por 30 minutos, até amaciar. Retire da água, escorra bem e pique finamente.

Retire a carne do freezer e fatie em tiras finas. Coloque em uma vasilha não metálica. Misture os ingredientes da marinada e regue as tiras de carne, cobrindo-as bem. Deixe marinar por cerca de 30 minutos em temperatura ambiente.

Preaqueça um wok ou uma frigideira grande. Coloque 1 colher (sopa) de óleo, balançando a frigideira para untar toda a superfície, e esquente bem. Adicione metade da carne e frite em fogo alto por 3 minutos. Transfira a carne para um prato com o auxílio de uma escumadeira. Acrescente mais 1 colher de óleo à frigideira e frite o restante da carne da mesma maneira.

Aqueça o óleo restante na mesma frigideira e junte as cebolas, o caldo de carne, o molho de soja, o saquê e o suco da tangerina. Salpique a pimenta verde, o açúcar e um pouco de sal e pimenta-do-reino. Deixe levantar fervura, mexendo constantemente, e apure por 5 minutos.

Recoloque a carne na frigideira e mexa por 1-2 minutos, até incorporar bem o molho. Acrescente parte dos gomos de tangerina, mexa rapidamente e ajuste o tempero. Sirva quente, com os gomos de tangerina restantes e o coentro picado.

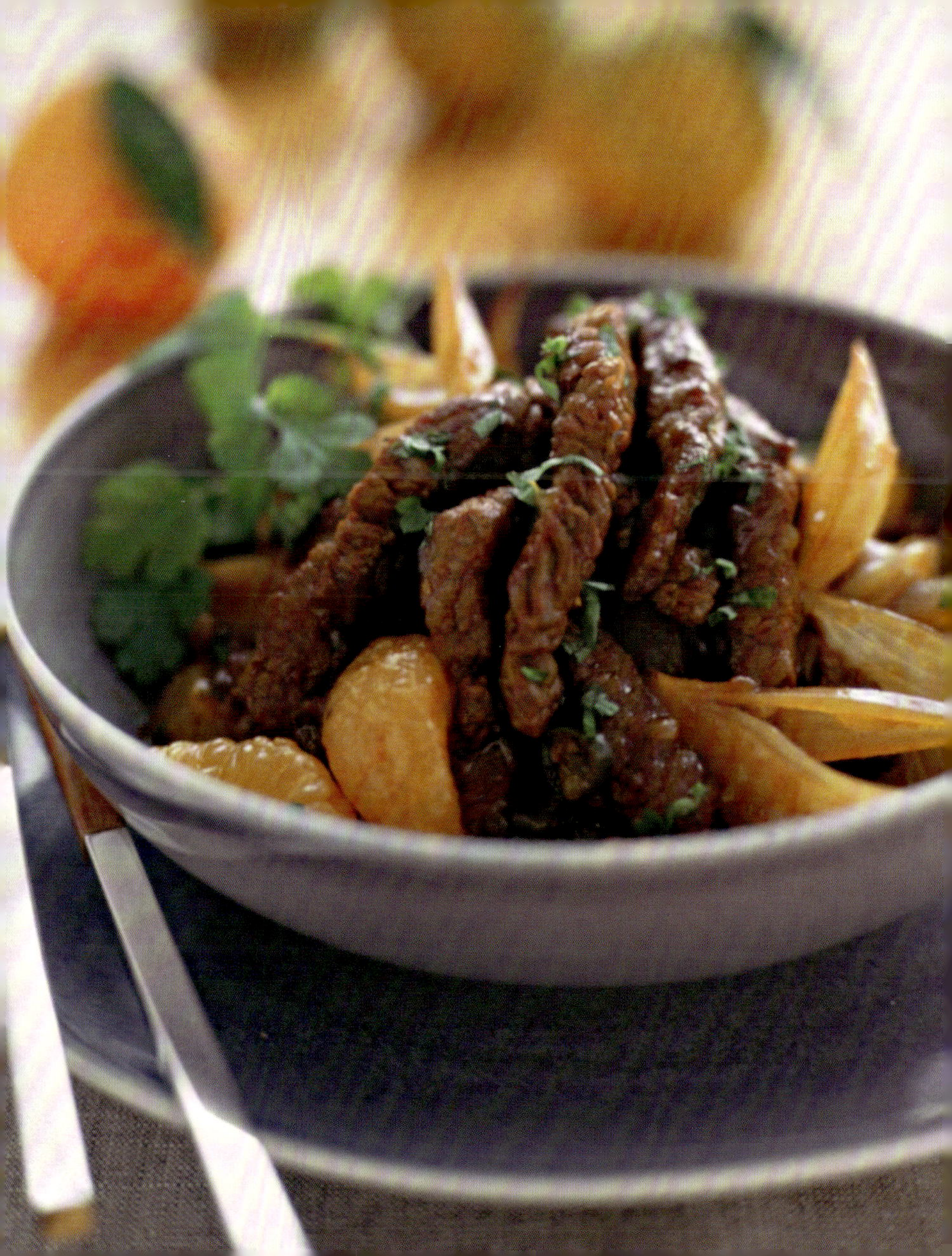

cozido de linguiça e grão-de-bico

4 porções
Preparo: **5 minutos**
Cozimento: **25 minutos**

500 g de **batata** pequena
1 colher (chá) de **azeite**
2 **cebolas roxas** picadas
2 **pimentões vermelhos** sem sementes, sem miolo e picados
100 g de **linguiça de porco curada** fatiada finamente
500 g de **tomate** picado ou 2 latas de **tomate pelado** picado
400 g de **grão-de-bico** cozido e escorrido
2 colheres (sopa) de **salsa** picada, para decorar
torradas de alho, para servir

Ferva água em uma panela média. Acrescente as batatas e cozinhe por 12-15 minutos, até ficarem macias; depois escorra, descasque e fatie.

Aqueça o azeite em uma frigideira grande, coloque as cebolas e pimentões e refogue por 3-4 minutos. Junte a linguiça e refogue por mais 2 minutos.

Acrescente as fatias de batata, os tomates e o grão-de-bico e deixe levantar fervura. Abaixe o fogo e apure por 10 minutos. Polvilhe a salsa picada e sirva com as torradas de alho.

Variação: guisado de linguiça e mix de feijões.
Cozinhe as fatias de batata como indicado acima. Refogue as cebolas e os pimentões, adicione 4 linguiças frescas inteiras e frite por 4-5 minutos. Retire as linguiças da frigideira e corte cada uma delas em seis fatias grossas. Coloque as fatias de linguiça na frigideira, acrescente as batatas fatiadas e os tomates. Em lugar do grão-de-bico, use 400 g de feijões variados cozidos. Deixe levantar fervura e apure como descrito acima. Se quiser preparar um ensopado levemente picante, junte 1 pimenta-dedo-de-moça sem sementes e picada.

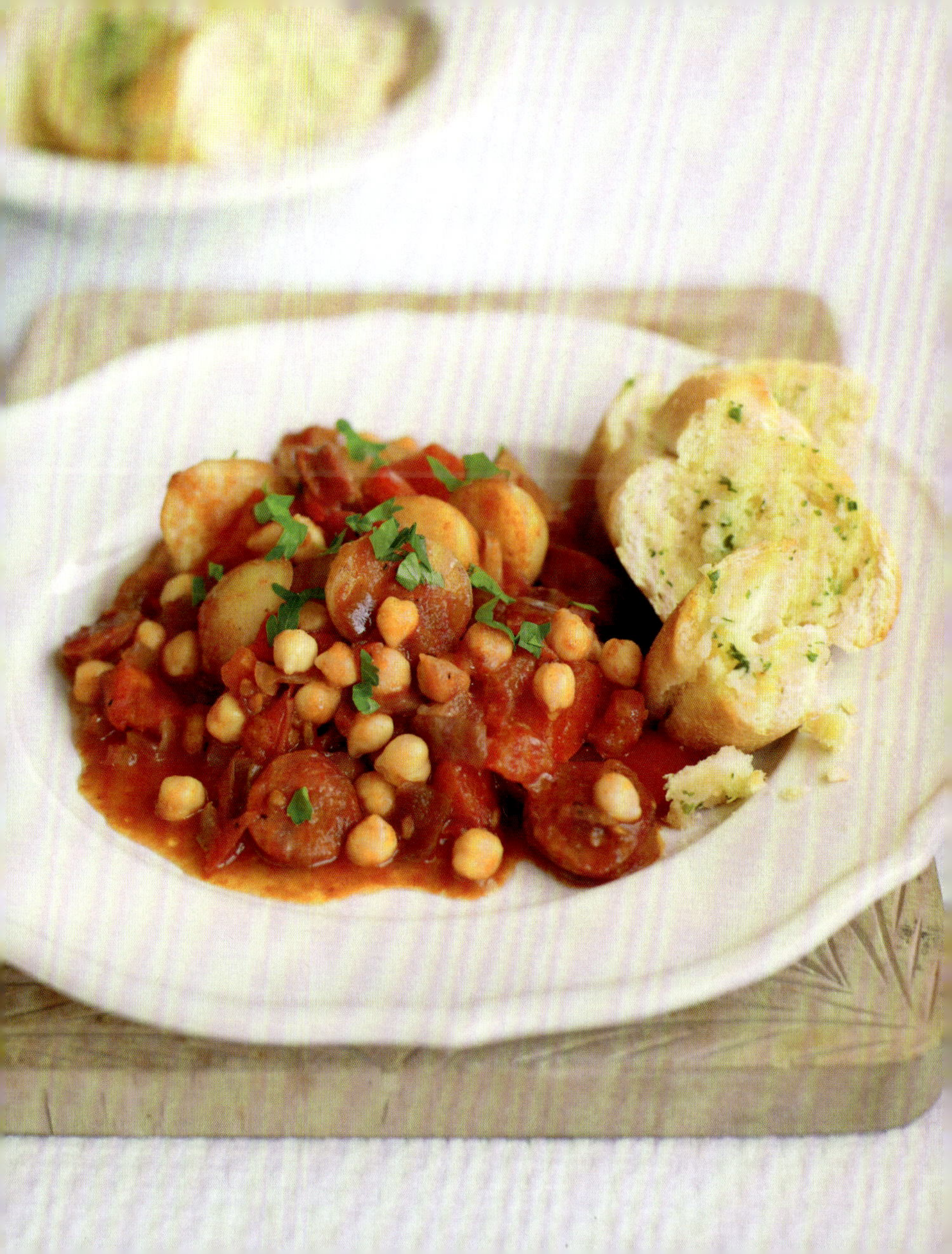

medalhão de filé-mignon com roquefort

4 porções
Preparo: **5 minutos**
Cozimento: **7-10 minutos**

- 1 colher (sopa) de **pimenta-do-reino** moída na hora
- 1 colher (chá) de **pimenta-calabresa** em flocos (opcional)
- 4 **medalhões de filé-mignon** (2,5 cm de espessura e cerca de 175 g cada)
- 3 colheres (sopa) de **óleo vegetal**
- 2 colheres (sopa) de **molho de raiz-forte**
- 175 g de **roquefort** ou **gorgonzola** amassado
- ½ colher (sopa) de **salsa** picada, mais um pouco para decorar
- **tubérculos cozidos** (batata, beterraba, batata-doce, cenoura, mandioca etc.), para servir

Misture a pimenta-do-reino moída e os flocos de pimenta-calabresa (caso esteja usando). Pressione um lado de cada medalhão sobre a mistura picante para formar uma crosta leve.

Aqueça bem o óleo em uma frigideira com cabo refratário e acrescente os medalhões com a crosta para baixo. Frite dos dois lados até dourar bem a carne. Vire a crosta para cima.

Misture o molho de raiz-forte com o roquefort e a salsa, amassando com um garfo. Coloque colheradas da mistura sobre cada medalhão.

Mantenha a carne por mais 2 minutos para ficar no ponto, ou 4-5 minutos para bem passado. Em seguida, leve a frigideira ao forno bem quente para gratinar o queijo. Decore com mais salsa picada e sirva logo com tubérculos de sua preferência.

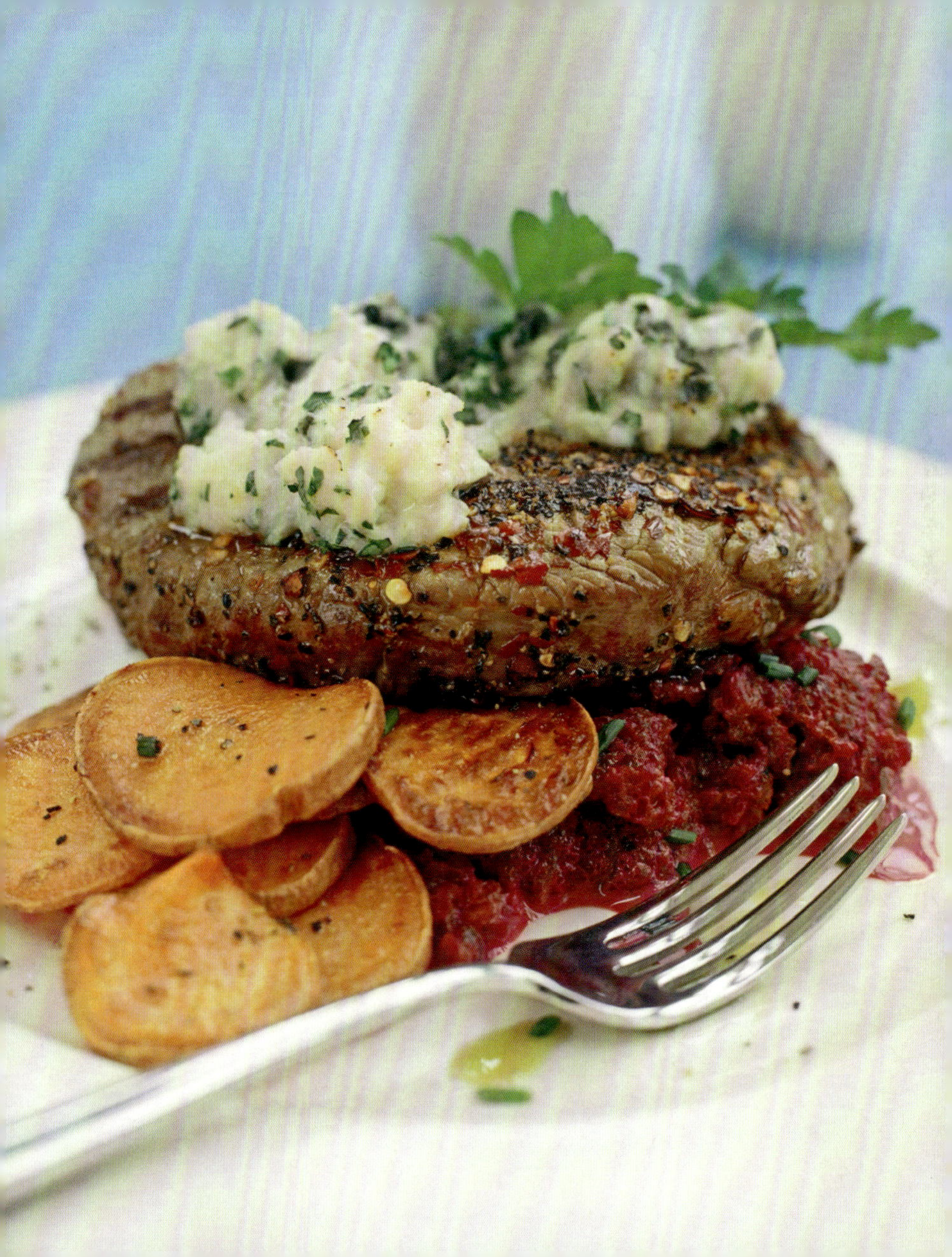

porco com purê de batata

4 porções
Preparo: **5 minutos**
Cozimento: **23 minutos**

- 4 **batatas** médias descascadas e cortadas em cubos
- um punhado de **folhas de sálvia** picadas
- 2 colheres (sopa) de **azeite extravirgem**
- 1 colher (sopa) de **suco de limão-siciliano**
- 1 colher (sopa) de **mel**
- 1 **maçã verde** descascada e cortada em cunhas
- 4 bifes de **lombo de porco** (cerca de 200 g cada)
- 50 g de **manteiga**
- 2 colheres (sopa) de **leite**
- 1 colher (sopa) de **mostarda de Dijon**
- 1 **alho-poró** fatiado
- **sal** e **pimenta-do-reino** moída na hora

Cozinhe as batatas em água com um pouco de sal por 10 minutos, até ficarem macias. Enquanto isso, misture a sálvia com o azeite, o suco de limão e o mel e tempere com sal e pimenta-do-reino. Regue as maçãs com metade do azeite aromatizado e reserve. Pincele a carne de porco com o azeite restante.

Asse os bifes em forno alto por 3-4 minutos de cada lado, até ficarem dourados por fora e cozidos por dentro. Reserve e mantenha aquecido.

Escorra as batatas, descasque e amasse. Adicione 40 g de manteiga, o leite e mostarda, tempere com sal e pimenta-do-reino e misture bem. Reserve e mantenha o purê aquecido.

Derreta a manteiga restante em uma frigideira e refogue as cunhas de maçã e o alho-poró por 2-3 minutos. Sirva a carne de porco com o purê, as maçãs e o alho-poró, regando com o sumo da carne que ficou na frigideira.

Variação: cordeiro com damasco e purê de batata com mostarda. Cozinhe as batatas e faça o purê. Aromatize o azeite com um punhado de alecrim, o suco de limão, o mel, o sal e a pimenta-do-reino. Misture metade do azeite aromatizado com 125 g de damasco seco. Pincele a outra metade sobre quatro medalhões de cordeiro e asse-os como descrito acima. Refogue os damascos por 1 minuto. Sirva os filés de cordeiro sobre o purê de batata com mostarda e os damascos, regando com o sumo da carne.

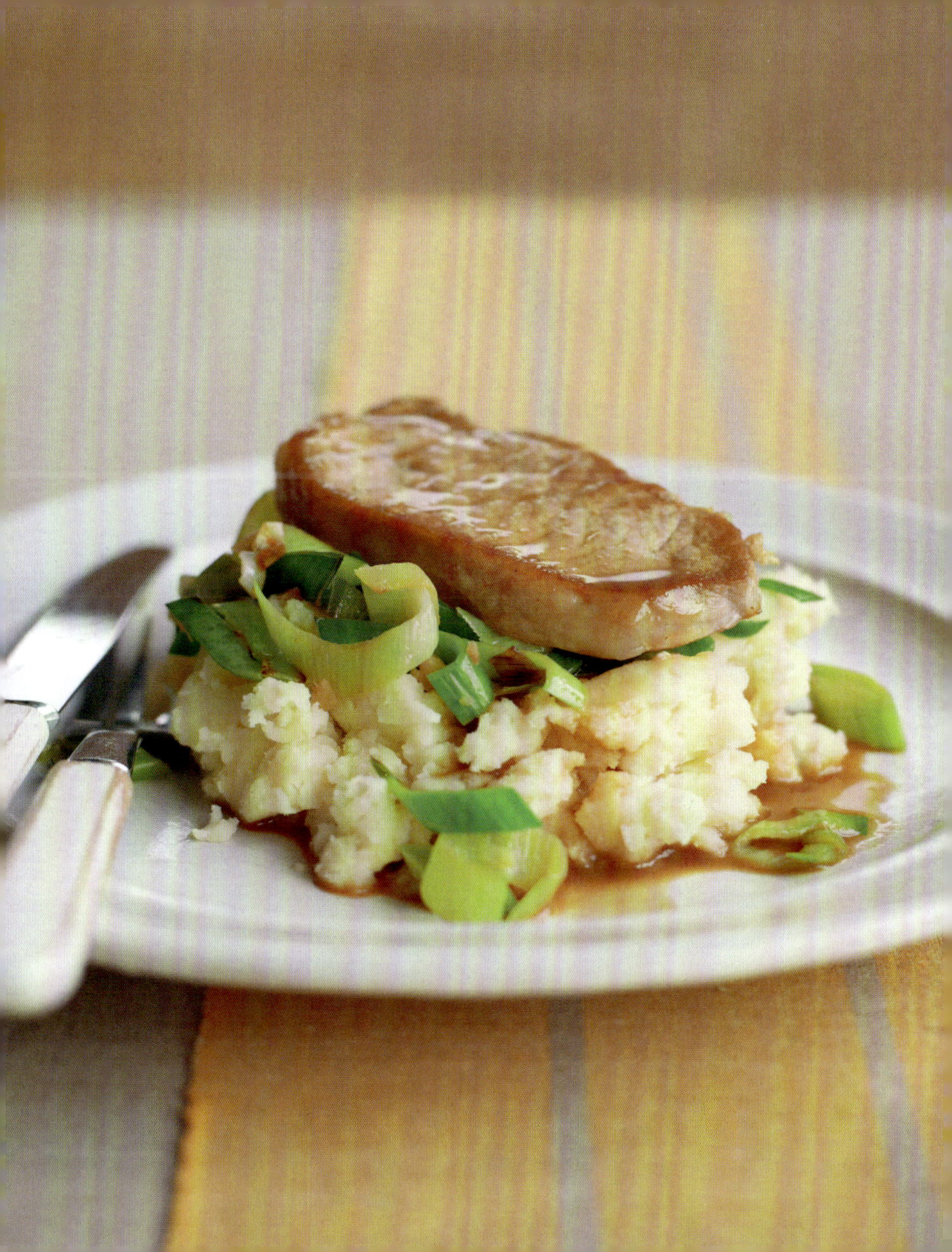

peixes e frutos do mar

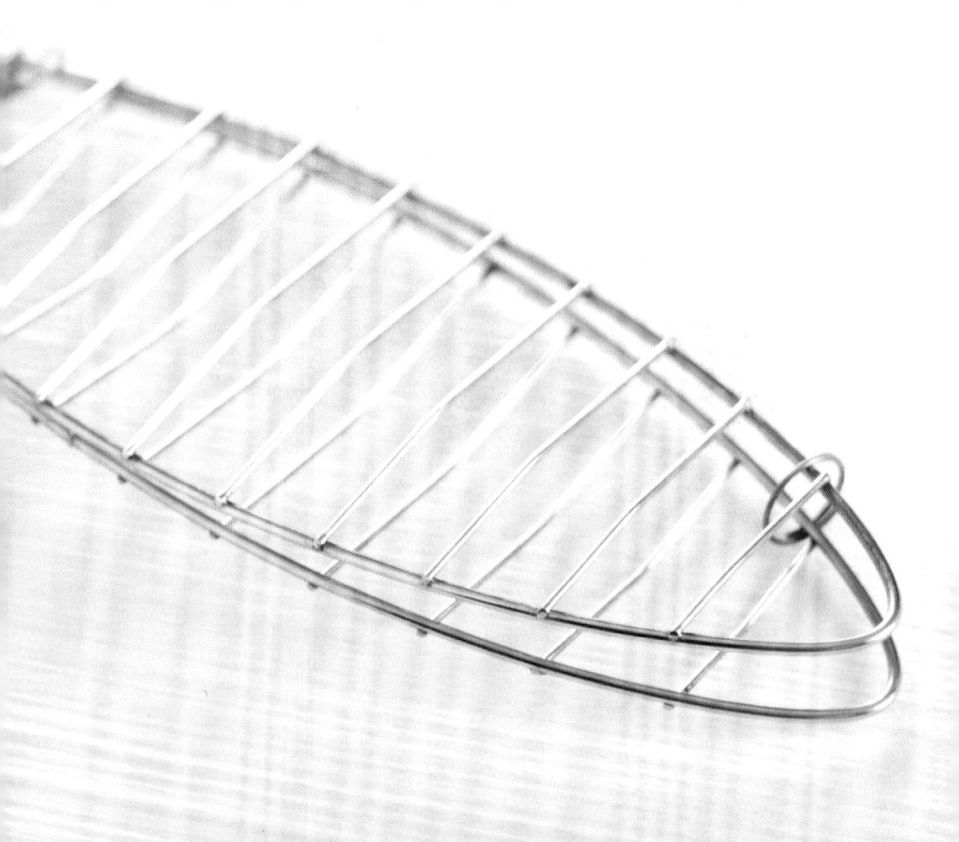

bolinho picante de atum

4 porções
Preparo: **10 minutos**
Cozimento: **20 minutos**

250 g de **batata** descascada e cortada em cubos
400 g de **atum** em conserva escorrido e desfiado
50 g de **cheddar** ralado
4 **cebolinhas** picadas finamente
1 **dente de alho** pequeno amassado
2 colheres (chá) de **tomilho seco**
1 **ovo** batido
½ colher (chá) de **pimenta-de-caiena**
4 colheres (chá) de **farinha de trigo**
óleo vegetal, para fritar
sal e **pimenta-do-reino** moída na hora
gomos de limão-siciliano e **agrião**, para servir

Cozinhe a batata em água fervente com um pouco de sal por 10 minutos, até ficar macia. Escorra, amasse e deixe esfriar.

Misture o atum, o cheddar, as cebolinhas, o alho, o tomilho e o ovo. Junte o purê de batata, acrescente a pimenta-de-caiena e tempere com sal e pimenta-do-reino.

Divida a mistura em oito porções e modele bolinhos finos, como hambúrgueres. Polvilhe-os com a farinha de trigo e frite-os em uma camada fina de óleo quente por 5 minutos de cada lado, até ficarem crocantes e dourados. Sirva com gomos de limão-siciliano e salada de agrião.

Variação: bolinho de salmão. Escorra e desfie 400 g de filé de salmão cozido ou em lata. Cozinhe a batata como indicado acima. Misture o salmão com as cebolinhas, o alho, o ovo, 50 g de muçarela ralada (em lugar do cheddar) e 4 colheres (sopa) de endro (em lugar do tomilho). Prepare como descrito acima e sirva com maionese temperada com raspas de limão e endro picado.

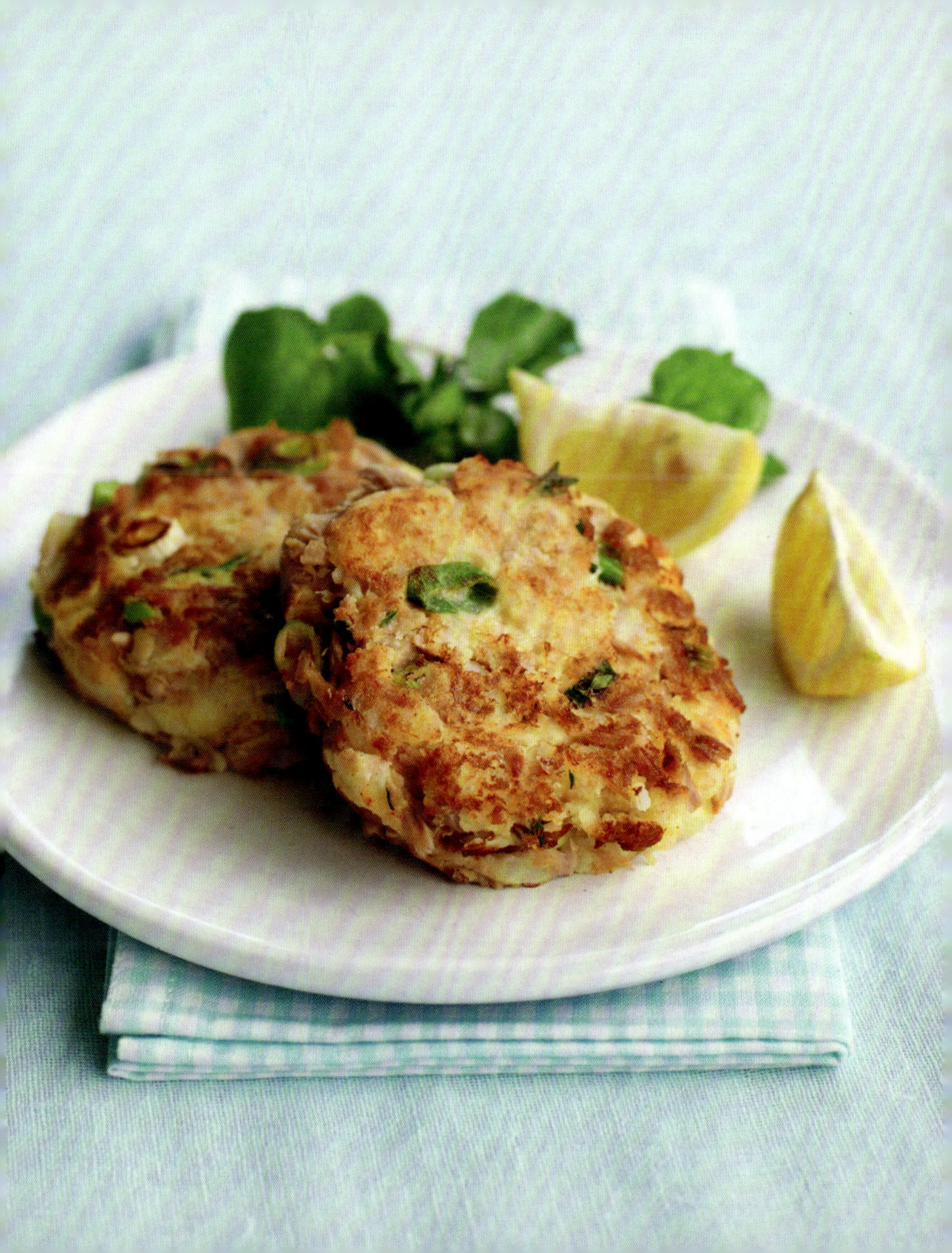

salmão com abobrinha

4 porções
Preparo: **5 minutos**
Cozimento: **15-20 minutos**

4 **filés de salmão** (150 g cada)
1 colher (sopa) de **mostarda inglesa**
1 colher (chá) de **gengibre** ralado
1 colher (chá) de **alho** amassado
2 colheres (chá) de **mel**
1 colher (sopa) de **molho de soja** light

Abobrinha ao limão
500 g de **abobrinha** fatiada finamente no sentido do comprimento
2 colheres (sopa) de **azeite**
raspas e **suco** de 1 **limão**
2 colheres (sopa) de **hortelã** picada
sal e **pimenta-do-reino** moída na hora

Coloque os filés de salmão em uma assadeira rasa com a pele para baixo, formando uma única camada. Em uma vasilha, misture a mostarda, o gengibre, o alho, o mel e o molho de soja. Pincele os filés de peixe com esse tempero.

Aqueça uma frigideira canelada e pincele por completo as fatias de abobrinha com o azeite. Frite-as em levas, até dourarem dos dois lados e ficarem macias. Coloque as abobrinhas em uma vasilha e tempere com o suco e as raspas de limão, a hortelã, o sal e a pimenta-do-reino.

Aqueça o forno na temperatura mais alta. Asse os filés de salmão por 10-15 minutos, dependendo da espessura, até ficarem dourados na superfície e cozidos por dentro. Coloque-os nos pratos, arrume as fatias de abobrinha ao redor e regue com o tempero de limão. Sirva quente.

Variação: papillote fácil de salmão. Faça a pasta de mostarda para temperar 4 filés de salmão, como indicado acima. Fatie 250 g de abobrinha e junte 125 g de pontas de aspargo fresco e 125 g de tomate-cereja. Acrescente as raspas e o suco de limão, assim como a hortelã picada, e distribua colheradas da mistura no centro de quatro retângulos de papel-alumínio. Acomode cada um dos filés de salmão temperados sobre os legumes. Embrulhe os filés com o papel-alumínio, deixando um espaço para saída de vapor. Leve ao forno preaquecido a 200°C por 20 minutos, até o peixe ficar no ponto e os legumes, macios. Sirva imediatamente.

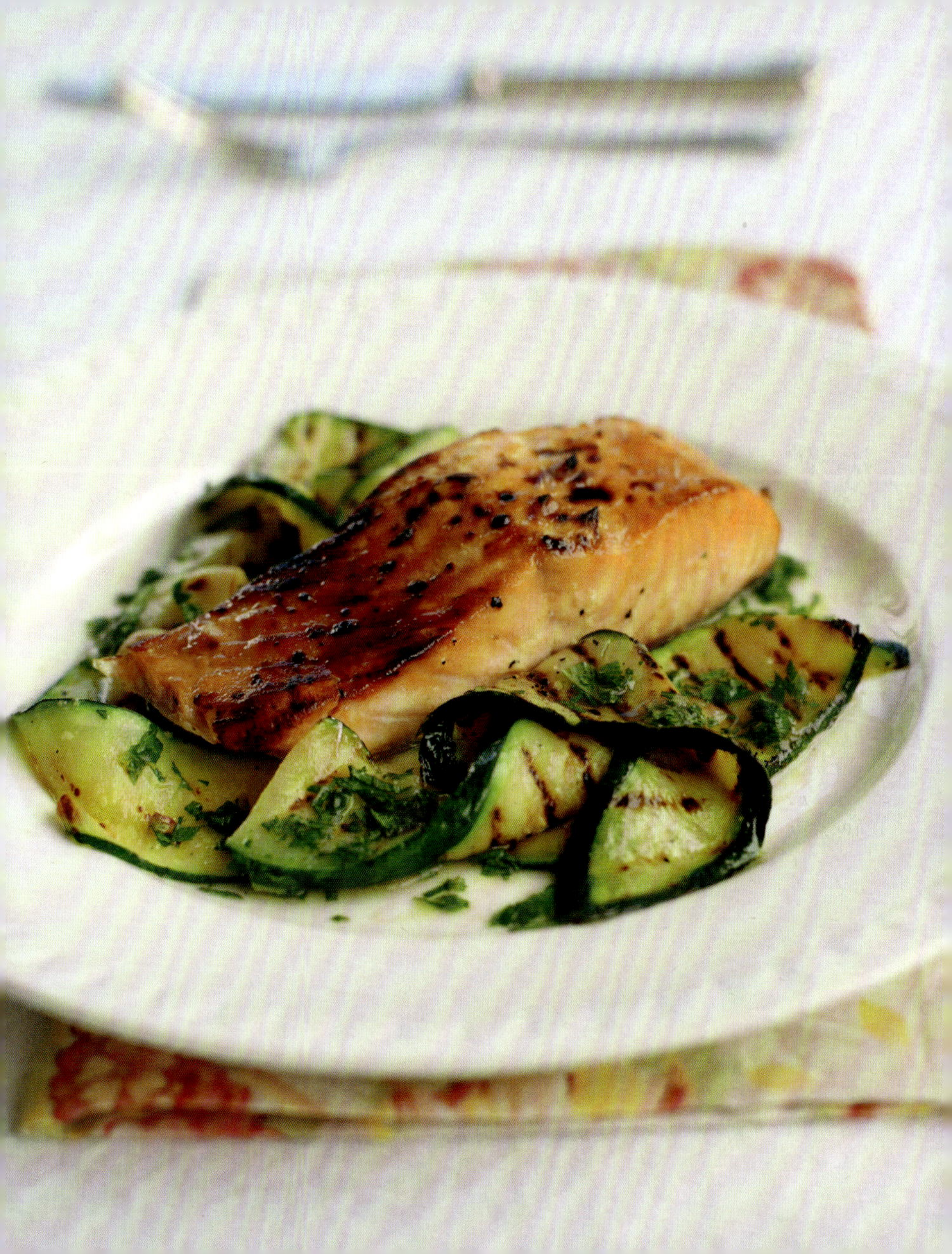

bacalhau com molho cítrico

4 porções
Preparo: **15 minutos**
Cozimento: **8 minutos**

- 1 **laranja** grande
- 1 **dente de alho** amassado
- 2 **tomates** grandes sem pele, sem sementes e cortados em cubos
- 2 colheres (sopa) de **manjericão** picado
- 50 g de **azeitona preta** picada
- 5 colheres (sopa) de **azeite**
- 4 **filés** grossos de **bacalhau** dessalgado
- 1 colher (sopa) de **pimenta-da-jamaica**
- **sal** e **pimenta-do-reino** moída na hora
- **folhas de rúcula**, para servir

Separe a laranja em gomos sobre uma vasilha, para não desperdiçar o suco que possa escorrer. Corte cada gomo ao meio e, em uma tigela, misture-os com o alho, os tomates, o manjericão, as azeitonas e 4 colheres (sopa) de azeite. Tempere com sal e pimenta-do-reino e reserve, para realçar bem os sabores.

Lave e seque os filés de bacalhau, retirando eventuais fragmentos de espinha com o auxílio de uma pinça. Pincele-os com o azeite restante e tempere cada um com a pimenta-da-jamaica.

Aqueça uma frigideira grande de cabo refratário e frite os filés com a pele para baixo por 5 minutos. Vire e frite por mais 3 minutos. Leve ao forno a 150°C por mais 5 minutos.

Sirva o bacalhau com as folhas de rúcula. Regue com o molho.

Variação: bacalhau picante com guacamole. Em lugar da pimenta, tempere cada filé de peixe com ½ colher (chá) de tempero cajun. Para preparar a guacamole, pique bem a polpa de 1 abacate maduro e 2 tomates grandes, acrescente raspas e suco de 1 limão e tempere com sal e pimenta-do-reino. Não utilize a laranja, o alho, o manjericão, as azeitonas e o azeite. Frite o bacalhau como descrito acima e sirva com a guacamole.

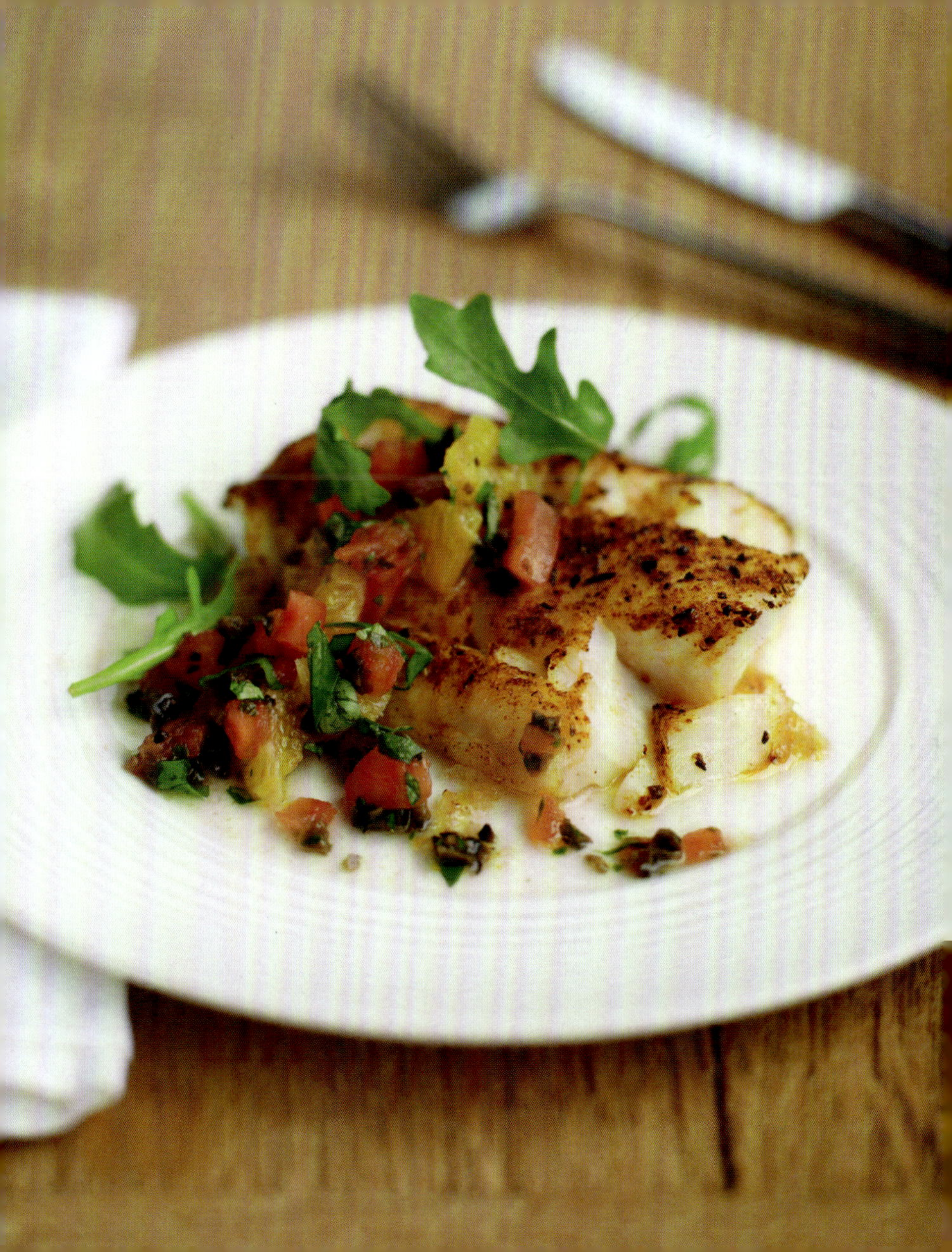

bacalhau picante grelhado

4 porções
Preparo: **10 minutos**, mais o tempo da marinada
Cozimento: **20 minutos**

4 **filés** grossos de **bacalhau** dessalgado (175 g cada)
1 **cebola roxa** fatiada finamente
2 **dentes de alho** amassados
2 colheres (chá) de **gengibre** ralado
1 colher (chá) de **semente de cominho** triturada grosseiramente
1 colher (chá) de **coentro em pó**
1 colher (chá) de **pimenta-calabresa** em flocos
½ colher (chá) de **cúrcuma**
suco de **3 limões**
4 colheres (sopa) de **azeite**
sal e **pimenta-do-reino** moída na hora
gomos de limão e **arroz**, para servir

Coloque os filés de peixe em um prato grande.

Misture, em uma vasilha, a cebola, o alho, o gengibre, o cominho, o coentro em pó, a pimenta-calabresa e a cúrcuma. Adicione o suco de limão e o azeite, tempere com sal e pimenta-do-reino e mexa bem.

Regue os filés de peixe com essa mistura, cuidando para que fiquem completamente recobertos pelos temperos. Cubra o prato com filme de PVC e leve à geladeira por 3-4 horas.

Preaqueça o forno e forre uma assadeira com papel-alumínio. Coloque os filés sobre o papel com a pele para baixo, regue com a marinada e asse em forno bem forte por 8-10 minutos, até dourarem e desfiarem facilmente. Sirva com os gomos de limão e arroz branco.

Variação: curry de bacalhau. Prepare a marinada como indicado acima e acrescente 500 ml de iogurte natural e 150 ml de creme de leite fresco. Corte 750 g de bacalhau em iscas largas e coloque-as na marinada picante de iogurte por 1 hora. Transfira todos os ingredientes para uma panela grande e leve ao fogo. Deixe levantar fervura, abaixe o fogo e cozinhe por 5 minutos, mexendo com cuidado uma ou duas vezes. No último minuto de cozimento, acrescente um punhado de folhas de coentro picadas. Sirva com arroz branco ou pão pita aquecido.

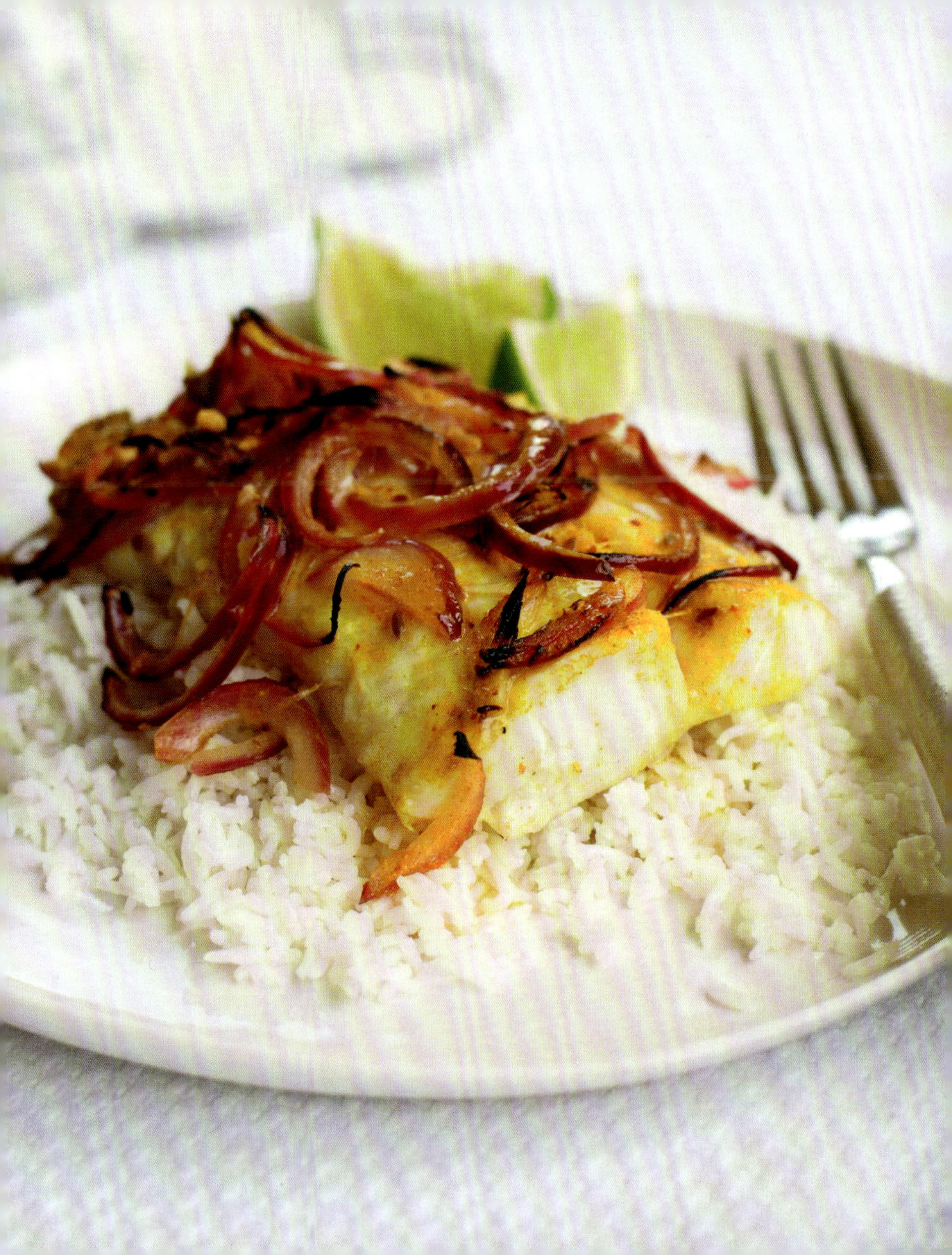

caçarola de frutos do mar

4 porções
Preparo: **10 minutos**
Cozimento: **15 minutos**

3 colheres (sopa) de **azeite**
2 **cebolas roxas** picadas finamente
2 **dentes de alho** amassados
½ colher (chá) de **pimenta-calabresa** em flocos
200 g de **lula** limpa e cortada em tiras finas (reserve os tentáculos)
200 g de **mexilhão** limpo
200 g de **vôngole** limpo
300 g de **camarão** grande
150 ml de **caldo de peixe**
150 ml de **vinho branco seco**
½ colher (chá) de **açafrão em pó**
8 **tomates** maduros sem pele, sem sementes e picados
1 **folha de louro**
1 colher (chá) de **açúcar**
400 g de **filé de robalo** cortado em iscas
sal e **pimenta-do-reino** moída na hora
salada de folhas, para servir

Aqueça o azeite em uma caçarola grande. Acrescente as cebolas e o alho e refogue em fogo baixo por 5 minutos. Junte a pimenta-calabresa e misture bem.

Acrescente à panela as lulas, os mexilhões, os vôngoles e os camarões, mexendo bem.

Adicione o caldo, o vinho, o açafrão, os tomates, o louro e o açúcar. Tempere com sal e pimenta-do-reino. Tampe a panela e cozinhe em fogo baixo por 5 minutos. Descarte os mexilhões e os vôngoles cujas conchas permanecerem fechadas.

Junte as iscas de peixe e cozinhe por mais 5 minutos. Sirva com a salada de folhas.

Variação: caçarola cremosa de frutos do mar.
Refogue 2 cebolas brancas (em lugar das roxas) com o alho e a pimenta-calabresa como indicado acima, adicionando um maço de cebolinha fatiada. Acrescente os frutos do mar como descrito anteriormente, coloque o caldo, o vinho, o açafrão, o louro e o açúcar – sem os tomates – e deixe levantar fervura. Tempere com sal e pimenta-do-reino, cozinhe em fogo baixo por 5 minutos para evaporar o vinho e junte 500 ml de creme de leite fresco. Cozinhe por mais 5 minutos. Misture 1 colher (sopa) de maisena com 2 colheres (sopa) de água e leve à caçarola com a salsa e as raspas de 1 limão. Mexa com cuidado e deixe o molho encorpar. Sirva com arroz branco e salada.

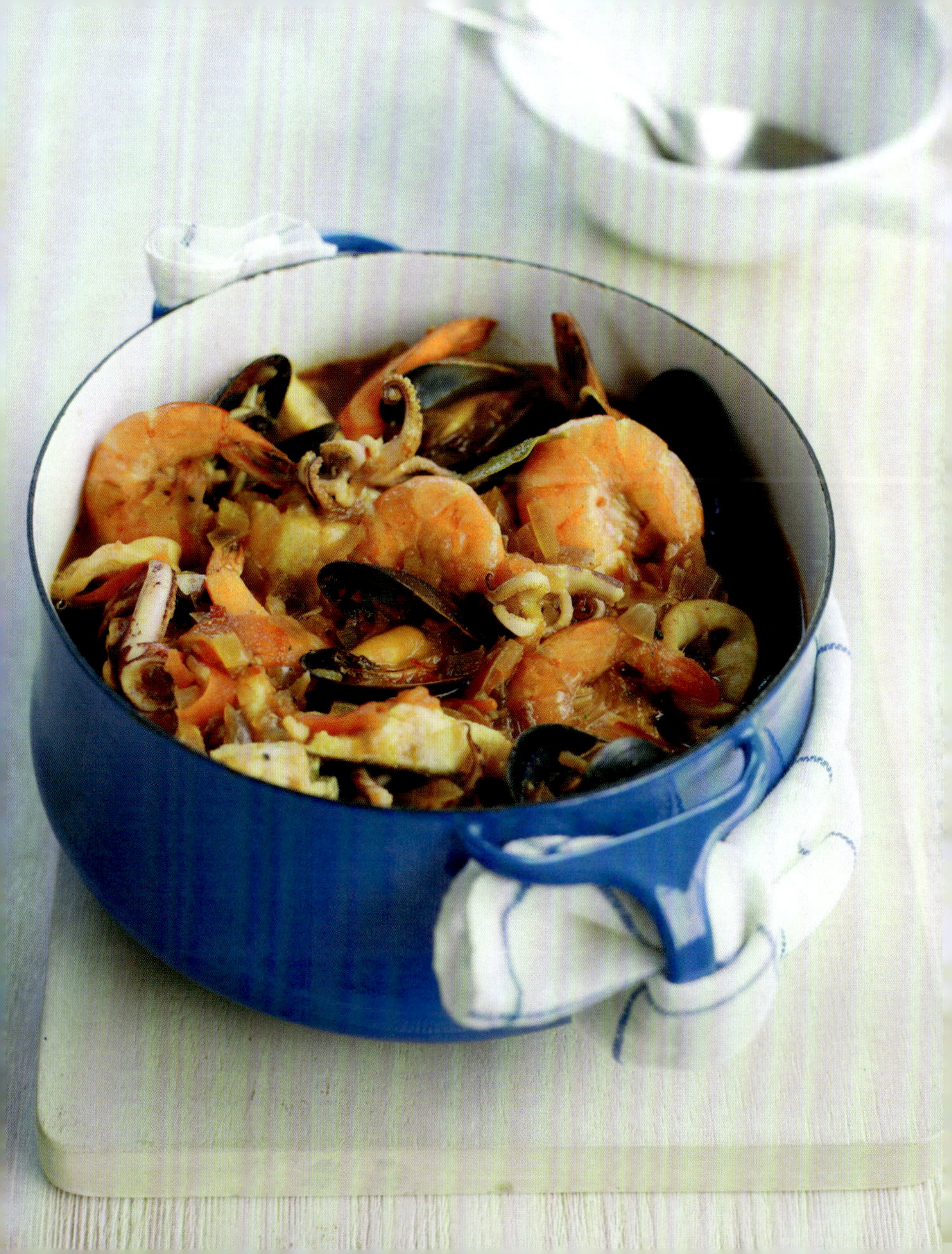

sopa de tomate com camarão

4 porções
Preparo: **10 minutos**
Cozimento: **10-12 minutos**

2 colheres (sopa) de **azeite**
2 **cebolas roxas** picadas finamente
3 **dentes de alho** amassados
1 **pimenta-dedo-de-moça** sem sementes e picada finamente
2 pedaços de **casca de limão**
2 **tomates** grandes, maduros e firmes
150 ml de **caldo de peixe**
500 g de **camarão-pistola** descascado e limpo
sal e **pimenta-do-reino** moída na hora
2 colheres (sopa) de **salsa** e **endro** picados e misturados, para decorar

Aqueça o azeite em uma frigideira. Acrescente as cebolas, o alho, a pimenta picada e a casca de limão. Refogue em fogo médio por 1-2 minutos, mexendo de vez em quando. Adicione os tomates e o caldo e deixe levantar fervura. Abaixe o fogo e apure por 5 minutos.

Junte os camarões, ajuste o tempero com sal e pimenta-do-reino e cozinhe, mexendo algumas vezes, por 4 minutos, ou até ficarem bem rosados. Decore com as ervas picadas e sirva imediatamente.

Variação: ensopado de peixe branco e legumes.
Apare e pique grosseiramente 2 abobrinhas grandes. Refogue as cebolas, o alho e a pimenta como descrito acima, adicione as abobrinhas e refogue por mais 1-2 minutos. Acrescente 250 g de camarão limpo e mais 250 g de peixe branco de carne firme, como robalo ou garoupa. Junte 125 g de azeitona preta e 5 colheres (sopa) de salsa picada e finalize o preparo como indicado acima. Sirva com torradas de pão integral aquecidas.

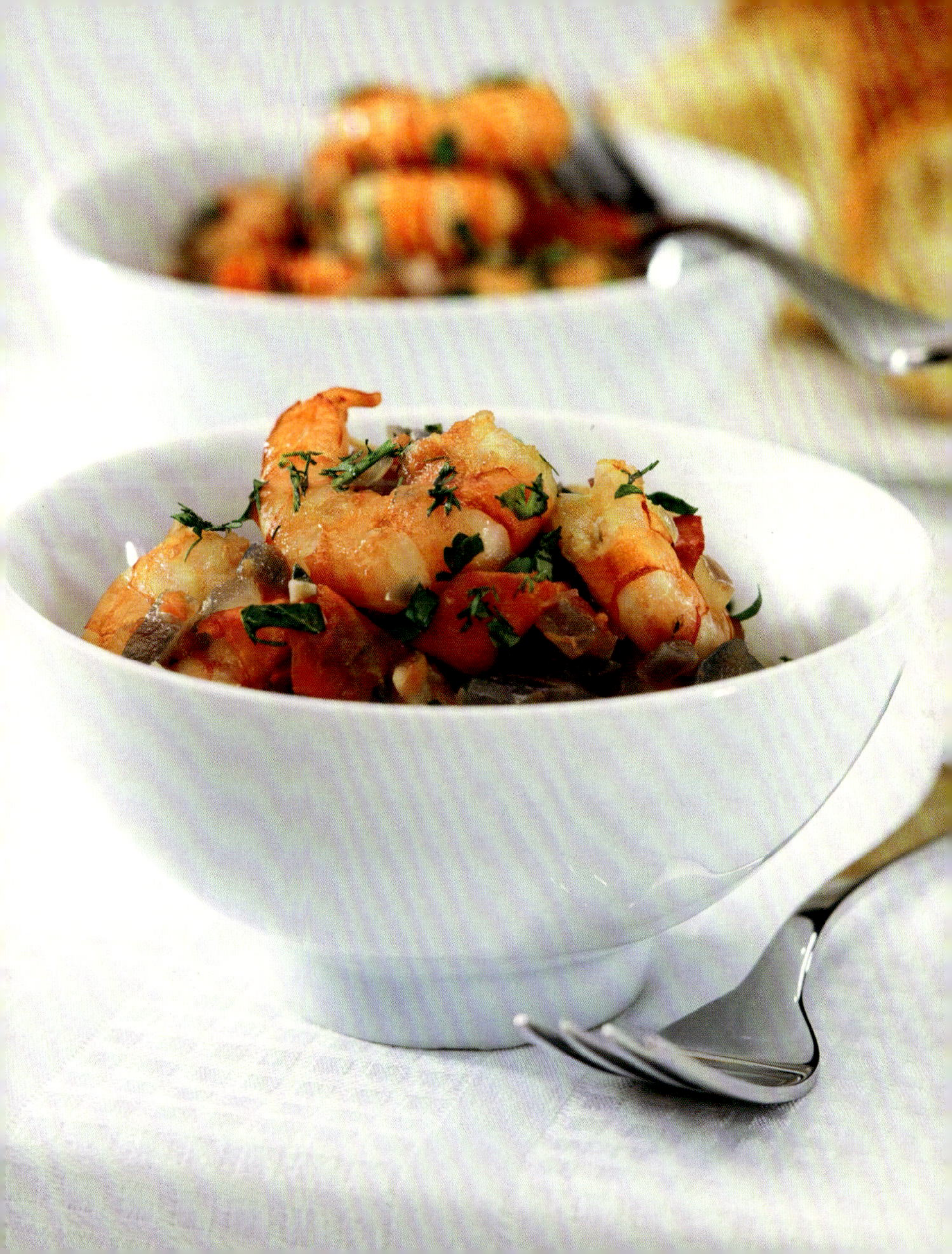

salada de atum grelhado

4 porções
Preparo: **10 minutos**
Cozimento: **15 minutos**

500 g de **batata-bolinha** lavada
4 **filés de atum fresco** (175 g cada)
100 g de **folhas de espinafre** picado grosseiramente
4 colheres (sopa) de **azeite**
2 colheres (sopa) de **vinagre balsâmico**
sal e **pimenta-do-reino** moída na hora
gomos de limão, para servir

Cozinhe as batatas no vapor por 15 minutos, ou até ficarem macias.

Aqueça uma frigideira canelada. Seque os filés de peixe com papel-toalha e grelhe por 3 minutos de cada lado se quiser malpassado, por 5 minutos para ao ponto ou por 8 minutos para bem passado.

Retire as batatas do vapor. Corte-as ao meio e coloque-as em uma vasilha. Acrescente o espinafre, o azeite e o vinagre balsâmico. Misture bem e ajuste o tempero. Divida a salada em quatro pratos e arrume as fatias de atum sobre ela. Sirva com um gomo de limão para regar o peixe.

Variação: salada niçoise morna. Cozinhe as batatas e o atum como descrito acima. Pique e branqueie em água fervente e sal 125 g de vagem. Refogue 125 g de tomate-cereja com 125 g de azeitona preta além da vagem, da batata e do espinafre. Desfie o atum e acrescente-o à salada. Tempere bem e sirva.

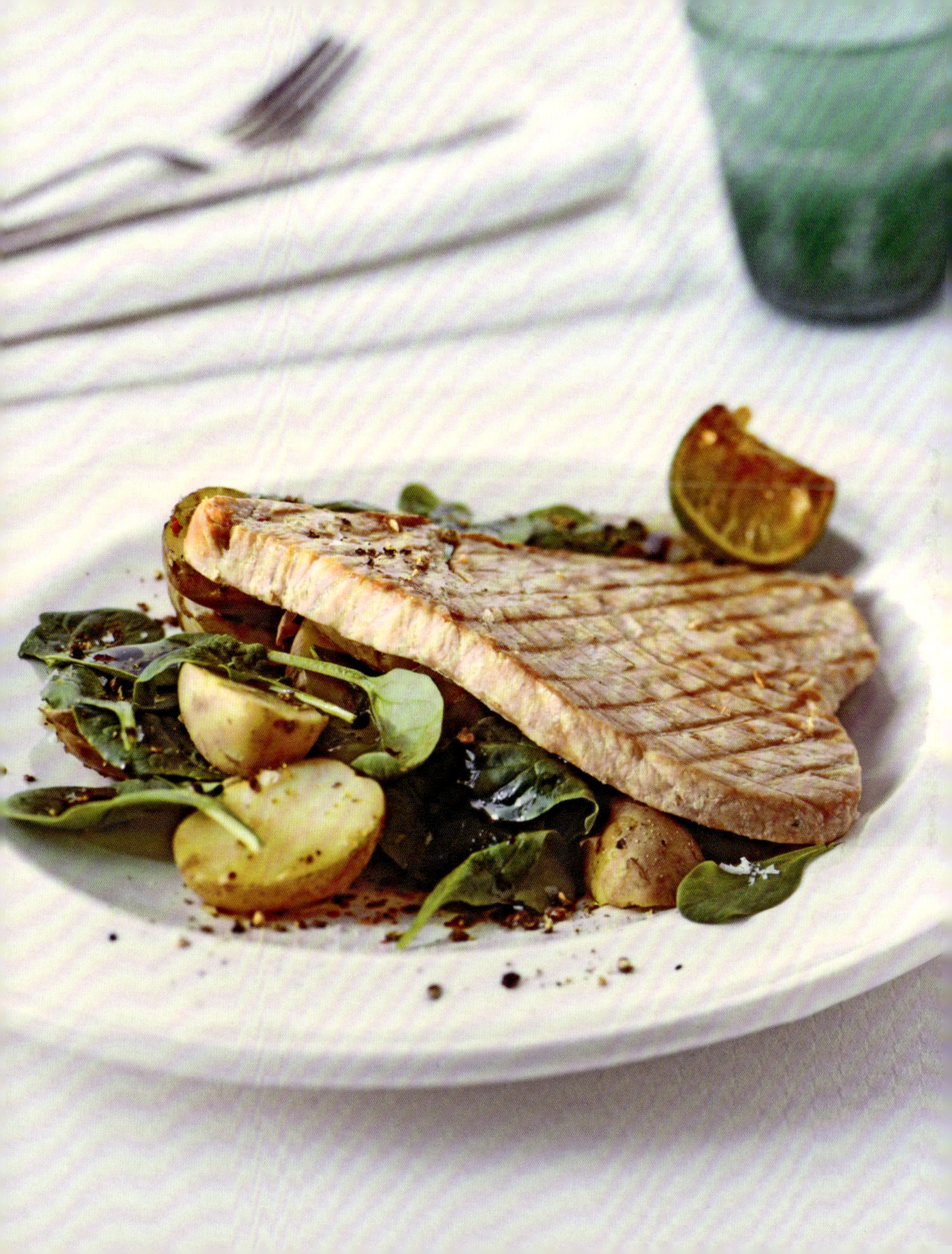

salmão com especiarias

4 porções
Preparo: **5 minutos**
Cozimento: **12 minutos**

2 colheres (chá) de **pimenta-calabresa** em flocos
2 colheres (chá) de **tempero chinês cinco especiarias**
1 colher (chá) de **sal**
uma pitada generosa de **pimenta-de-caiena**
4 **filés de salmão** (175 g cada)
3 colheres (sopa) de **azeite**
500 g de **couve-chinesa** cortada em tiras
3 **dentes de alho** em lâminas
3 colheres (sopa) de **shao hsing** (vinagre de arroz chinês) ou **xerez**
75 ml de **caldo de legumes**
2 colheres (sopa) de **molho de soja light**
1 colher (chá) de **óleo de gergelim**
arroz, para servir

Misture a pimenta, o tempero chinês cinco especiarias, o sal e a pimenta-de-caiena. Pincele o salmão com um pouco de azeite e polvilhe as especiarias. Frite os filés em uma frigideira preaquecida por 4 minutos, vire e mantenha por mais 2-3 minutos, até atingirem o ponto. Coloque-os em um prato, cubra com papel-alumínio e reserve por 5 minutos.

Aqueça o azeite restante em um wok, acrescente a couve-chinesa e refogue por 2 minutos. Junte o alho e salteie por mais 1 minuto. Adicione o vinagre de arroz, o caldo de legumes, o molho de soja e o óleo de gergelim e cozinhe por mais 2 minutos, até a verdura amaciar.

Sirva o salmão com a verdura refogada e arroz branco.

Variação: salmão picante refogado. Prepare a mistura de especiarias como indicado acima. Corte o salmão em pedaços e tempere cada um deles com a mistura. Aqueça 1 colher (sopa) de azeite em uma frigideira e refogue o salmão por 3-4 minutos com cuidado, para o peixe não despedaçar. Retire da frigideira e reserve aquecido. Coloque 2 colheres (sopa) de azeite na mesma frigideira e refogue por 2 minutos a couve-chinesa com 125 g de ervilha-torta ou vagem e 125 g de cenoura cortada em tiras finas antes de adicionar o vinagre de arroz, o molho de soja, o caldo de legumes e o óleo de gergelim. Recoloque o salmão na frigideira e misture com cuidado para aquecer. Sirva logo.

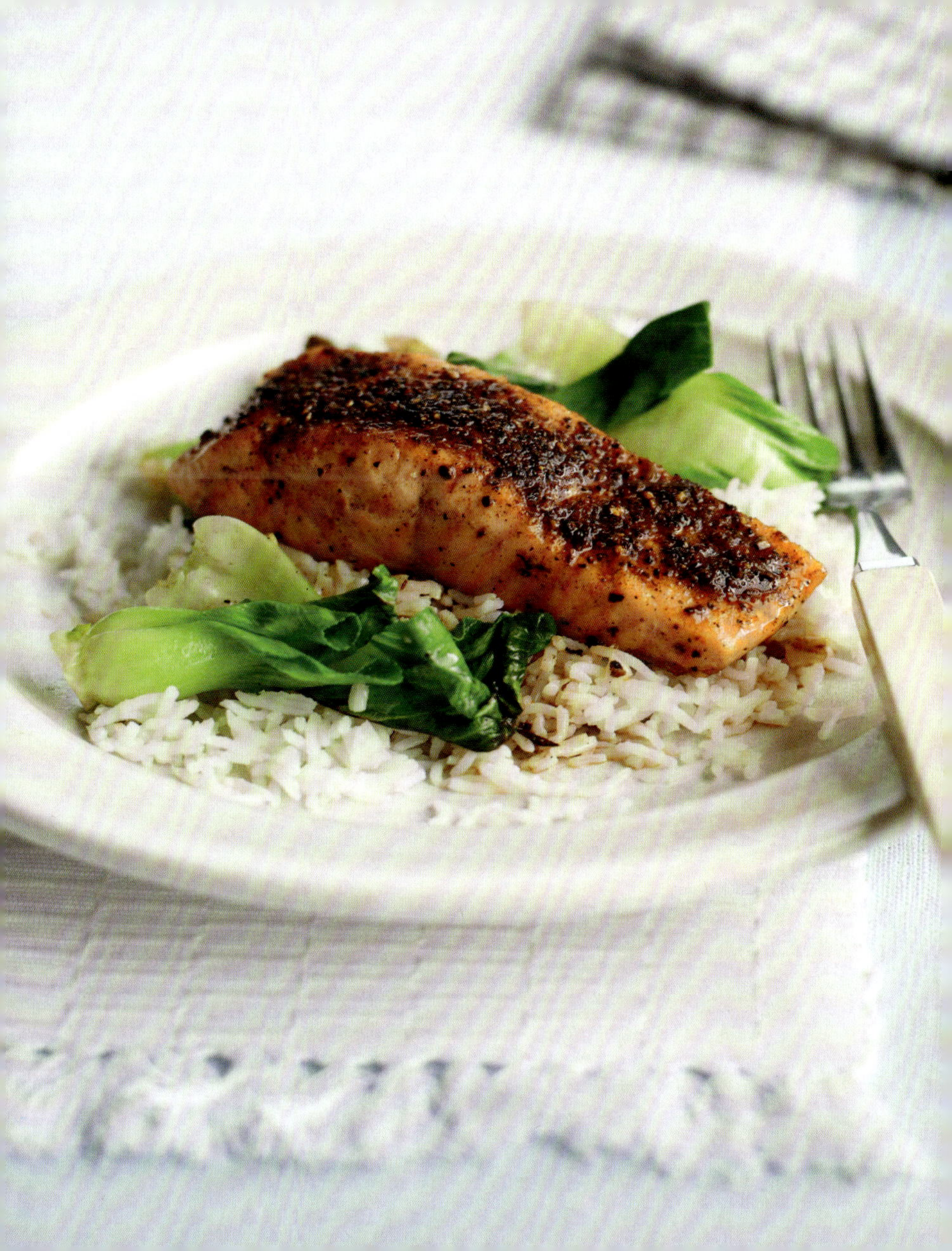

truta ao pesto

4 porções
Preparo: **10 minutos**
Cozimento: **10 minutos**

- 4 colheres (sopa) de **azeite**, mais um pouco para untar
- 4 **filés de truta** (200 g cada)
- 1 maço grande de **manjericão** picado grosseiramente, mais um pouco para decorar
- 1 **dente de alho** amassado
- 50 g de **parmesão** ralado na hora
- **sal** e **pimenta-do-reino** moída na hora
- **salada verde**, para acompanhar

Unte uma assadeira com um pouco de azeite e leve ao forno alto para aquecer bem.

Disponha os filés de truta na assadeira quente, tempere com sal e pimenta-do-reino e leve ao forno por 8-10 minutos, ou até ficarem dourados e fáceis de desfiar.

Coloque o manjericão e o alho em uma vasilha. Adicione o azeite e bata com um mixer até obter um purê. Acrescente o parmesão.

Retire o peixe do forno, arrume os filés nos pratos e regue com o pesto. Decore com folhas de manjericão e sirva com a salada.

Variação: truta com amêndoa e laranja. Asse os filés de truta como indicado acima. Misture as raspas e o suco de uma laranja pequena com 1 colher (sopa) de salsa picada e 4 colheres (sopa) de azeite. Pincele os filés com a mistura, tempere-os com sal e pimenta-do-reino e asse, até dourarem. Polvilhe amêndoas em lâminas tostadas e sirva com fatias de pão integral e salada verde.

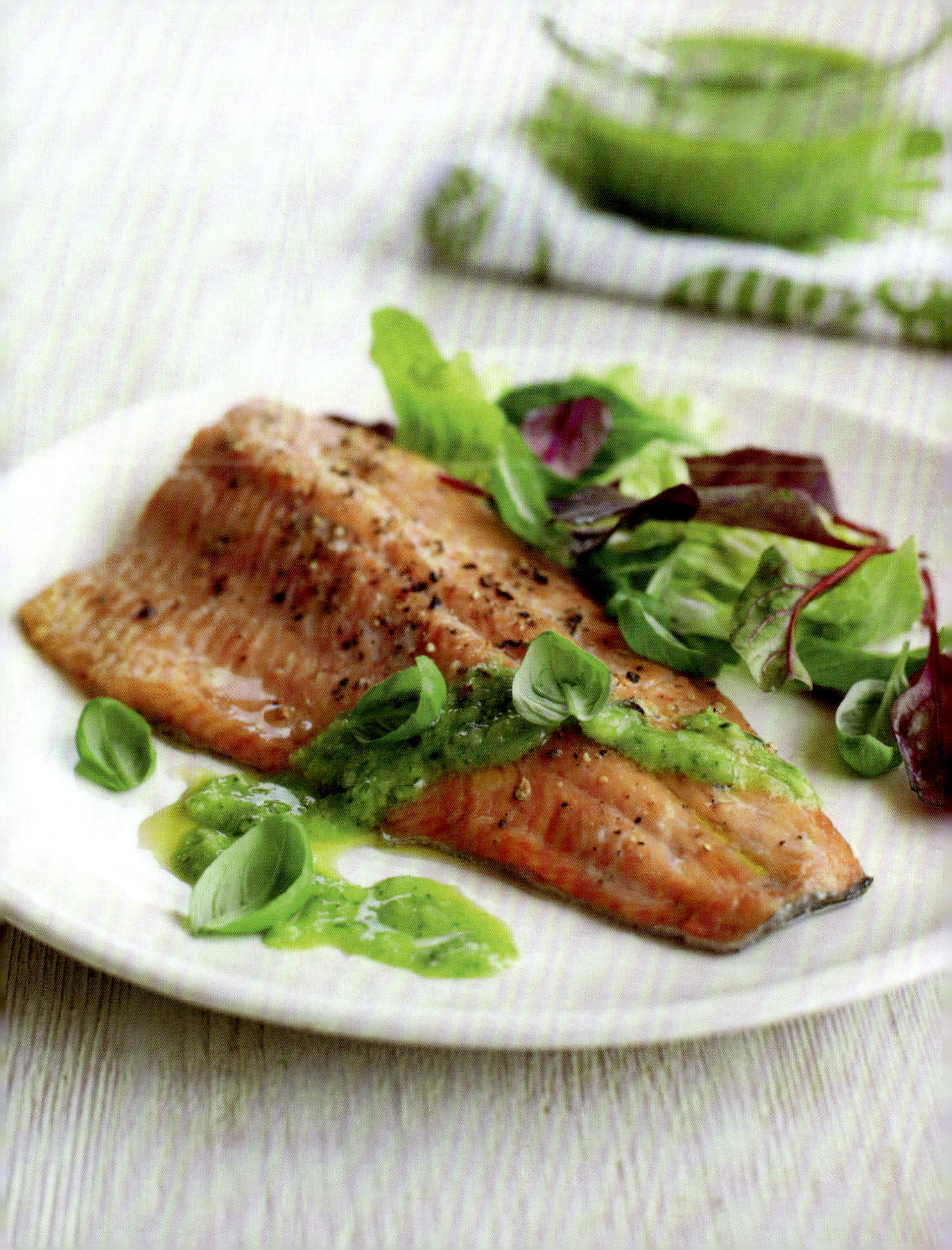

badejo com risoto de azeitona

4 porções
Preparo: **10 minutos**
Cozimento: **25 minutos**

uma posta de **badejo** sem pele (500 g)
600 ml de **vinho branco seco**
600 ml de **caldo de peixe**
50 g de **manteiga**
2 **cebolas** picadas
375 g de **arroz arbório**
50 g de **tomate seco** escorrido e fatiado
4 colheres (sopa) de **azeite**
2 colheres (sopa) de **orégano fresco** picado
200 g de **tomate-cereja** cortado ao meio
50 g de **parmesão** ralado na hora
50 g de **azeitona preta** picada
1 colher (sopa) de **vinagre de vinho branco**
sal e **pimenta-do-reino** moída na hora

Seque a posta de badejo e corte-a em quatro filés. Tempere com sal e pimenta-do-reino. Coloque o vinho e o caldo de peixe em uma panela, deixe levantar fervura e apague o fogo. Reserve. Em uma panela grande, derreta a manteiga e refogue as cebolas por 5 minutos, até ficarem macias. Acrescente o arroz e os tomates secos e mexa para untar bem os grãos. Aos poucos, adicione conchas de caldo com vinho, mexendo, até que o líquido seja absorvido. Continue adicionando caldo e cozinhe até o arroz ficar cremoso, mas os grãos ainda *al dente*. Esse processo dura em torno de 20 minutos.

Aqueça 2 colheres (sopa) de azeite em uma frigideira antiaderente grande e doure os filés de badejo por 3 minutos de cada lado, até ficarem no ponto. Retire-os da frigideira e reserve aquecidos. Coloque o orégano e os tomates na mesma frigideira e refogue por 1 minuto. Tempere levemente com sal e pimenta-do-reino.

Acrescente o parmesão ao risoto e divida entre os pratos. Disponha também os filés de badejo e os tomates refogados. Junte as azeitonas, o azeite restante e o vinagre na frigideira, mexa e regue os filés com esse caldo na hora de servir.

Variação: risoto de camarão e ervilha. Refogue as cebolas na manteiga. Acrescente o arroz e cozinhe, adicionando o caldo. Quando o arroz tiver absorvido todo o líquido e estiver macio, acrescente 250 g de camarão limpo, 175 g de ervilha congelada e 6 colheres (sopa) de hortelã picada. Aqueça por 5 minutos após adicionar a última concha de caldo. Junte o parmesão e 200 ml de creme de leite fresco. Aqueça por mais 1 minuto e sirva polvilhado de pimenta-do-reino.

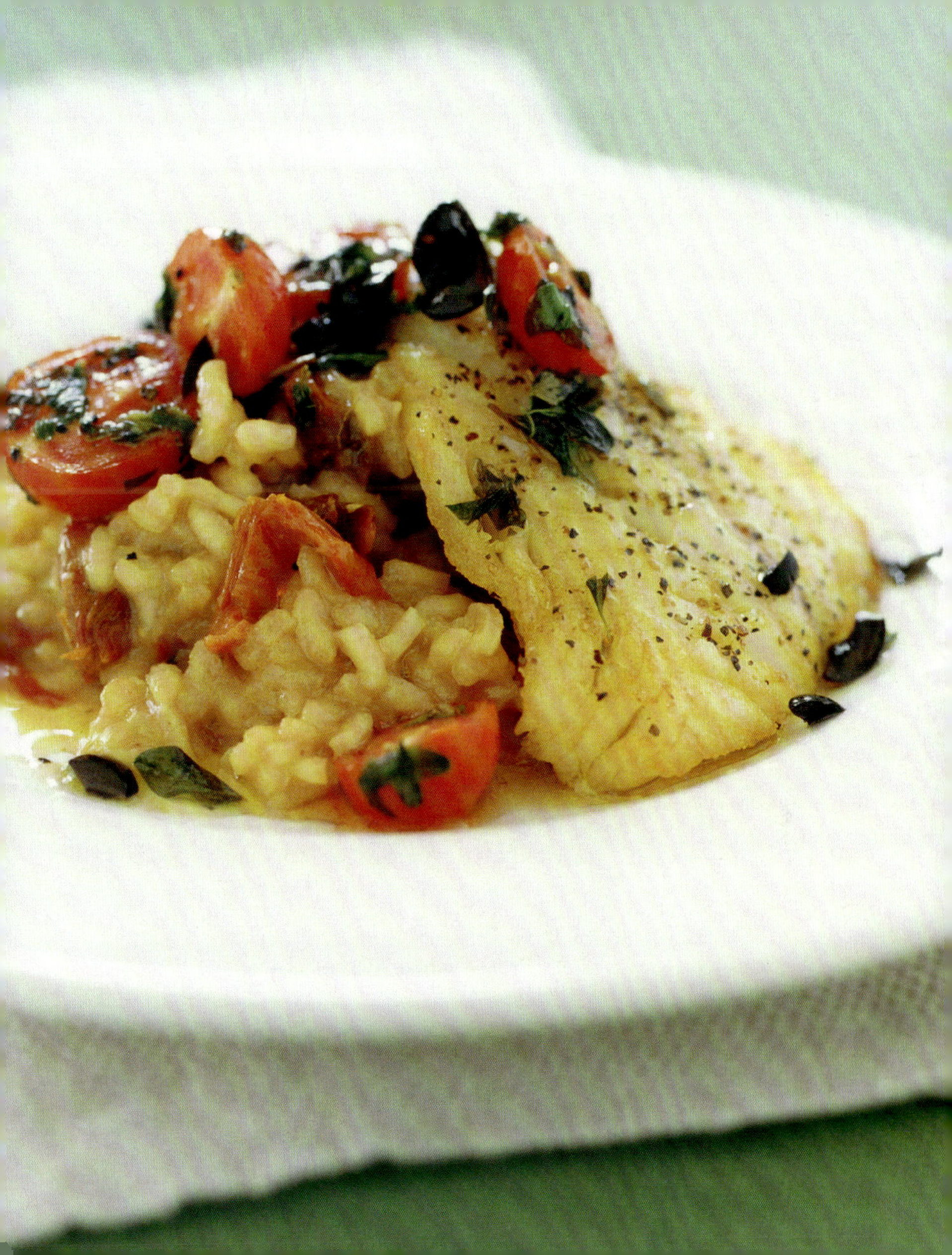

meca com pangritata de sálvia

4 porções
Preparo: **10 minutos**
Cozimento: **6 minutos**

5 colheres (sopa) de **azeite**, mais um pouco para servir
2 **dentes de alho** picados
2 colheres (sopa) de **sálvia** picada
125 g de migalhas de **pão francês** fresco
raspas e **suco** de **1 limão**
250 g de **vagem**
4 **filés de meca** (200 g cada)

Aqueça 4 colheres (sopa) de azeite e frite o alho, a sálvia, as migalhas de pão e as raspas de limão, mexendo constantemente, até ficarem crocantes e dourados. Coloque a pangritata sobre papel-toalha para retirar o excesso de gordura.

Cozinhe as vagens em água fervente com um pouco de sal por 3 minutos, até ficarem macias. Escorra bem, tempere com sal e pimenta-do-reino e regue com um pouco do suco de limão. Mantenha-as aquecidas.

Pincele os filés de peixe com o azeite restante, tempere com sal e pimenta-do-reino e doure na frigideira canelada por 1½ minuto de cada lado. Retire o peixe da frigideira, cubra com papel-alumínio e reserve.

Distribua os filés nos pratos, regue com o suco de limão restante e espalhe a pangritata sobre cada um deles. Guarneça com as vagens e regue com azeite.

Variação: meca com pangritata de bacon e alho-poró cremoso. Prepare a pangritata com o alho, a sálvia, as migalhas de pão e as raspas de limão, como indicado acima, juntando três fatias de bacon. Quando o bacon estiver dourado e crocante, coloque a mistura sobre papel-toalha. Em lugar das vagens, use 250 g de alho-poró fatiado e refogue por 3 minutos. Escorra e acrescente 200 ml de creme de leite fresco com ½ colher (chá) de mostarda de Dijon. Grelhe o peixe como descrito acima e sirva sobre o alho-poró cremoso, com a pangritata de bacon polvilhada.

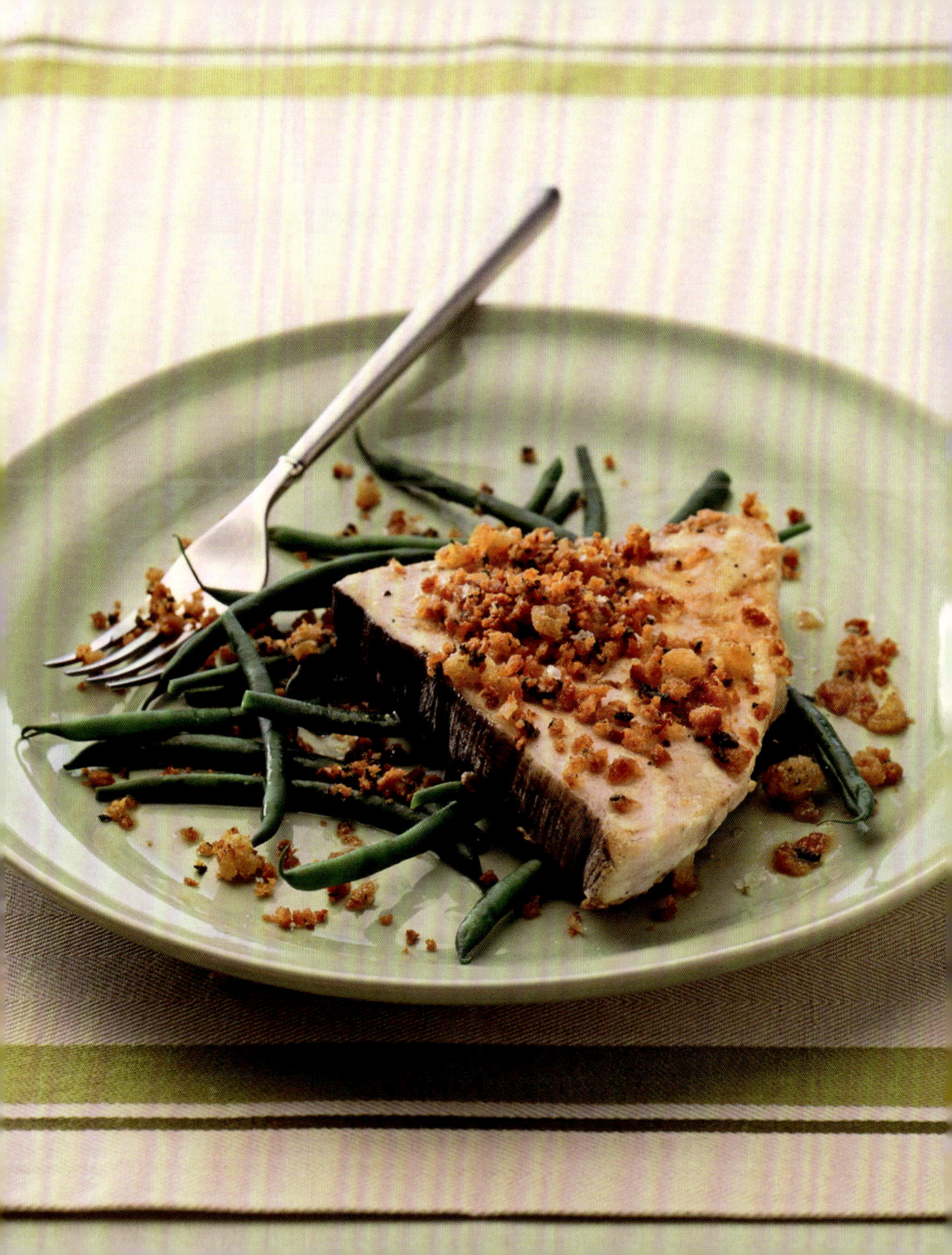

atum com tomate seco

4 porções
Preparo: **5 minutos**
Cozimento: **10-15 minutos**

3 colheres (sopa) de **azeite**
1 **cebola roxa** picada finamente
2 **dentes de alho** amassados
folhas de alecrim
3 colheres (sopa) de **farinha de trigo**
4 **filés de atum** (175 g cada)
125 g de **tomate seco** escorrido e picado
75 ml de **vinho tinto seco**
1 colher (sopa) de **alcaparra** escorrida
75 g de **azeitona preta** sem caroço
1 maço grande de **salsa** picada
sal e **pimenta-do-reino** moída na hora
gomos de **limão-siciliano** e fatias de **pão italiano**, para servir

Aqueça 2 colheres (sopa) de azeite, acrescente a cebola, o alho e o alecrim e refogue por 5 minutos em fogo médio.

Tempere a farinha de trigo com sal e pimenta-do-reino. Empane os filés de atum uniformemente.

Aqueça o azeite restante em uma frigideira e frite os filés por 2-3 minutos de cada lado, até dourarem, ou por mais tempo, de acordo com o ponto de sua preferência. Coloque em um prato forrado com papel-toalha e mantenha-os aquecidos no forno.

Junte os tomates secos à cebola refogada e misture bem. Aumente o fogo, acrescente o vinho, as alcaparras, as azeitonas e a salsa e tempere com sal e pimenta-do-reino. Apure em fogo baixo por 2 minutos. Sirva os filés de atum regados com o molho e guarnecidos por gomos de limão e fatias de pão.

Variação: atum e pilaf de tomate seco. Prepare os filés de atum como indicado acima. Desfie-os grosseiramente e reserve. Cozinhe 175 g de arroz basmati, escorra e reserve. Refogue a cebola, o alho e o alecrim como descrito acima e acrescente os tomates secos picados. Junte o arroz reservado e continue refogando. Adicione 125 g de ervilha-torta picada e salteie por 1 minuto. Junte o vinho, as alcaparras, as azeitonas e a salsa e recoloque o atum desfiado na panela. Mantenha por mais 2 minutos, mexendo de vez em quando e cuidando para que o peixe não despedace demais. Sirva quente com salada verde simples.

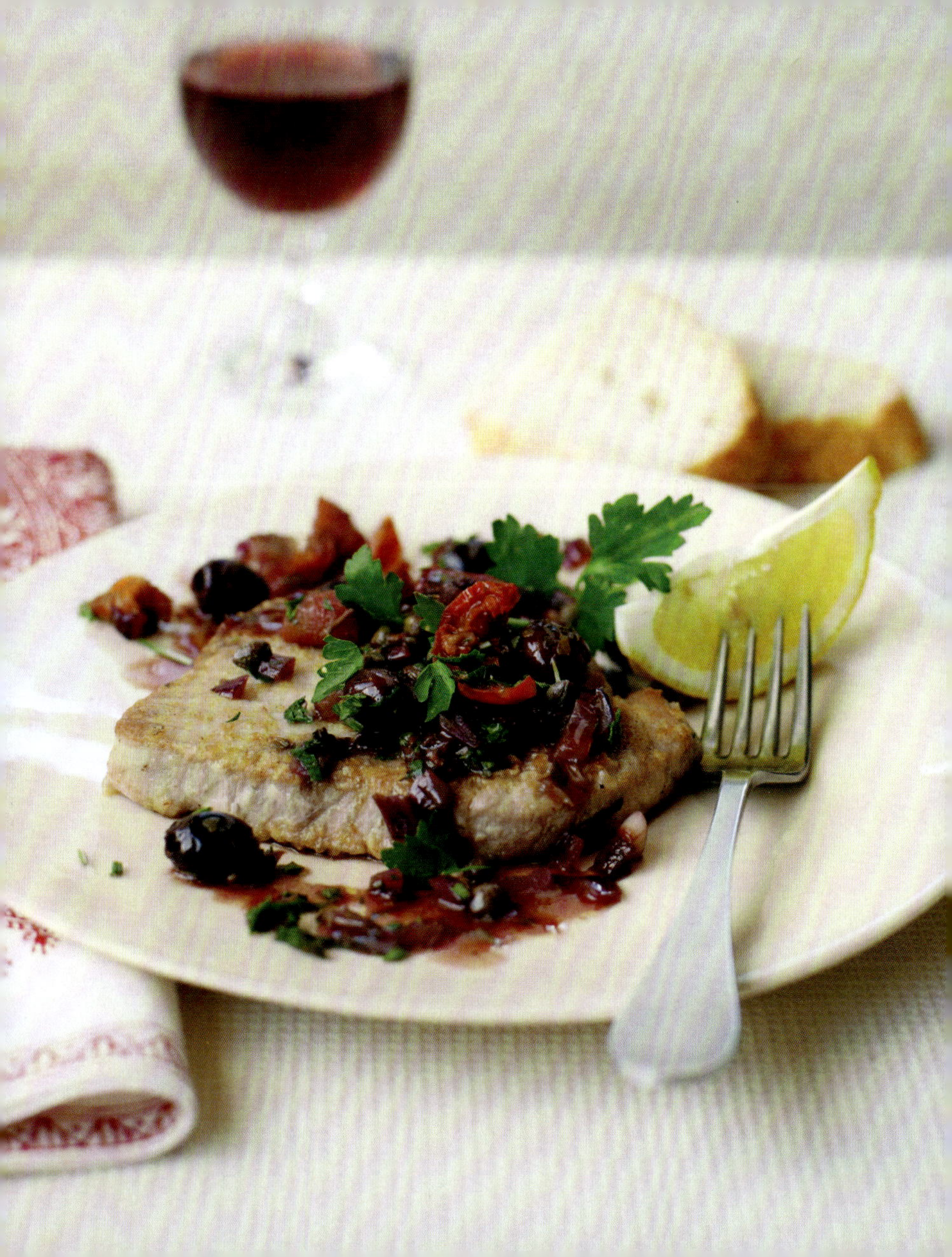

espetinho de peixe

4 porções
Preparo: **10 minutos**, mais o tempo da marinada
Cozimento: **8-10 minutos**

- 1 kg de **filé de peixe** (badejo, meca, surubim ou pintado) cortado em cubos de 4 cm
- 200 ml de **iogurte natural**
- 4 colheres (sopa) de **suco de limão**
- 3 **dentes de alho** amassados
- 2 colheres (chá) de **gengibre** ralado
- 1 colher (chá) de **pimenta vermelha em pó**
- 1 colher (chá) de **cominho em pó**
- 1 colher (chá) de **coentro em pó**
- 2 **pimentas-dedo-de-moça** sem sementes e fatiadas finamente
- **sal** e **pimenta-do-reino** moída na hora
- **salada verde** e **pão pita**, para servir

Coloque os cubos de peixe em uma vasilha não metálica.

Junte o iogurte, o suco de limão, o alho, o gengibre, a pimenta em pó, o cominho, o coentro e as pimentas em uma vasilha pequena e tempere com sal e pimenta-do-reino. Despeje a mistura sobre o peixe, cubra com filme de PVC e leve à geladeira para marinar por 3-4 horas ou por toda a noite, se houver tempo.

Retire os cubos de peixe da marinada e coloque-os em oito espetinhos de metal. Leve à churrasqueira ou ao grill elétrico por 8-10 minutos, virando uma vez, até o peixe atingir o ponto. Sirva quente com a salada e o pão pita.

Variação: curry picante de batata e peixe. Faça a marinada como indicado acima e acrescente 1 colher (chá) de garam masala. Corte ao meio 250 g de batata-bolinha e cozinhe até ficar macia. Transfira para uma panela grande com o peixe e o liquido da marinada. Acrescente 150 ml de caldo de peixe, deixe levantar fervura, abaixe o fogo e cozinhe por 10 minutos, ou até o peixe atingir o ponto. Adicione um punhado de coentro fresco picado. Sirva com arroz branco e pão pita.

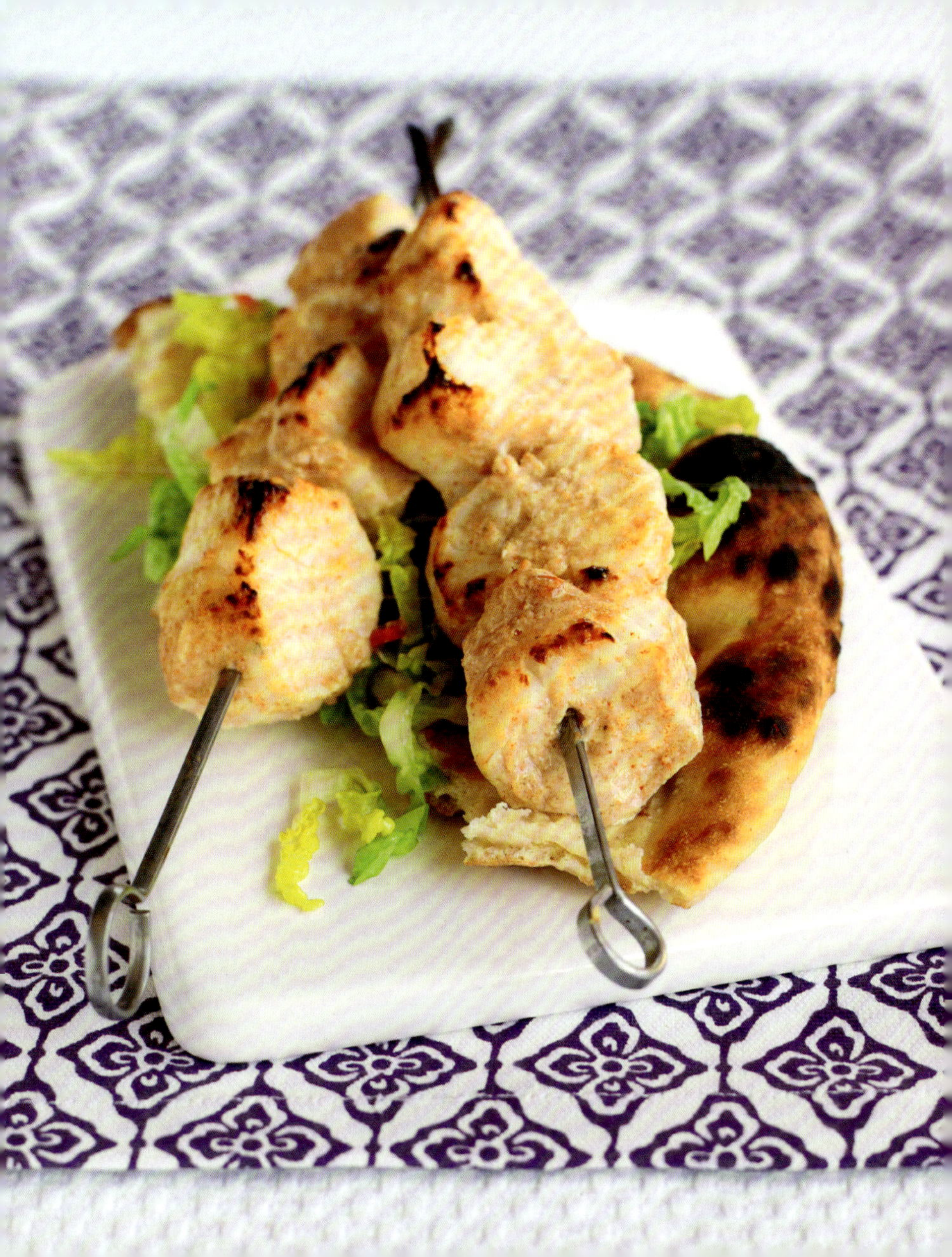

camarão no bafo

4 porções
Preparo: **15 minutos**
Cozimento: **5 minutos**

300 g de **camarão grande** descascado e com a cauda
2 **dentes de alho** cortados em lâminas finas
1 **pimenta-dedo-de-moça** sem sementes e picada
raspas e **suco** de 1 **limão**
2,5 cm de **gengibre** descascado e ralado
2 colheres (sopa) de **saquê**
2 colheres (sopa) de **molho de peixe tailandês**
4 **folhas de acelga**
1 colher (sopa) de **óleo de gergelim**
sal
ervas frescas variadas (coentro, hortelã e manjericão), para decorar

Mergulhe os camarões em água gelada, escorra-os e seque-os com papel-toalha.

Misture o alho, a pimenta, as raspas e o suco de limão, o gengibre, o saquê e o molho de peixe em uma vasilha pequena. Acrescente os camarões e misture bem. Reserve.

Mergulhe a acelga em água fervente com um pouco de sal por 30 segundos. Escorra as folhas e deixe esfriarem sob água corrente. Seque com papel-toalha e arrume-as em uma cesta de bambu para cozimento a vapor. Cuidadosamente, disponha sobre elas os camarões e a marinada. Coloque a cesta sobre a panela com água fervente e tampe. Cozinhe a vapor por 2-3 minutos, até os camarões ficarem rosados.

Coloque as folhas de acelga com os camarões em uma travessa de serviço. Esquente o óleo de gergelim em uma panela pequena e regue os camarões com ele. Decore com as ervas frescas e sirva.

Variação: pacotinho de caranguejo e camarão.
Misture o alho, a pimenta, o suco e as raspas de limão, o gengibre, o saquê e o molho de peixe. Acrescente um talo de capim-limão fatiado finamente. Misture 200 g de carne de caranguejo com 125 g de camarão pequeno cozido. Mergulhe os frutos do mar na marinada. Divida a mistura entre oito folhas de repolho branqueadas e enrole-as em pacotinhos bem fechados, dobrando bem firme as laterais. Prenda cada um com um palito de dentes. Cozinhe a vapor e sirva quente com molho de pimenta adocicado tailandês.

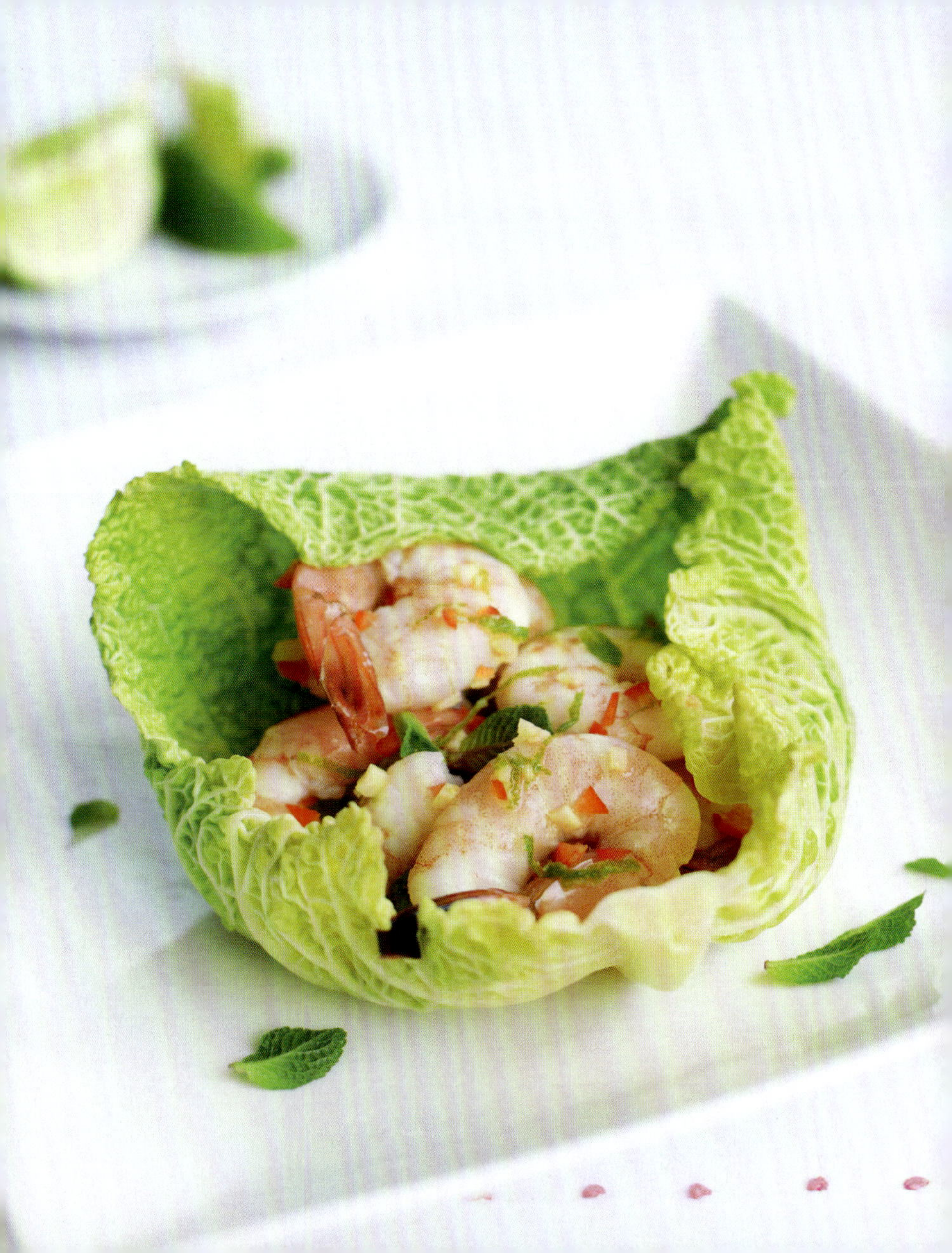

robalo com salsa apimentada

4 porções
Preparo: **15 minutos**, mais o tempo para reservar
Cozimento: **6-8 minutos**

4 **filés de robalo** (175 g cada)
2 colheres (sopa) de **azeite**
ramos de salsa, para decorar

Salsa apimentada
4 **tomates** sem pele, sem sementes e picados
1 **pimenta-dedo-de-moça** sem sementes e picada
2 **dentes de alho** picados finamente
50 g de **azeitona preta** picada
1 **cebola** pequena picada finamente
4 colheres (sopa) de **azeite**
4 colheres (sopa) de **suco de limão-siciliano**
sal e **pimenta-do-reino** moída na hora

talharim, salada de **espinafre** e gomos de **limão-siciliano**, para servir

Coloque todos os ingredientes da salsa apimentada em uma vasilha grande. Misture bem e reserve por pelo menos 1 hora para realçar os sabores.

Aqueça uma frigideira canelada, pincele os filés de peixe com azeite e grelhe por 3-4 minutos de cada lado. Sirva o robalo cozido sobre o talharim, com a salsa picante, salada de espinafre e gomos de limão, decorando com ramos de salsa.

Variação: robalo com salsa de limão e chips picantes. Prepare a salsa como descrito acima, adicionando também as raspas de 1 limão. Grelhe o peixe como indicado acima. Faça os chips picantes cortando 4 batatas grandes, próprias para assar, em fatias finas. Unte as fatias com 4 colheres (sopa) de azeite. Asse-as em forno preaquecido a 200°C por 20 minutos, retire-as do forno e polvilhe sal e 1 colher (chá) de tempero cajun pronto. Recoloque a assadeira no forno e asse por mais 10 minutos, até ficarem douradas e crocantes. Sirva o peixe com as batatas chips e com o molho ao lado.

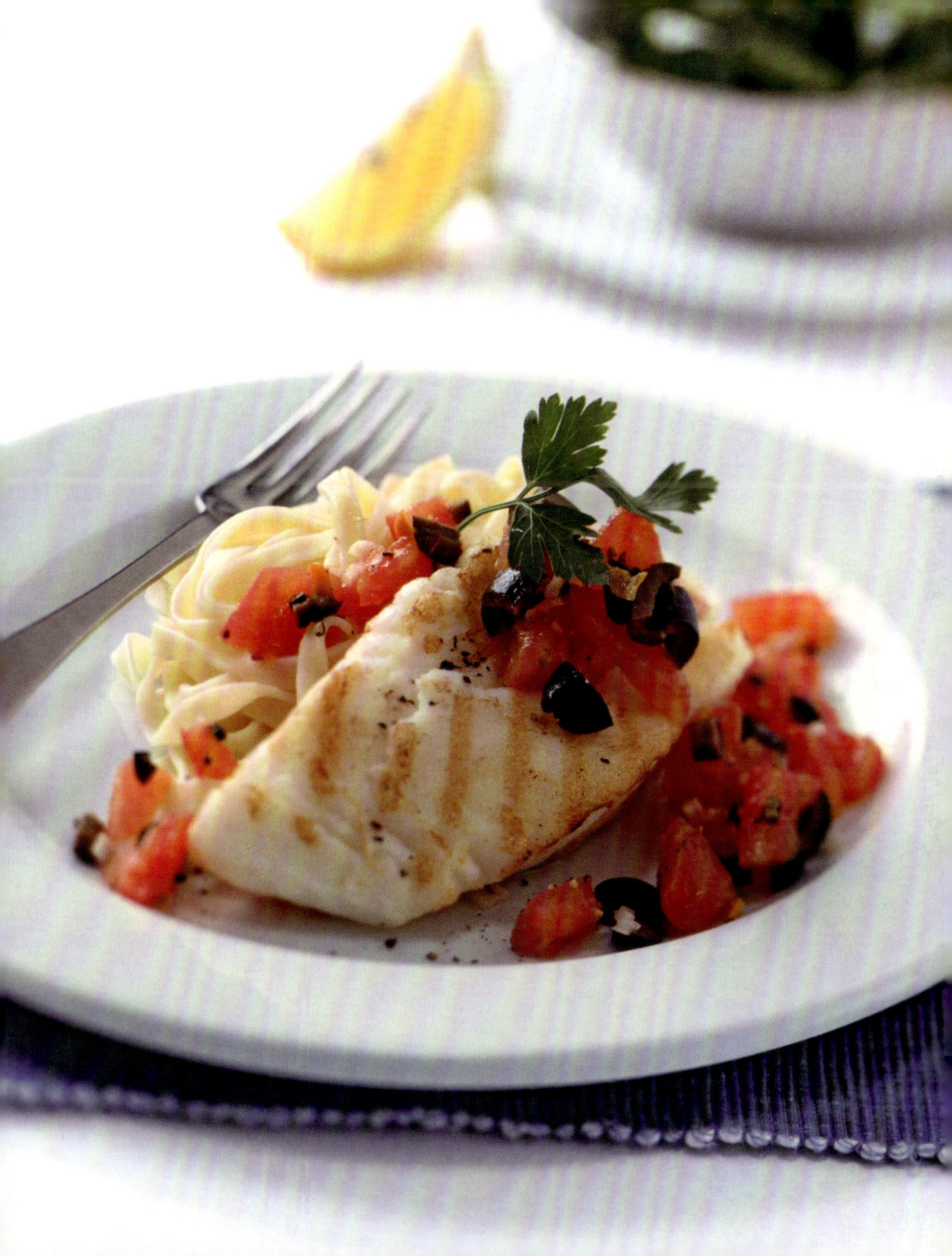

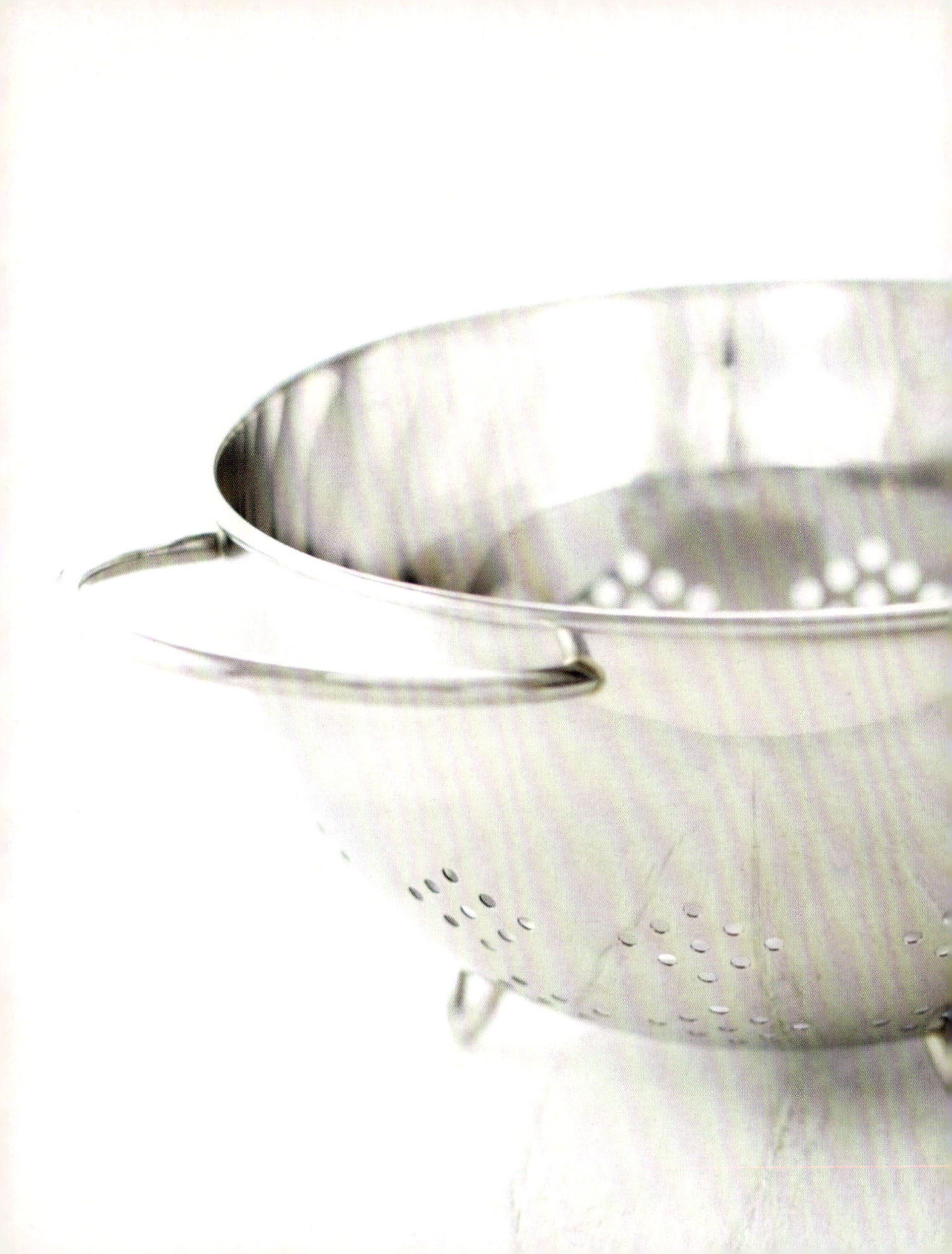

vegetais

bolonhesa de legumes

4 porções
Preparo: **10 minutos**
Cozimento: **15 minutos**

½ colher (sopa) de **óleo vegetal**
1 **cebola** picada
200 g de **minicenoura** cozida e picada
1 **alho-poró** fatiado
2 **talos de aipo** fatiados
400 g de **tomate pelado em lata** picado
1 colher (sopa) de **purê de tomate**
1 colher (chá) de **pimenta-de-caiena**
125 g de **cogumelo-de-paris** fresco fatiado
375 g de **espaguete**
sal e **pimenta-do-reino** moída na hora
folhas de manjericão, para decorar

Aqueça o óleo em uma panela. Acrescente a cebola e refogue em fogo baixo por 3-5 minutos, até ficar macia. Junte as cenouras, o alho-poró e o aipo e, depois, os tomates, o purê de tomate, a pimenta-de-caiena e os cogumelos. Tempere com uma pitada de sal e pimenta-do-reino e cozinhe em fogo baixo por 10 minutos.

Cozinhe o espaguete em uma panela grande com água fervente e um pouco de sal por 8-10 minutos, ou conforme as instruções da embalagem, até ficar *al dente*. Escorra a massa e polvilhe pimenta-do-reino. Para servir, distribua o espaguete nos pratos e cubra com o molho. Decore com folhas de manjericão.

Variação: bolonhesa vegetariana. Rale 2 cenouras grandes. Em uma panela, aqueça o azeite e refogue a cebola, como indicado acima. Acrescente 250 g de proteína de soja texturizada e as cenouras raladas, 1 alho-poró fatiado e 2 talos de aipo picados. Refogue por 3-4 minutos, acrescente os tomates pelados, o purê de tomate, a pimenta-de-caiena e os cogumelos-de-paris. Cozinhe em fogo baixo como descrito acima por 10 minutos. Despeje o molho sobre o espaguete cozido e escorrido e finalize com bastante parmesão ralado. Sirva com pão de alho.

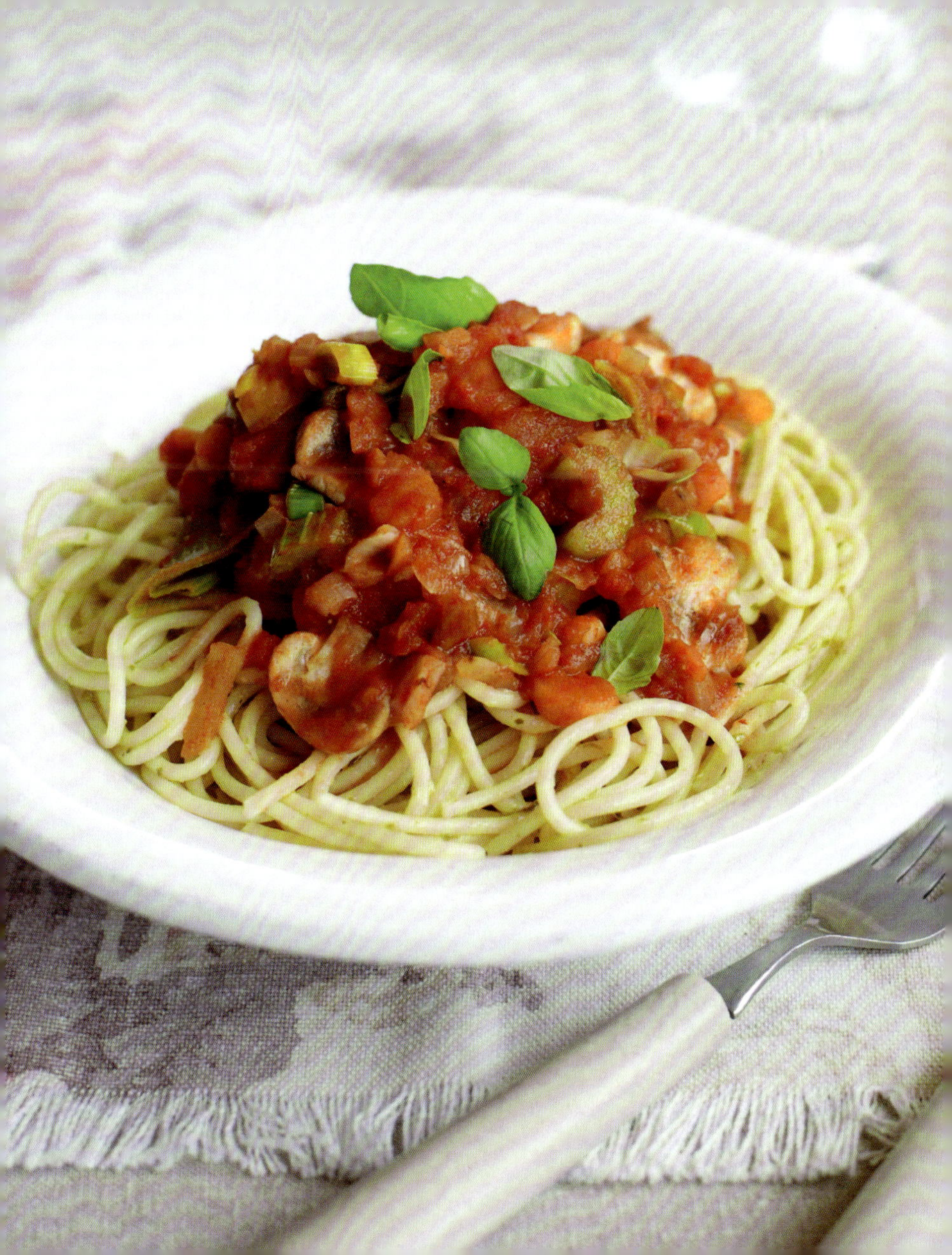

clafoutis de cogumelo

4 porções
Preparo: **5 minutos**
Cozimento: **25-30 minutos**

400 g de **cogumelo shiitake** ou **portobello**
25 g de **manteiga**
8 colheres (sopa) de **azeite**
3 dentes de **alho** cortados em lâminas finas
2 colheres (sopa) de **alecrim** ou **tomilho** picado
125 g de **farinha de trigo**
2 **ovos**
2 colheres (sopa) de **molho de raiz-forte**
400 ml de **leite**
sal e **pimenta-do-reino** moída na hora

Molho de cerveja
2 **cebolas** fatiadas
2 colheres (chá) de **açúcar**
1 colher (sopa) de **farinha de trigo**
275 ml de **cerveja**
150 ml de **caldo de legumes**

Aqueça o forno a 230°C. Coloque os cogumelos com os talos virados para cima em um refrafário grande e raso.

Derreta a manteiga com 4 colheres (sopa) do azeite em uma frigideira. Acrescente o alho, o alecrim e um pouco de sal e pimenta-do-reino e refogue por 30 segundos. Regue os cogumelos com esse molho e leve-os ao forno por 2 minutos.

Coloque a farinha de trigo em uma vasilha e acrescente aos poucos os ovos, batendo com o molho de raiz-forte, o leite, uma pitada de sal e outra de pimenta-do-reino, até obter um creme bem liso. Despeje a massa obtida sobre os cogumelos e recoloque o refratário no forno, deixando por mais 20-25 minutos, até o clafoutis dourar.

Aqueça o azeite restante em uma frigideira. Coloque as cebolas e o açúcar e refogue por 10 minutos, até ficarem bem douradas e caramelizadas. Junte a farinha e mexa. Adicione a cerveja e o caldo, ajustando o tempero com sal e pimenta-do-reino. Apure, mexendo de vez em quando, por 5 minutos. Sirva as fatias de clafoutis com o molho de cerveja.

Variação: clafoutis vegetariano. Descasque 2 cenouras e 2 mandioquinhas grandes. Corte-as em pedaços de 5 cm. Apare 2 abobrinhas e corte-as em pedaços de 5 cm. Em uma frigideira, aqueça a manteiga e o azeite e refogue os legumes em fogo médio por 2-3 minutos. Acrescente o alho e o alecrim e mantenha por mais 1 minuto. Continue como descrito acima, substituindo os cogumelos pelos legumes.

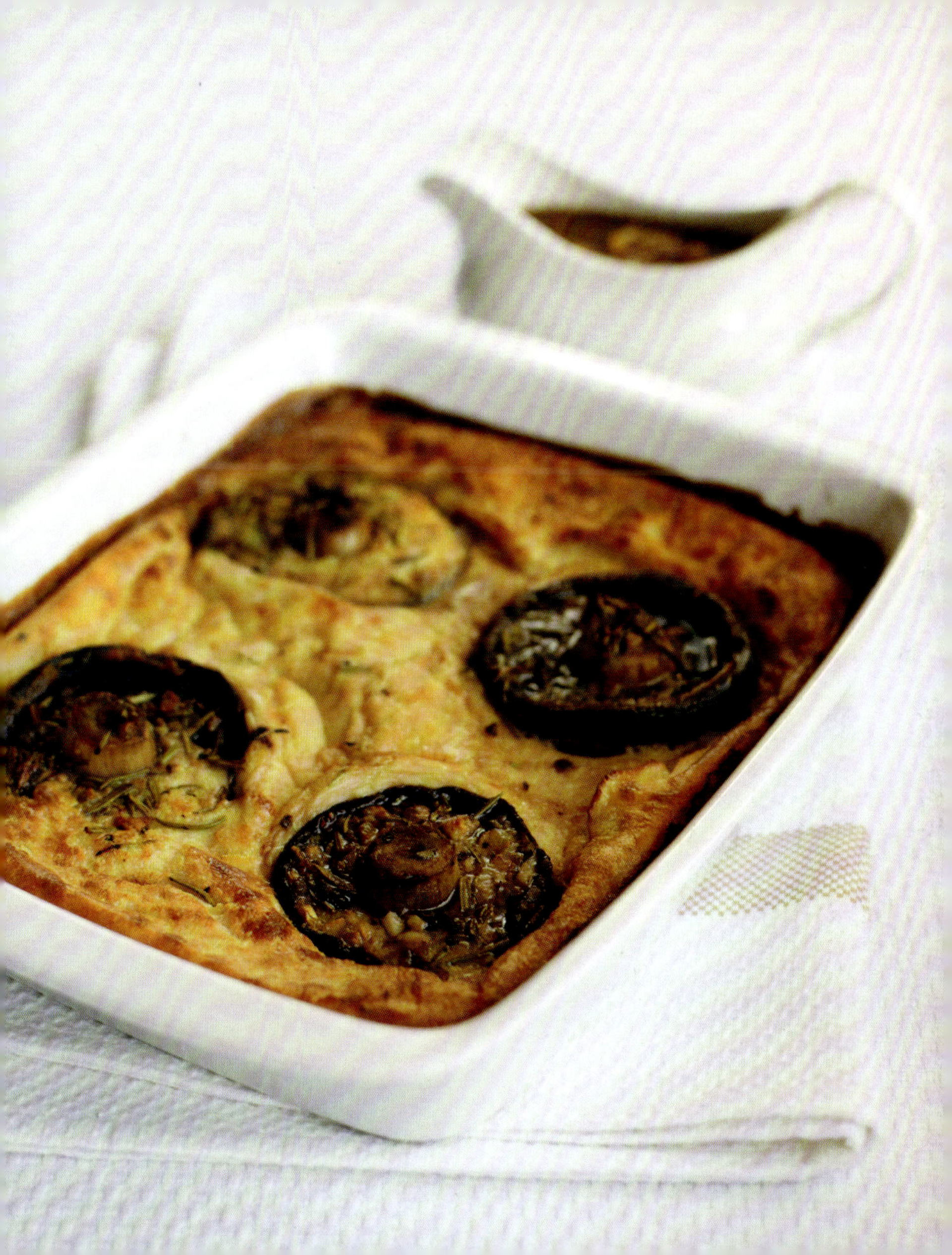

berinjela recheada

4 porções
Preparo: **15 minutos**
Cozimento: **25 minutos**

2 **berinjelas**
4 colheres (sopa) de **azeite**, mais um pouco para untar
8 **tomates** sem pele e picados
2 **dentes de alho** amassados
4 **filés de anchova** em conserva, escorridos e picados
1 colher (sopa) de **alcaparra** picada
um punhado de **manjericão** picado, mais um pouco para decorar
um punhado de **salsa** picada, mais um pouco para decorar
2 colheres (sopa) de **pinhole** tostado
50 g de migalhas frescas de **pão francês**
75 g de **pecorino** ralado
sal e **pimenta-do-reino** moída na hora

Corte as berinjelas ao meio no sentido do comprimento e, com o auxílio de uma colher, retire a polpa sem romper a casca. Pique a polpa grosseiramente.

Aqueça o azeite em uma frigideira. Adicione as cascas inteiras de berinjela e salteie por 3-4 minutos de cada lado. Passe as cascas para uma assadeira untada. Coloque a polpa de berinjela na frigideira e refogue até dourar.

Misture os tomates, o alho, os filés de anchova, as alcaparras, o manjericão, a salsa, os pinholes, as migalhas de pão, a polpa de berinjela e metade do pecorino. Tempere com sal e pimenta-do-reino e mexa bem. Recheie as cascas salteadas de berinjela. Polvilhe o pecorino restante e leve ao forno preaquecido a 200°C por 20 minutos. Salpique ervas para servir.

Variação: berinjela recheada com castanha-de--caju e uva-passa. Prepare as berinjelas como descrito acima. Refogue a polpa com 3 tomates secos picados grosseiramente, 75 g de castanhas-de--caju, 75 g de uva-passa e um maço grande de salsa picada, em fogo alto, por 3-4 minutos, até a berinjela ficar dourada e macia. Recheie as cascas com o refogado e polvilhe 50 g de muçarela ralada. Asse como indicado acima, por 20 minutos, e sirva com uma salada simples de rúcula.

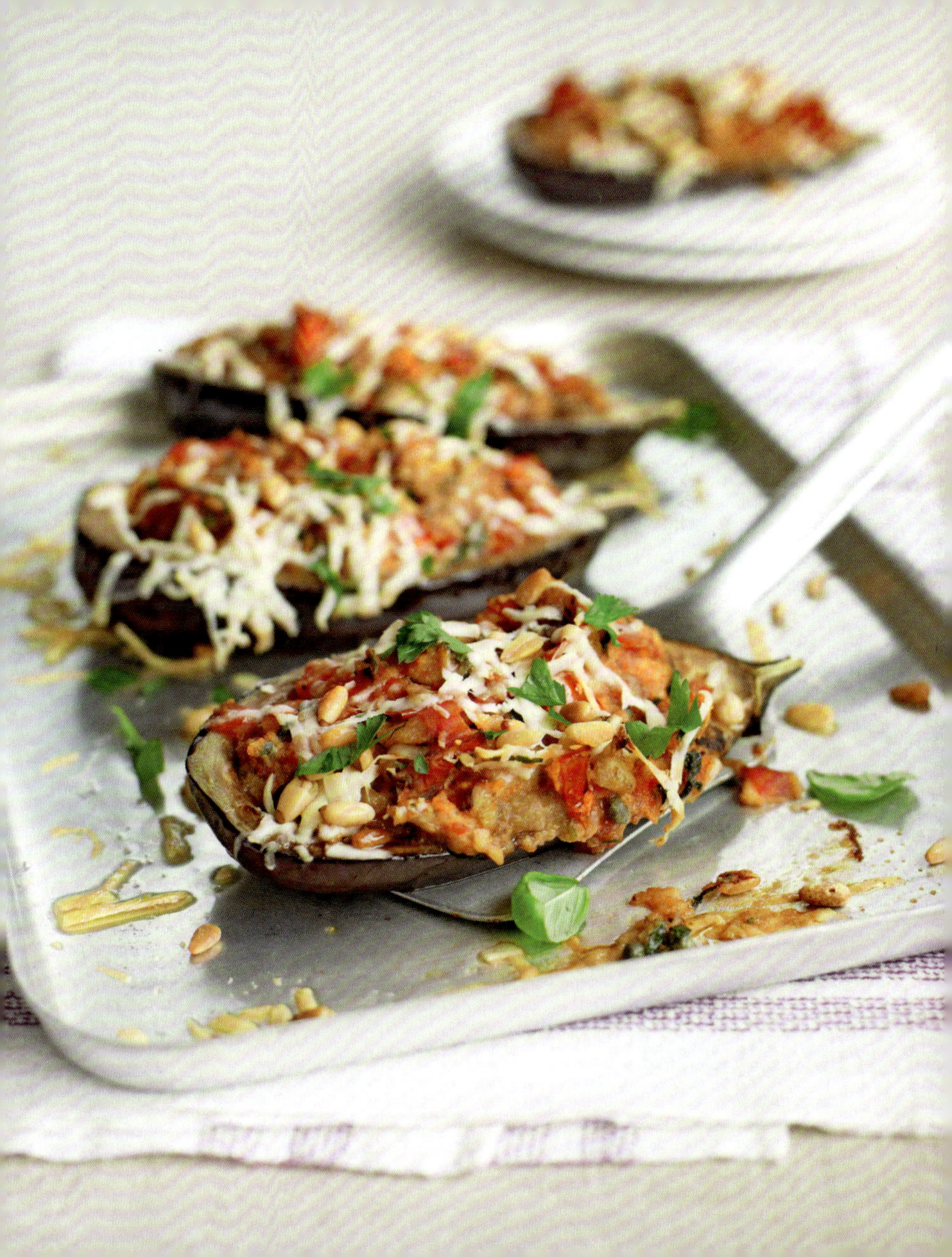

haloumi ao azeite aromatizado com páprica

4 porções
Preparo: **5 minutos**
Cozimento: **5 minutos**

6 colheres (sopa) de **azeite extravirgem**
4 colheres (sopa) de **suco de limão**
½ colher (chá) de **páprica** defumada
250 g de **haloumi** ou **queijo de coalho** cortado em cubos grandes
sal e **pimenta-do-reino** moída na hora

Misture o azeite, o suco de limão e a páprica em uma vasilha pequena e tempere com sal e pimenta-do-reino.

Aqueça bem uma frigideira grande, acrescente o queijo e frite os cubos em fogo médio, até dourarem e começarem a amaciar. Coloque em uma travessa, regue com o azeite aromatizado com páprica e use palitos de madeira para servir.

Acompanhamento: geleia de pimenta e tomate.
Aqueça 1 colher (sopa) de azeite em uma frigideira e acrescente 1 pimenta-dedo-de-moça picada finamente, 1 cebola pequena picada finamente, 3 colheres (sopa) de açúcar e 4 tomates picados grosseiramente. Tempere bem com sal e pimenta-do-reino e apure em fogo médio a alto por 15 minutos, mexendo de vez em quando, até engrossar e ficar suculento. Retire da panela e deixe esfriar. Sirva com os cubos grelhados de queijo.

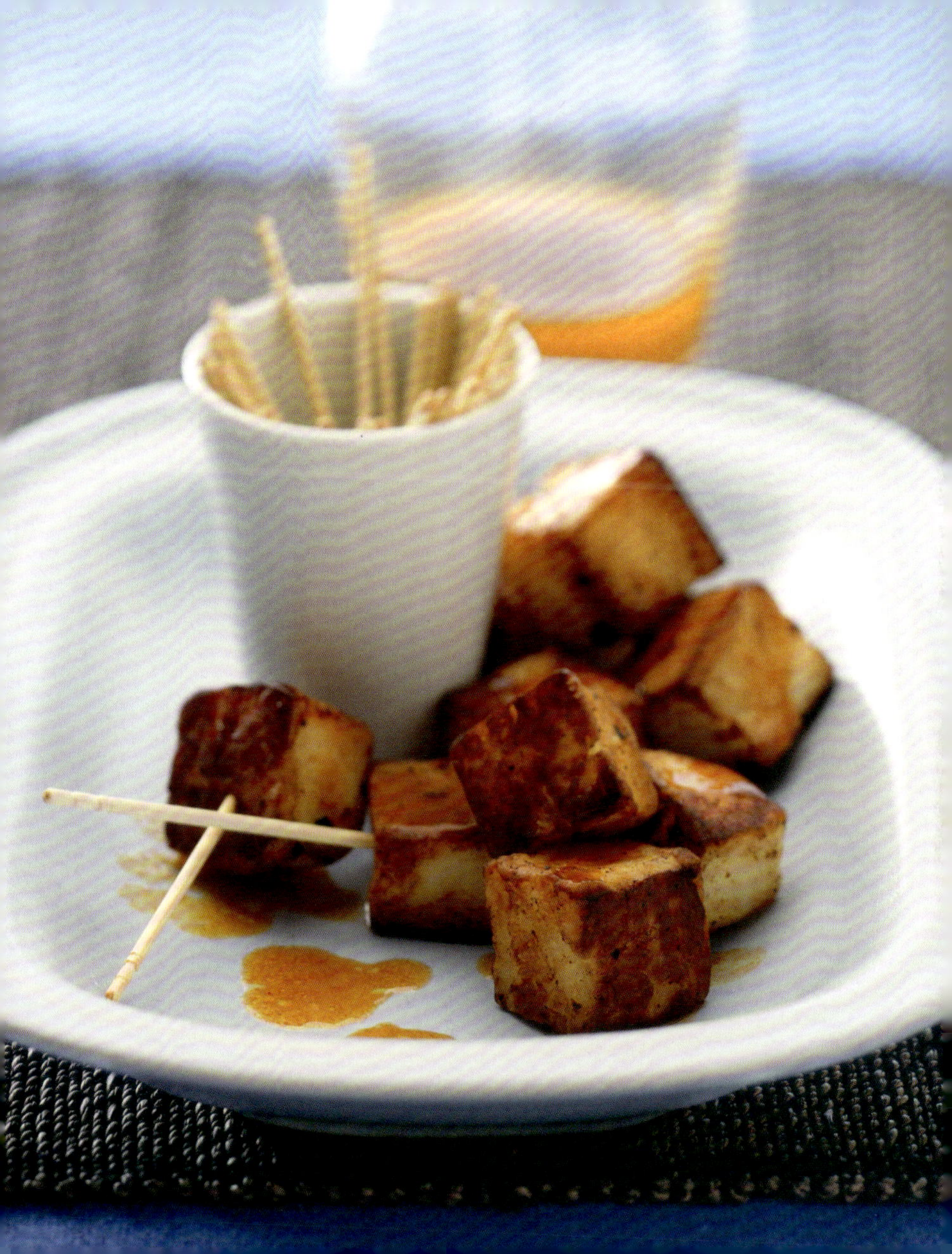

lasanha de cogumelo

4 porções
Preparo: **20 minutos**
Cozimento: **25-30 minutos**

- 250 g de **massa para lasanha**
- 3 colheres (sopa) de **azeite**
- 500 g de **cogumelos** sortidos (cogumelo-de-paris, shiitake, ostra) fatiados
- 2 **dentes de alho** picados finamente
- 200 g de **mascarpone** ou **cream cheese**
- 125 g de **espinafre**
- 150 g de **taleggio** ou **parmesão** sem casca e cortado em cubos
- sal e **pimenta-do-reino** moída na hora

Coloque as folhas de lasanha em uma assadeira e cubra com água fervente. Deixe por 5 minutos, ou até ficarem macias, então escorra a massa.

Aqueça o azeite e refogue os cogumelos por 5 minutos. Junte o alho e o mascarpone e aumente o fogo. Apure por mais 1 minuto, até engrossar. Tempere com sal e pimenta-do-reino. Cozinhe o espinafre no vapor ou no micro-ondas por 2 minutos, até murcharem as folhas.

Unte um refratário do tamanho de 2 folhas de massa e coloque-as no fundo, ligeiramente sobrepostas. Reserve ⅓ do taleggio para finalizar, disponha um pouco sobre a base de massa e faça camadas com ⅓ do recheio de cogumelo e ⅓ do espinafre. Repita essa operação em mais 2 séries de camadas, finalizando com o refogado de cogumelo, o espinafre e o taleggio restantes sobre a última camada de massa.

Asse em forno preaquecido a 200°C por 15-20 minutos, até gratinar o queijo e aquecer bem a lasanha.

Variação: lasanha de nozes, espinafre e abóbora.
Prepare a massa e o espinafre, como descrito acima. Aqueça 3 colheres (sopa) de azeite em uma frigideira e refogue 500 g de abóbora picada. Acrescente o alho e o mascarpone, tempere com sal e pimenta-do-reino e adicione ½ colher (chá) de páprica. Junte 125 g de nozes picadas e cozinhe por mais 1 minuto. Monte a lasanha fazendo camadas com o molho de abóbora, o espinafre e o taleggio, como indicado acima. Asse em forno preaquecido a 200°C por 25 minutos.

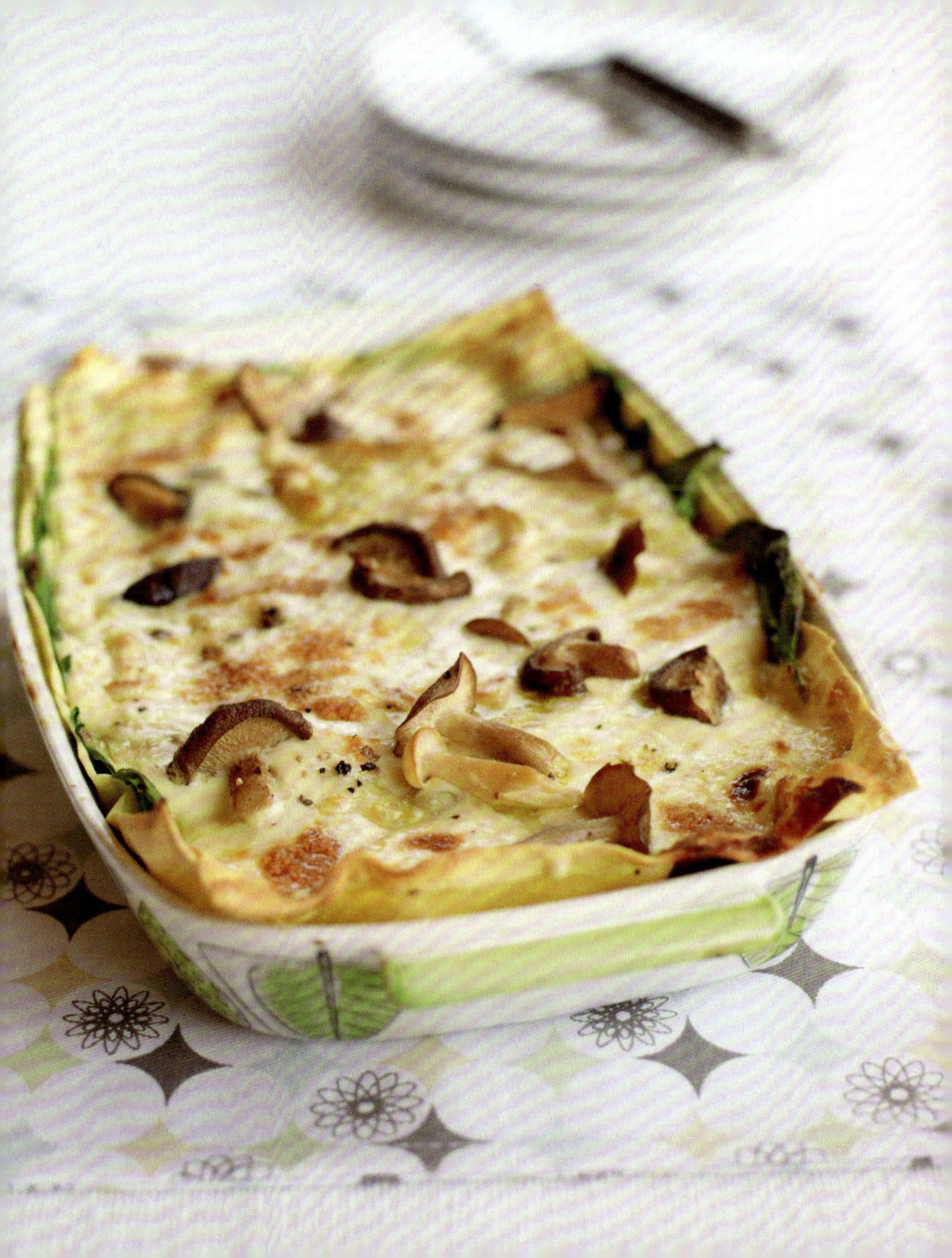

cuscuz marroquino com legumes

4 porções
Preparo: **15 minutos**, mais o tempo para hidratar
Cozimento: **10 minutos**

300 g de **cuscuz marroquino**
500 ml de **água** fervente
2 **pimentões vermelhos** sem sementes, sem miolo e cortados em quartos
1 **pimentão amarelo** sem sementes, sem miolo e cortado em quartos
6 **miniabobrinhas** cortadas ao meio no comprimento
2 **cebolas roxas** cortadas em gomos
24 **tomates-cereja**
2 **dentes de alho** cortados em lâminas finas
2 colheres (sopa) de **azeite**
100 g de **aspargo** fresco aparado
raspas e **suco** de 1 **limão**
4 colheres (sopa) de **salsa** ou **hortelã** picada
sal e **pimenta-do-reino** moída na hora
gomos de limão, para servir

Coloque o cuscuz em uma vasilha grande resistente ao calor, cubra com a água fervente, tampe e reserve por 10 minutos.

Coloque os pimentões, as abobrinhas, as cebolas, os tomates e o alho em uma chapa de fogão ou grill elétrico, em uma única camada, regue com o azeite e deixe por 5-6 minutos, virando-os de vez em quando.

Acrescente os aspargos e continue a grelhar por mais 2-3 minutos, até ficarem macios e levemente tostados. Quando estiverem frios o suficiente para manusear, remova a pele dos pimentões e descarte-a.

Solte os grãos de cuscuz com o garfo. Misture com os legumes grelhados, acrescente o suco e as raspas de limão, assim como a salsa. Tempere com sal e pimenta-do-reino e sirva logo, guarnecido com os gomos de limão.

Variação: cuscuz com legumes assados. Prepare 300 g de cuscuz marroquino adicionando 500 ml de caldo de galinha fervente. Pique grosseiramente 500 g de abóbora, apare e pique 1 abobrinha, corte 6 tomates em quartos e corte 1 bulbo de erva-doce em gomos. Regue os legumes com 2 colheres (sopa) de azeite, acrescente 2 dentes de alho em lâminas finas e asse a 200°C por 25 minutos, até ficarem tostados e macios. Regue com 1 colher (sopa) de mel e mexa bem. Misture os legumes com o cuscuz, as raspas de limão e a salsa. Tempere bem e sirva.

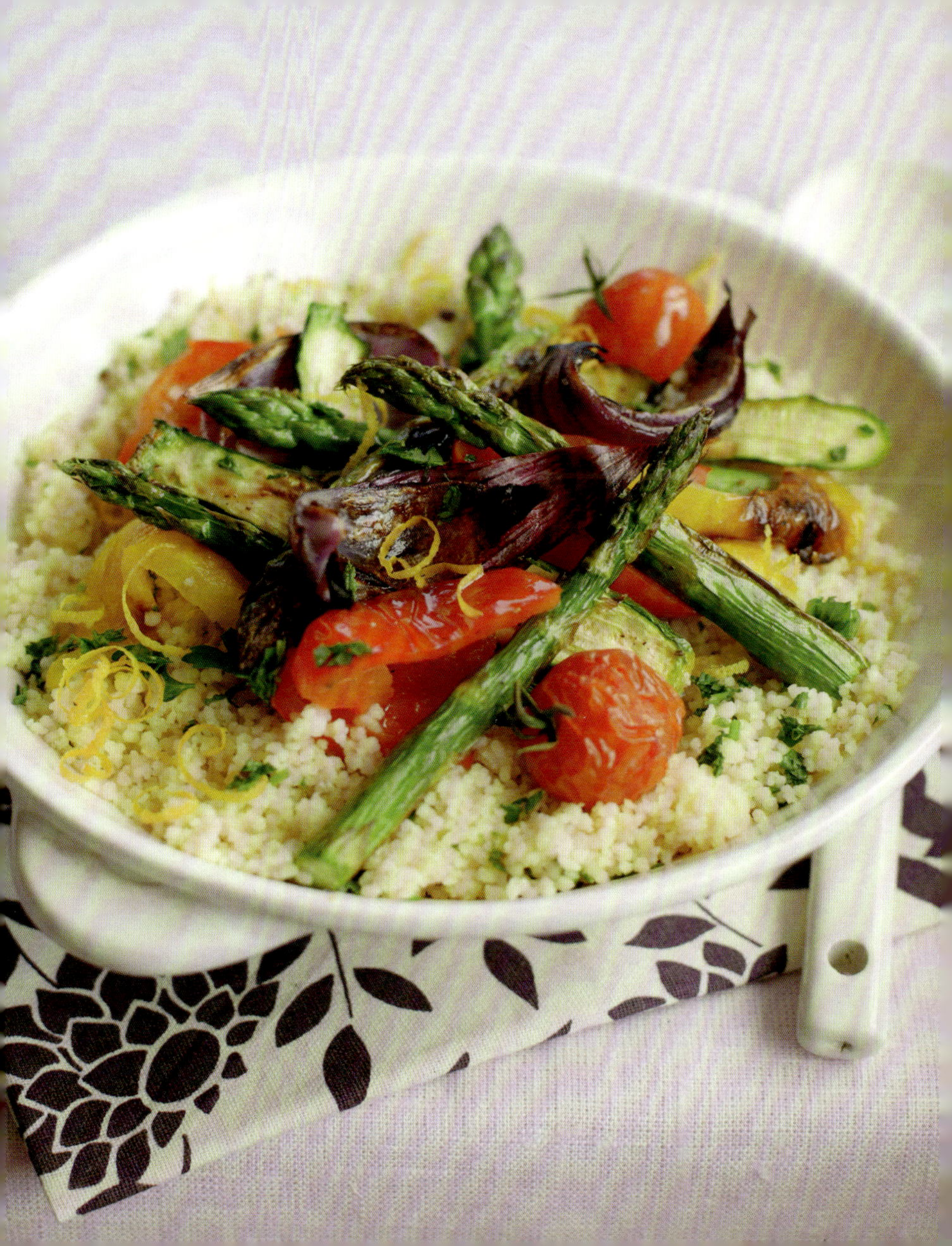

biryani vegetariano

4 porções
Preparo: **10 minutos**
Cozimento: **20 minutos**

250 g de **arroz basmati**
2 colheres (sopa) de **azeite**
3 **cenouras** picadas
2 **batatas** médias picadas
2,5 cm de talo de **gengibre** ralado
2 **dentes de alho** amassados
200 g de buquês de **couve-flor**
125 g de **vagem** cortada ao meio
1 colher (sopa) de **pasta de curry**
1 colher (chá) de **cúrcuma**
1 colher (chá) de **canela em pó**
250 g de **iogurte natural**
40 g de **uva-passa**

Para servir
75 g de **castanha-de-caju** torrada
folhas de coentro

Cozinhe o arroz conforme as instruções da embalagem e escorra.

Aqueça o azeite em uma panela, acrescente as cenouras, as batatas, o gengibre e o alho e refogue por 10 minutos, até ficarem macios, adicionando um pouco de água caso os legumes comecem a grudar no fundo da panela.

Junte a couve-flor, as vagens, a pasta de curry, a cúrcuma e a canela e mantenha por 1 minuto. Coloque o iogurte e as passas.

Jogue o arroz sobre os legumes, tampe a panela e cozinhe em fogo baixo por 10 minutos, cuidando para não grudar na panela.

Sirva o arroz biryani salpicado de castanhas e coentro.

Variação: biryani de cordeiro. Prepare o arroz como indicado acima. Corte 250 g de filé de cordeiro em tiras. Não utilize as batatas. Refogue as cenouras, o gengibre e o alho, como descrito acima, com o cordeiro, por 10 minutos. Adicione a couve-flor, as vagens, a pasta de curry, as especiarias e mais 4 miniberinjelas picadas grosseiramente. Mantenha por 1 minuto, então acrescente o iogurte e as passas, como descrito acima. Sirva com amêndoas em lâminas, em lugar das castanhas, e com um pouco mais de iogurte, se preferir.

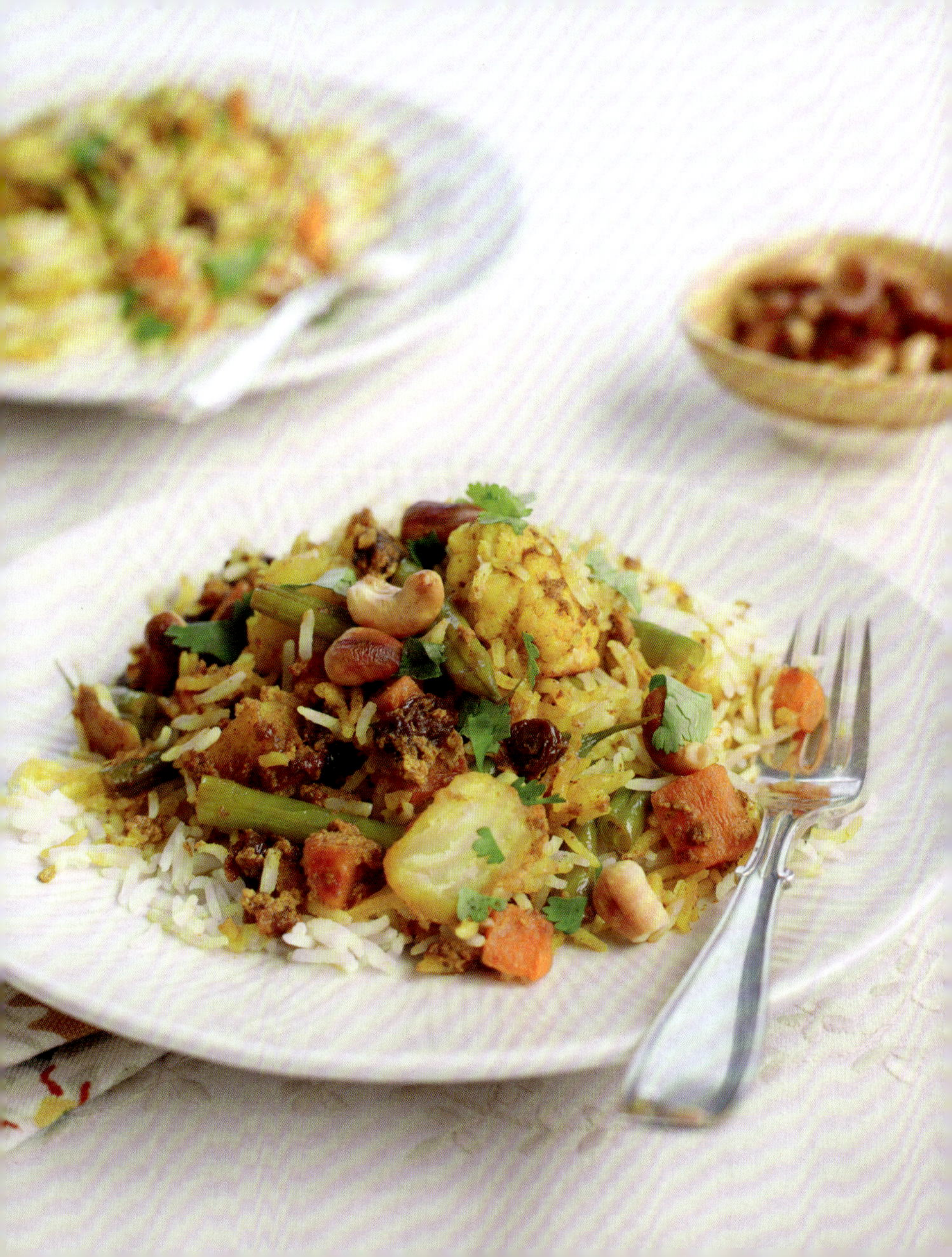

pizza de alcachofra e muçarela

4 porções
Preparo: **10 minutos**
Cozimento: **15-20 minutos**

250 g de **farinha de trigo com fermento**
3 colheres (sopa) de **óleo vegetal**
1 colher (chá) de **sal**
2 colheres (sopa) de **extrato de tomate**
100 ml de **água**

Cobertura
1 colher (sopa) de **extrato de tomate**
2 **pimentas-dedo-de-moça** sem sementes e cortadas em tiras
3 colheres (sopa) de **ervas** variadas (salsa, orégano, alecrim, cerefólio) picadas
50 g de **tomate seco** escorrido e fatiado
150 g de **minialcachofra** em conserva escorrida
2 **tomates** em quartos
150 g de **muçarela** fatiada
50 g de **azeitona preta** sem caroço
sal e **pimenta-do-reino** moída na hora

Unte uma assadeira grande. Em uma vasilha, coloque a farinha, o óleo, o sal e o extrato de tomate. Adicione a água e misture bem para formar uma massa leve, acrescentando um pouco mais de água se necessário.

Abra a massa com um rolo sobre uma superfície levemente enfarinhada, de modo a obter um disco de 28 cm de diâmetro. Coloque o disco na assadeira untada e leve ao forno preaquecido a 230°C por 5 minutos.

Espalhe o extrato de tomate sobre a base da pizza, deixando uma margem de 1 cm nas bordas. Corte as pimentas em tiras no comprimento e espalhe pela pizza com metade das ervas, os tomates secos, as alcachofras, os tomates, a muçarela e as azeitonas. Cubra com as ervas restantes e tempere levemente com sal e pimenta-do-reino.

Recoloque a pizza no forno e asse por 15-20 minutos, até o queijo derreter e dourar os legumes.

Variação: pizza de ovo e espinafre. Prepare a massa, abra e asse como indicado acima, utilizando 250 g de farinha de trigo integral em lugar da farinha com fermento. Espalhe 4 colheres (sopa) de molho de tomate pronto sobre a base da pizza e distribua 50 g de espinafre cozido e bem escorrido. Quebre um ovo sobre o espinafre e espalhe 2 colheres (sopa) de pinhole. Asse como descrito acima, até o ovo ficar pronto e a massa crescer.

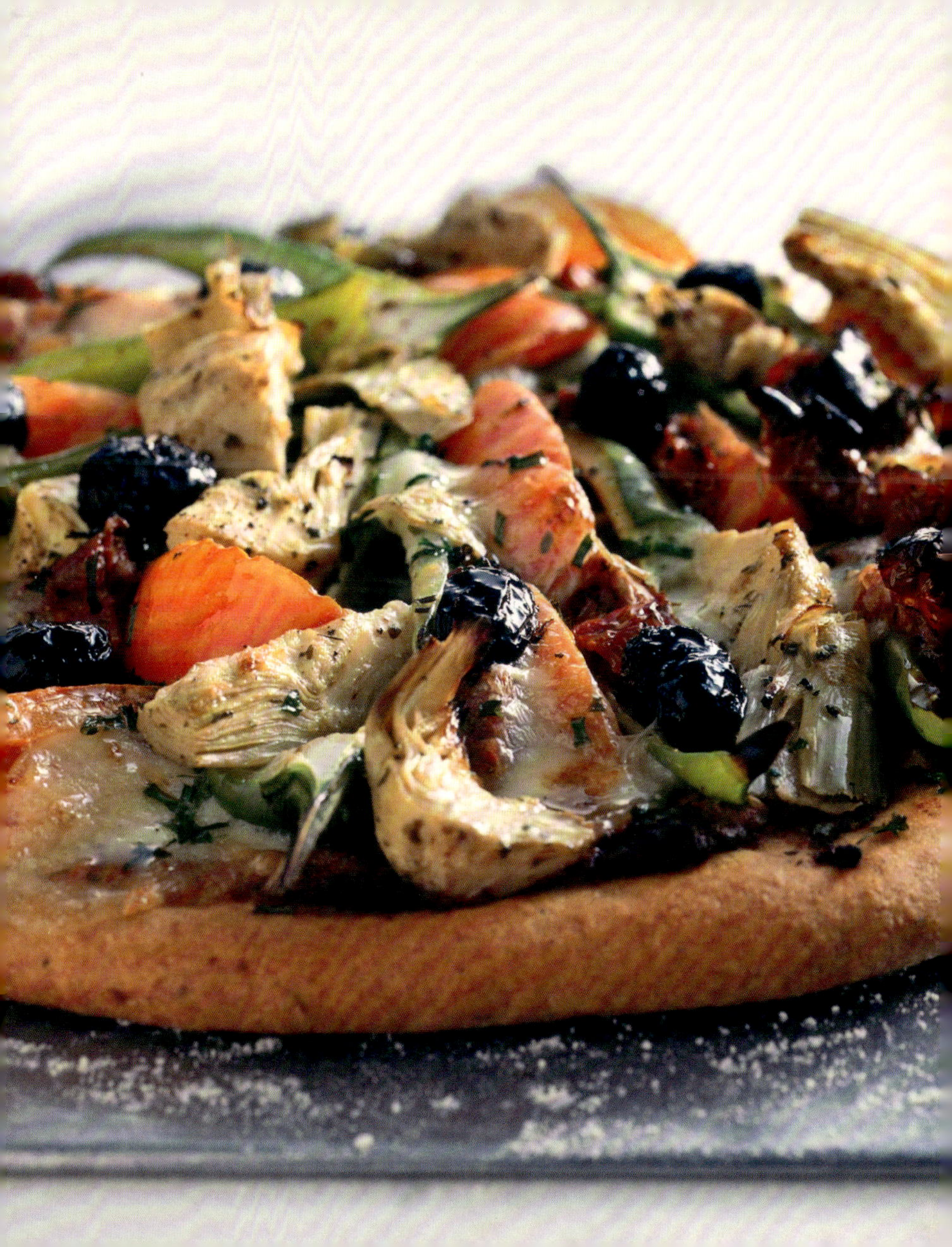

hambúrguer de tofu ao curry

4 porções
Preparo: **15 minutos**
Cozimento: **10-15 minutos**

2 colheres (sopa) de **óleo vegetal**
1 **cenoura** grande ralada grossa
1 **cebola roxa** pequena picada finamente
1 **dente de alho** amassado
1 colher (chá) de **pasta de curry forte**
1 colher (chá) de **extrato de tomate**
250 g de **tofu**
25 g de migalhas de **pão integral** fresco
25 g de **amendoim** sem sal triturado
sal e **pimenta-do-reino** moída na hora

Para servir
4 pães de hambúrguer
3 tomates fatiados
folhas variadas, para salada verde
brotos de alfafa
ketchup ou **chutney de tomate**

Aqueça metade do óleo em uma frigideira antiaderente grande e frite a cenoura e a cebola por 3-4 minutos, mexendo sempre, ou até ficarem macias. Acrescente o alho, o curry e o extrato de tomate. Aumente o fogo e frite por mais 2 minutos, mexendo sempre.

Bata o tofu, os legumes refogados, as migalhas de pão e o amendoim no processador, até formarem uma pasta. Transfira para uma vasilha, tempere com sal e pimenta-do-reino e misture com as mãos antes que fique grudenta.

Modele quatro hambúrgueres com a mistura. Aqueça o azeite restante em uma frigideira antiaderente grande e frite os hambúrgueres por 3-4 minutos de cada lado, ou até dourarem. Como alternativa de preparo, pincele os hambúrgueres com um pouco de azeite e leve-os ao grill elétrico ou forno bem forte por 3 minutos de cada lado, ou até dourarem. Coloque-os sobre papel-toalha para retirar o excesso de óleo e sirva nos pães com rodelas de tomate, folhas de alface e os brotos de alfafa. Acompanhe com o ketchup ou o chutney.

Variação: hambúrguer de queijo de cabra e beterraba. Misture 125 g de beterraba crua ralada e 250 g de queijo de cabra fresco com a cenoura ralada, as migalhas de pão e o amendoim. Acrescente 4 colheres (sopa) de salsa picada. Modele e prepare os hambúrgueres, como descrito acima, e sirva nos pães com ketchup de boa qualidade.

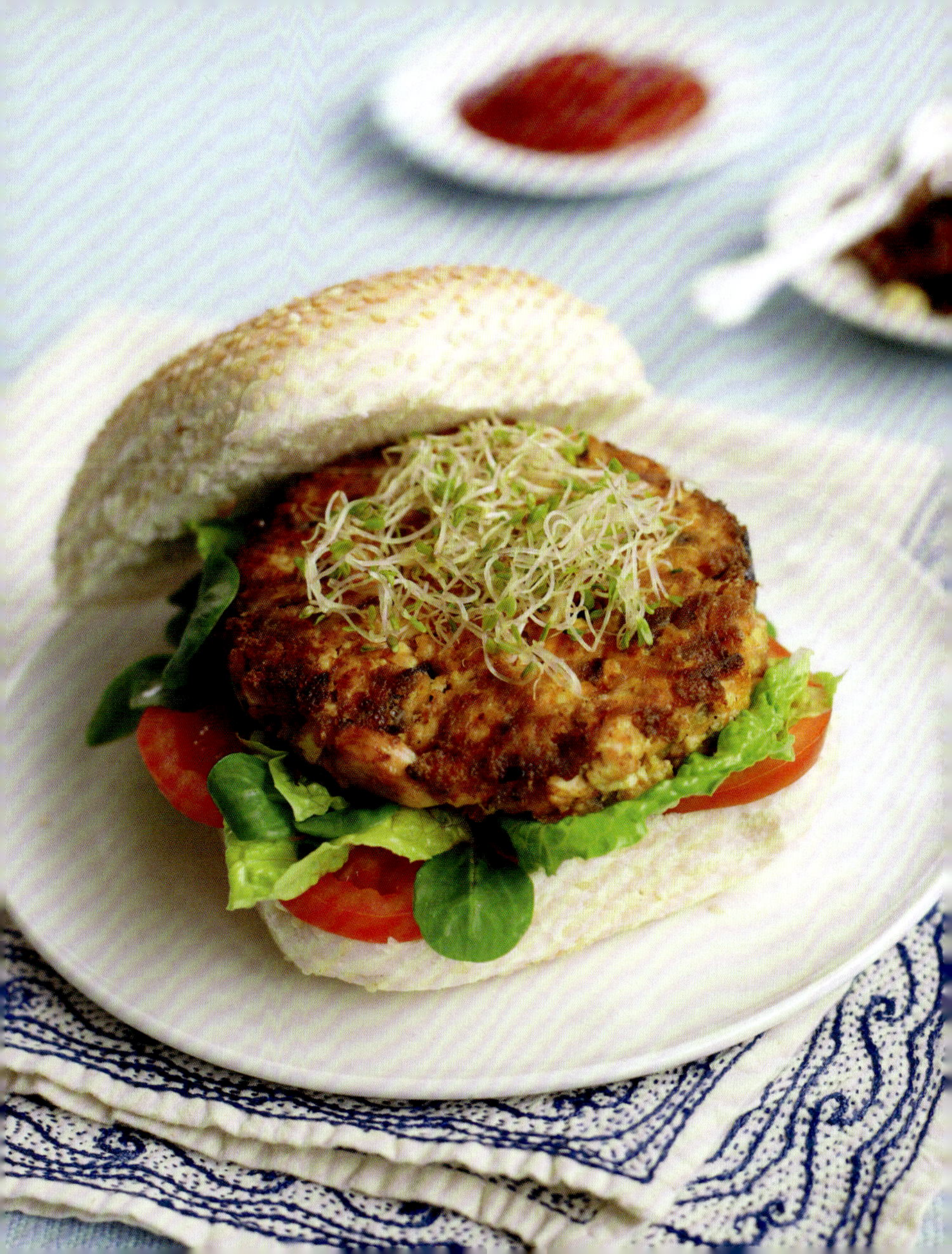

lentilha com gremolata

4 porções
Preparo: **5 minutos**
Cozimento: **25 minutos**

50 g de **manteiga**
1 **cebola** picada
2 **talos de aipo** cortados em lâminas finas
2 **cenouras** fatiadas
175 g de **lentilha** escorrida
600 ml de **caldo de legumes**
250 ml de **vinho branco seco**
2 **folhas de louro**
2 colheres (sopa) de **tomilho** picado
3 colheres (sopa) de **azeite**
325 g de **cogumelo-de-paris** fatiado
sal e **pimenta-do-reino** moída na hora

Gremolata
2 colheres (sopa) de **salsa** picada
raspas finas de 1 **limão**
2 **dentes de alho** picados

Derreta a manteiga e refogue a cebola, o aipo e a cenoura por 3 minutos. Junte as lentilhas, o caldo, o vinho branco, as ervas e um pouco de sal e pimenta-do-reino. Deixe levantar fervura, abaixe o fogo e cozinhe sem tampa por cerca de 20 minutos, ou até as lentilhas ficarem macias.

Misture os ingredientes da gremolata.

Aqueça o azeite em uma frigideira. Acrescente os cogumelos e salteie por 2 minutos, até dourarem. Tempere levemente com sal e pimenta-do-reino.

Disponha a lentilha nos pratos, cubra com os cogumelos e espalhe a gremolata.

Variação: cogumelo recheado com lentilha e carne de porco. Refogue a cebola, a cenoura e o aipo como indicado acima. Corte 2 bifes de pernil (125 g cada) em tiras e acrescente à panela. Refogue por 4-5 minutos antes de adicionar as lentilhas, o caldo e 250 ml de vinho tinto seco. Junte as ervas, tempere e cozinhe como descrito acima. Em uma frigideira antiaderente grande, aqueça 3 colheres (sopa) de azeite e refogue 4 cogumelos grandes (shiitake, portobello), sem os talos, por 2-3 minutos de cada lado, até ficarem dourados e macios. Recheie os cogumelos com o refogado de lentilhas e carne de porco e sirva sobre uma salada verde, com a gremolata espalhada.

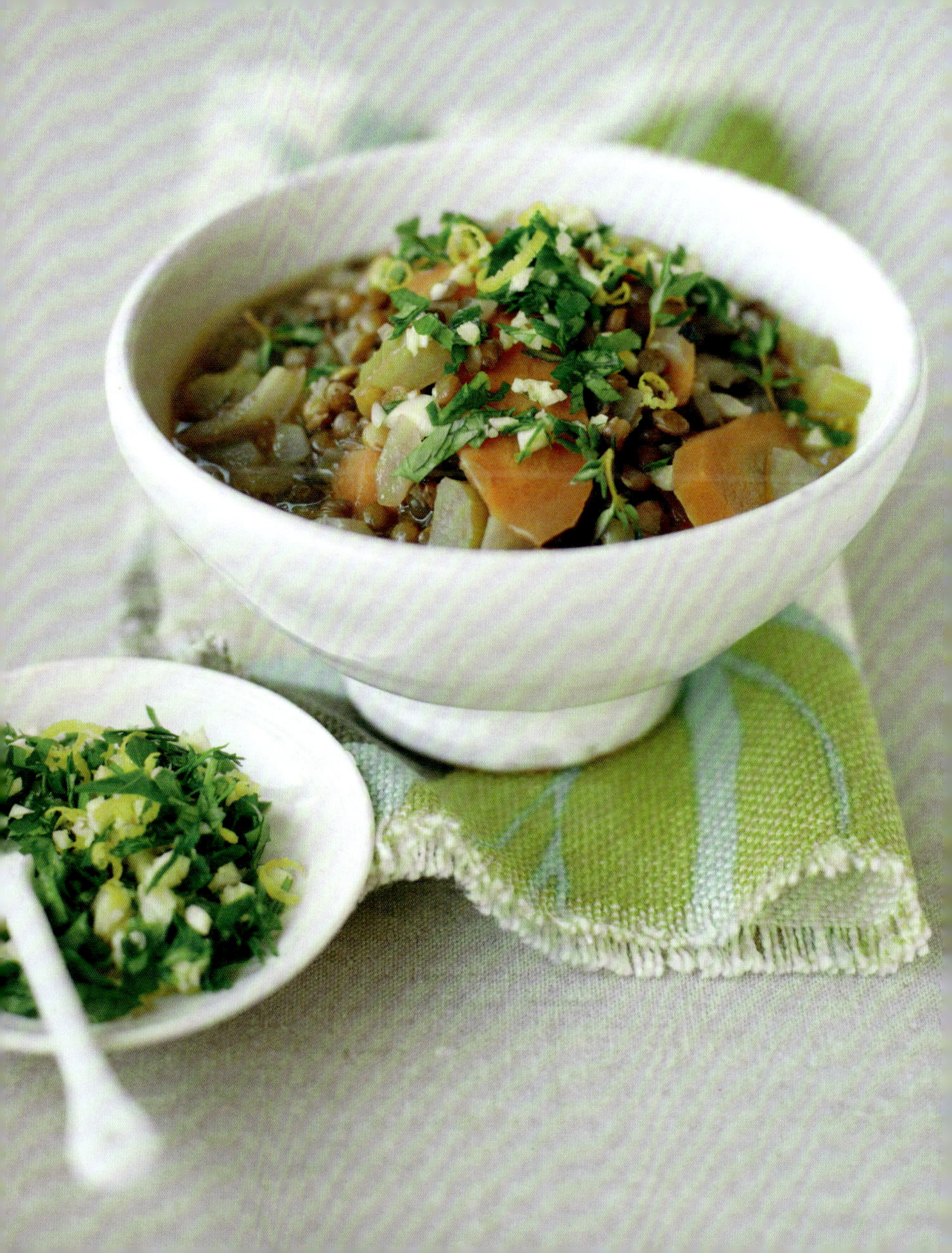

abóbora com feijão-vermelho

4 porções
Preparo: **10 minutos**
Cozimento: **15 minutos**

600 ml de **caldo de legumes**
1 kg de **abóbora** cortada em gomos
125 g de **espinafre**
arroz, para servir

Guisado de feijão-vermelho
4 colheres (sopa) de **azeite**
4 **dentes de alho** em lâminas finas
1 **pimentão vermelho** sem sementes, sem miolo e picado finamente
2 **tomates** picados
250 g de **feijão-vermelho** cozido e escorrido
1-2 colheres (sopa) de **molho de pimenta**
um punhado de **folhas de coentro** picadas
sal

Coloque o caldo em uma panela grande e deixe levantar fervura. Acrescente a abóbora, abaixe o fogo e tampe a panela. Cozinhe por cerca de 15 minutos, ou até a abóbora amaciar.

Aqueça o azeite em uma frigideira, acrescente o alho e o pimentão e refogue por 5 minutos, mexendo sem parar, até ficarem bem macios. Acrescente os tomates, o feijão cozido, o molho de pimenta e um pouco de sal e apure em fogo baixo por 5 minutos, para encorpar. Reserve.

Escorra a abóbora, reservando o caldo. Recoloque na panela. Junte o espinafre, tampe e cozinhe por 1 minuto, até murchar por causa do vapor.

Arrume a abóbora com o espinafre nos pratos. Adicione 8 colheres (sopa) do caldo reservado e o coentro ao molho. Sirva os legumes com o guisado de feijão-vermelho e arroz.

Variação: abóbora gratinada. Corte uma abóbora de 1 kg ao meio e descarte as sementes. Pincele as metades com azeite e asse em forno preaquecido a 200°C por 30 minutos. Prepare o guisado de feijão como indicado acima, mas usando 500 g de feijões variados cozidos, em lugar do feijão-vermelho. Cubra cada uma das metades da abóbora com o guisado e polvilhe 125 g de gruyère. Recoloque a abóbora no forno por 15 minutos, até o queijo dourar e borbulhar.

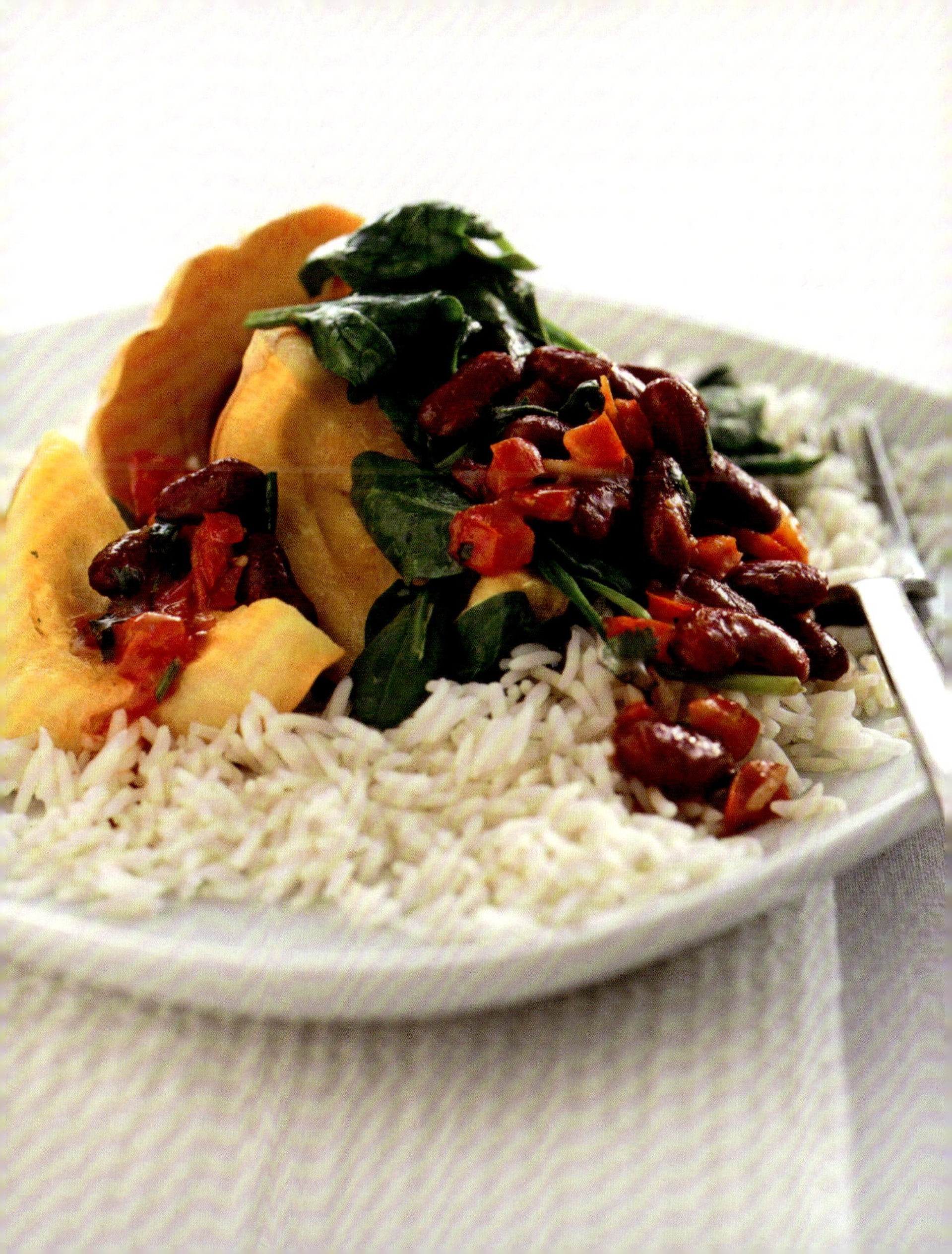

kebab de falafel

4 porções
Preparo: **10 minutos**
Cozimento: **10 minutos**

250 g de **grão-de-bico** cozido e escorrido
1 **cebola** picada grosseiramente
3 **dentes de alho** picados grosseiramente
2 colheres (chá) de **semente de cominho**
1 colher (chá) de **pimenta vermelha** em pó
2 colheres (sopa) de **hortelã** picada
3 colheres (sopa) de **folhas de coentro** picadas, mais um pouco para decorar
50 g de migalhas frescas de **pão francês**
óleo, para fritar
sal e **pimenta-do-reino** moída na hora
4 **pães pita**, 2 **pés de alface** rasgados e salada de **pepino, hortelã e iogurte**, para servir

Bata o grão-de-bico no processador com a cebola, o alho, as especiarias, as ervas, as migalhas de pão e um pouco de sal e pimenta-do-reino, até formar uma massa compacta.

Modele bolinhos com uma colher de sobremesa, achatando-os com as mãos. Aqueça um pouco de óleo em uma frigideira e frite cada falafel por 3 minutos, virando apenas uma vez, até ficar dourado e crocante. Coloque-os sobre papel-toalha para retirar o excesso de óleo e reserve-os aquecidos enquanto prepara os demais. Sirva os bolinhos de falafel dentro de pães pita aquecidos e recheados com alface, folhas de coentro e salada de pepino, hortelã e iogurte.

Variação: kebab de grão-de-bico. Prepare a pasta de grão-de-bico como descrito acima. Coloque porções sobre pães pita aquecidos com fatias finas de cebola roxa e folhas de coentro. Faça uma salada raita fresca misturando 150 ml de iogurte natural com 1 colher (chá) de hortelã picada e ⅛ de um pepino picado finamente. Sirva os kebabs com a raita.

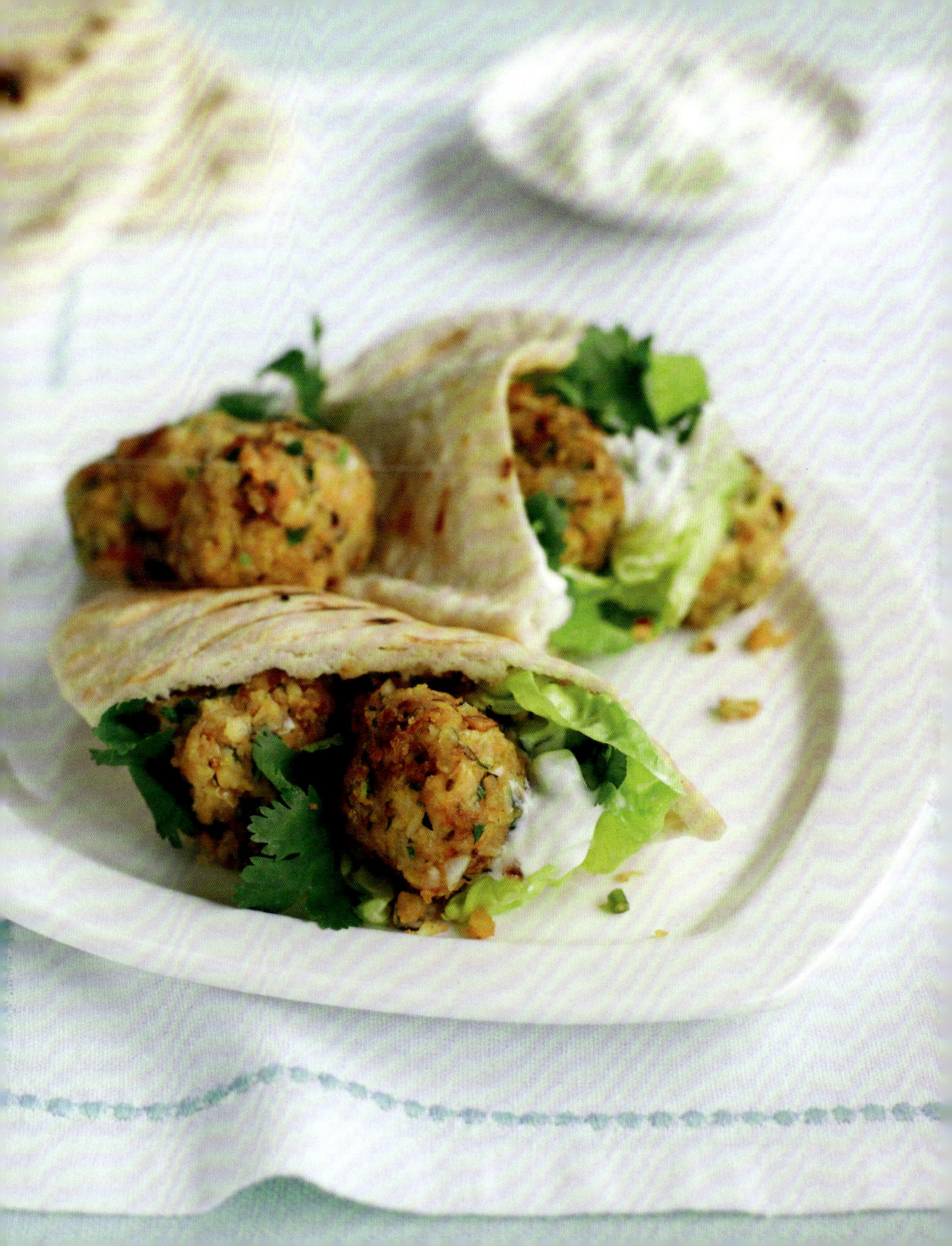

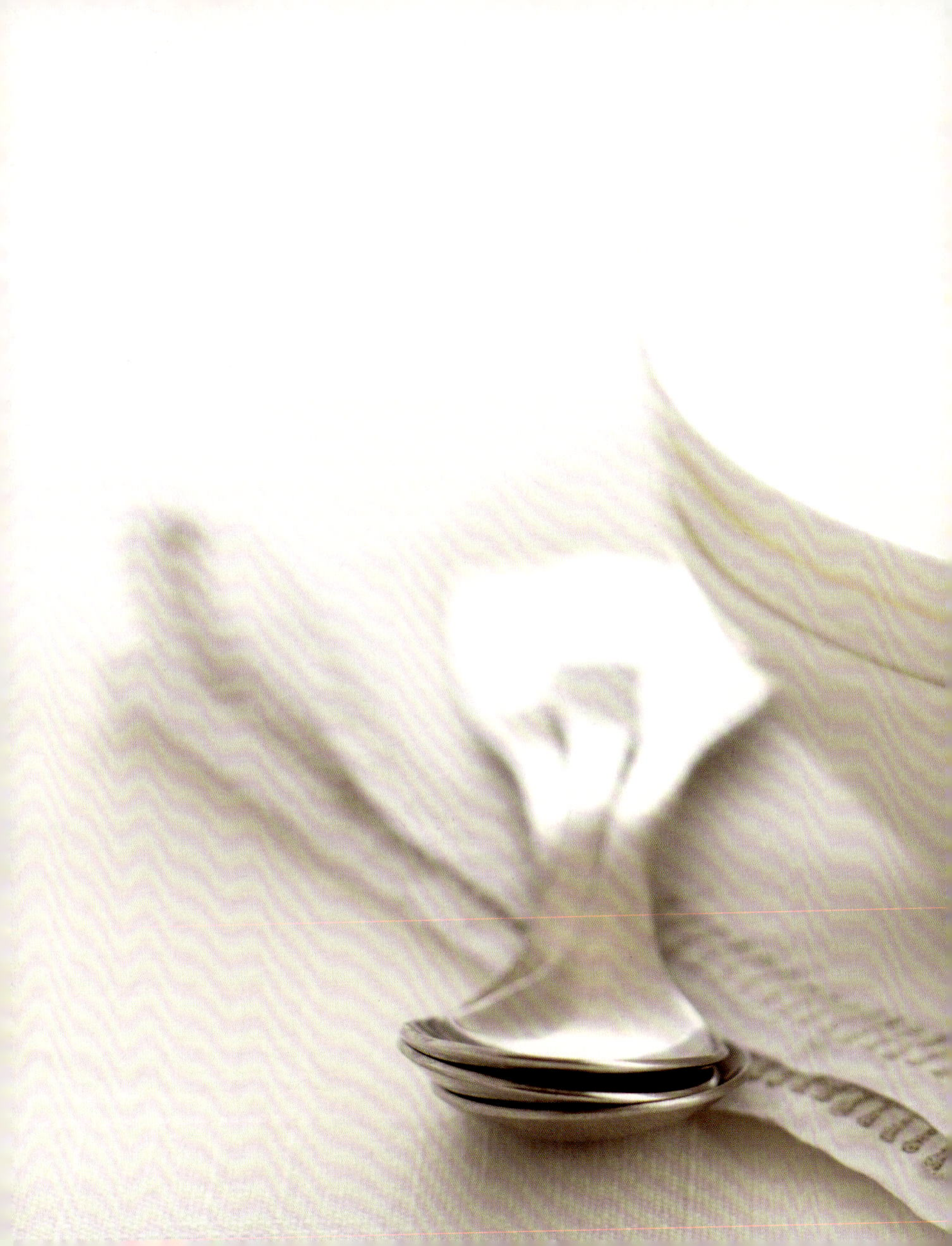

delícias doces

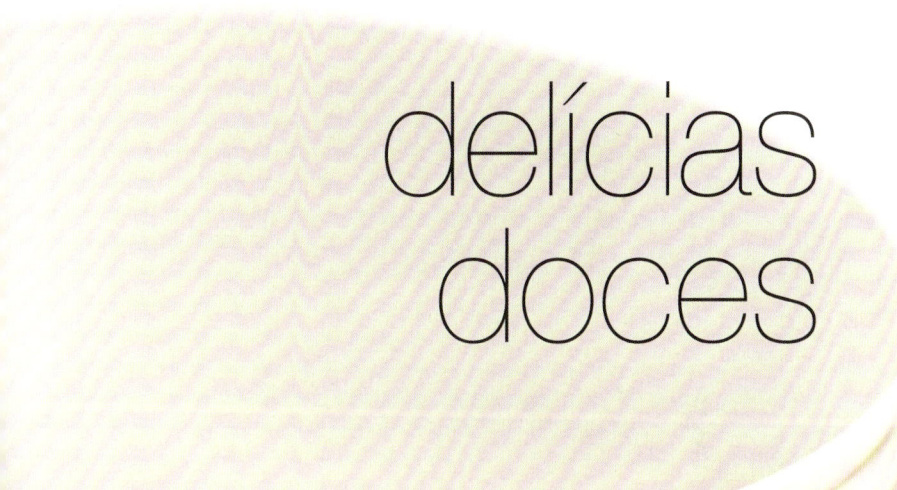

scone com chantili

10 unidades
Preparo: **10 minutos**
Cozimento: **10 minutos**

250 g de **farinha de trigo**
1 colher (chá) de **cremor tártaro**
½ colher (chá) de **bicarbonato de sódio**
uma pitada de **sal**
50 g de **manteiga** gelada cortada em cubos
25 g de **açúcar de confeiteiro**
cerca de 125 ml de **leite**, mais um pouco para pincelar
manteiga, **chantili** ou **geleia**, para servir

Peneire juntos em uma vasilha a farinha, o cremor tártaro, o bicarbonato e o sal. Acrescente a manteiga e incorpore com a ponta dos dedos, até formar uma farofa grossa. Junte o açúcar e adicione leite suficiente para criar uma massa leve.

Vire a massa obtida sobre uma superfície enfarinhada, sove com cuidado e abra com um rolo até obter a espessura de 2 cm. Com um cortador redondo, faça círculos de 5 cm de diâmetro. Coloque os discos em uma assadeira enfarinhada e pincele com o leite.

Asse os scones em forno preaquecido a 220°C por 10 minutos. Retire-os da assadeira e deixe esfriar sobre uma grade. Sirva com manteiga e geleia ou chantili e geleia.

Variação: scone de lavanda. Coloque 125 ml de leite em uma panela pequena e adicione 2-3 flores de lavanda. Deixe levantar fervura e tire a panela do fogo imediatamente, deixando esfriar. Use o leite para preparar os scones como descrito acima. Sirva-os quentes com coalhada e geleia de frutas vermelhas, como de mirtilo ou amora, para complementar o sabor.

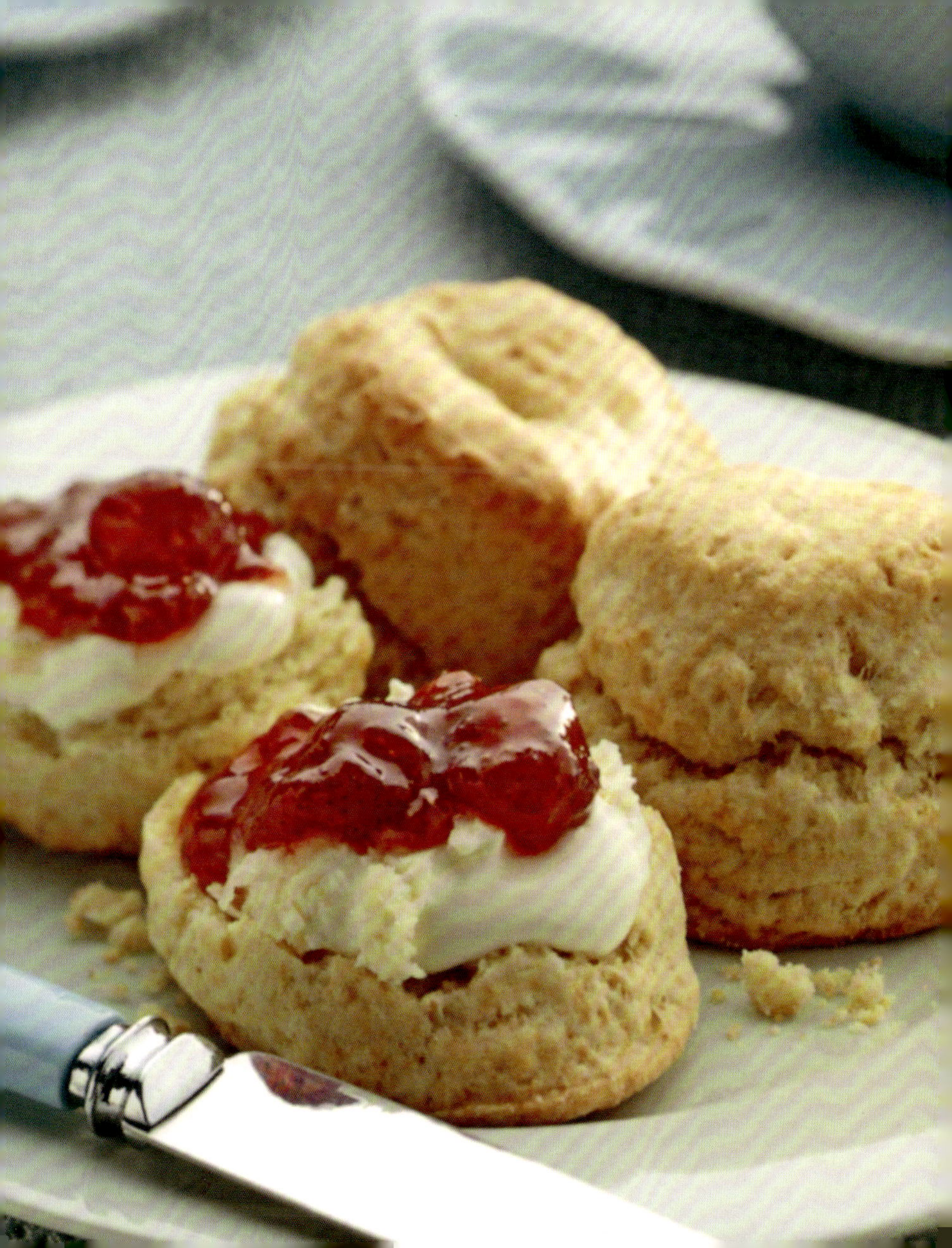

torta banoffee

6 porções
Preparo: **15 minutos**, mais o tempo para gelar
Cozimento: **10 minutos**

Base
250 g de **biscoito de maisena**
125 g de **manteiga**

Recheio
125 g de **manteiga**
125 g de **açúcar mascavo claro**
400 g de **leite condensado**
2 **bananas**
1 colher (sopa) de **suco de limão**
250 g de **creme de leite fresco**
25 g de **raspas de chocolate**

Triture os biscoitos dentro de um saco plástico, amassando com um rolo de macarrão.

Derreta a manteiga em uma panela e junte os biscoitos, misturando bem. Coloque a massa em uma fôrma redonda com 20 cm de diâmetro, apertando bem e criando uma camada homogênea. Leve à geladeira por 1 hora.

Coloque a manteiga e o açúcar em uma panela em fogo baixo. Quando a manteiga derreter, acrescente o leite condensado, misture bem e deixe levantar fervura em fogo baixo, cozinhando por 5 minutos e mexendo sem parar, até a mistura adquirir a coloração de caramelo. Despeje sobre a base de biscoito e manteiga e leve à geladeira por 1 hora para endurecer.

Fatie as bananas e regue-as com o suco de limão. Reserve ¼ das fatias para decorar e espalhe as restantes sobre o recheio.

Bata o creme de leite até formar picos e espalhe para completar a última camada. Decore com as fatias de banana reservadas e polvilhe as raspas de chocolate.

Variação: torta banoffee com chocolate extra.
Prepare a base utilizando 250 g de biscoito maisena de chocolate e 125 g de manteiga. Faça o recheio como indicado acima. Quando o creme de leite estiver levemente batido, derreta 50 g de chocolate meio amargo no micro-ondas e incorpore-o, utilizando uma colher de metal, de modo que fique marmorizado. Espalhe o creme sobre as bananas e decore com 25 g de raspas de chocolate.

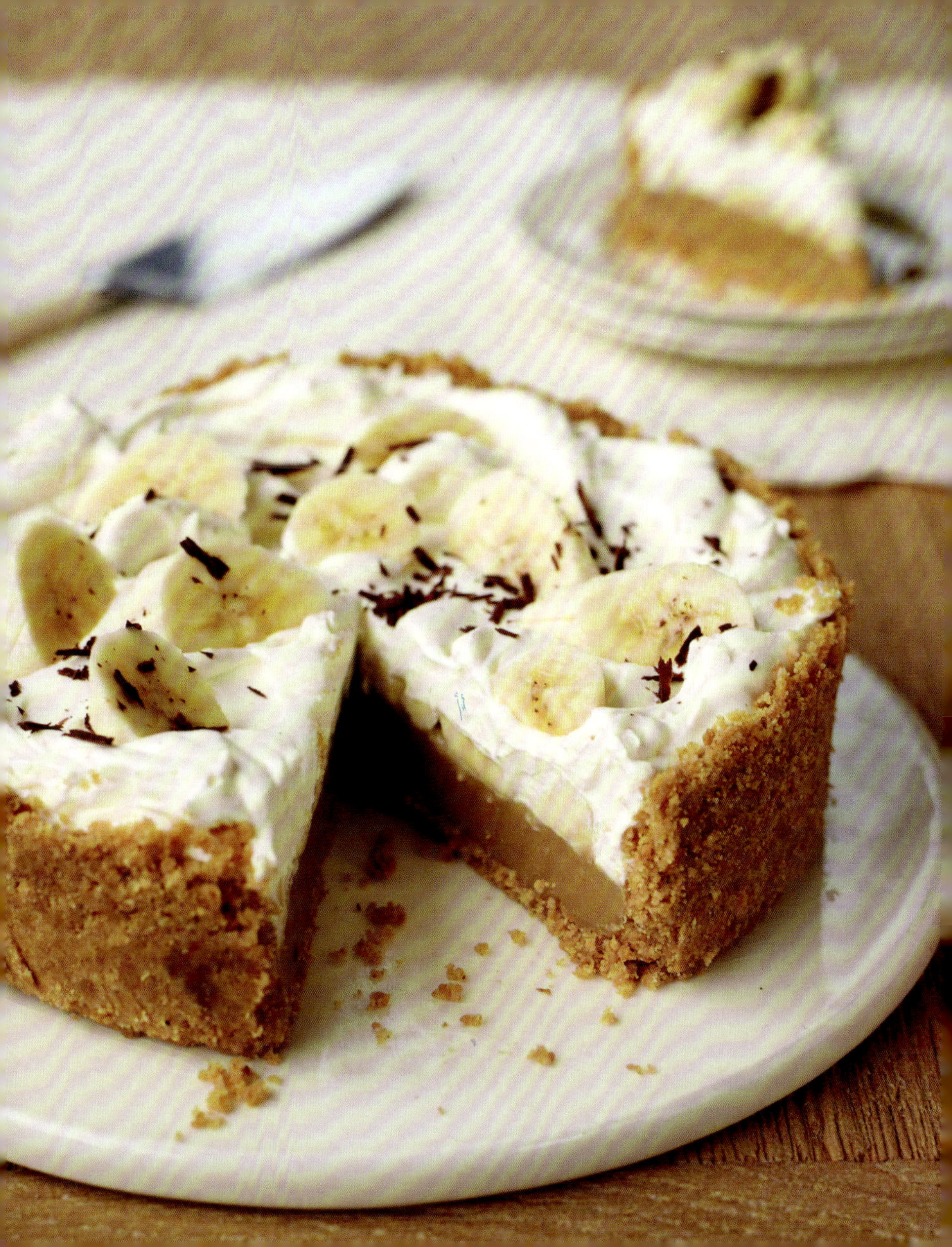

bolinho de frutas vermelhas

4 porções
Preparo: **10 minutos**
Cozimento: **25 minutos**

raspas finas e **suco** de 1 **laranja**
150 g de **frutas vermelhas** (groselha-vermelha e framboesa) congeladas ou frescas
100 g de **açúcar de confeiteiro**
2 colheres (sopa) de **geleia de framboesa**
100 g de **manteiga**
100 g de **farinha de trigo com fermento**
2 **ovos**
óleo, para untar
creme inglês*, para servir

* Creme inglês
Bata em uma tigela 3 gemas com 3 colheres (sopa) de açúcar e gotas de extrato de baunilha. Leve ao fogo 300 ml de leite apenas até ferver e acrescente-o aos poucos às gemas. Recoloque a mistura na panela. Aqueça em fogo baixo, mexendo sempre, até o creme engrossar (não deixe ferver). Polvilhe açúcar, para evitar que se forme uma película sobre o creme.

Coloque o suco de laranja, as frutas vermelhas e 1 colher (sopa) de açúcar em uma panela pequena. Cozinhe em fogo médio por 5 minutos, até as frutinhas ficarem macias. Com uma escumadeira, retire metade delas e distribua-as entre quatro forminhas de alumínio de 200 ml cada. Junte a geleia às frutinhas restantes e apure por 1 minuto. Reserve a calda obtida.

Coloque o açúcar restante, a manteiga, a farinha, os ovos e as raspas de laranja em uma vasilha ou na batedeira e bata até obter uma massa de pão de ló cremosa. Preencha as forminhas com essa mistura, às colheradas, nivelando a superfície. Cubra cada uma delas com papel-alumínio.

Asse os bolinhos em forno preaquecido a 180°C por 20 minutos ou em uma panela a vapor, para crescerem bem. Solte as bordas com o auxílio de uma faca e desenforme os bolinhos no centro de pratos de sobremesa. Regue com a calda de frutas vermelhas e sirva com colheradas de creme inglês.

Variação: bolinho superchocolate. Prepare a massa de pão de ló como descrito acima, descartando a compota de frutas vermelhas. Substitua as raspas de laranja por 15 g de cacau em pó. Coloque essa mistura em quatro forminhas de 200 ml e introduza em cada uma delas dois quadrados de chocolate amargo, cuidando para que fiquem completamente imersos. Asse como indicado acima e sirva com calda de chocolate branco.

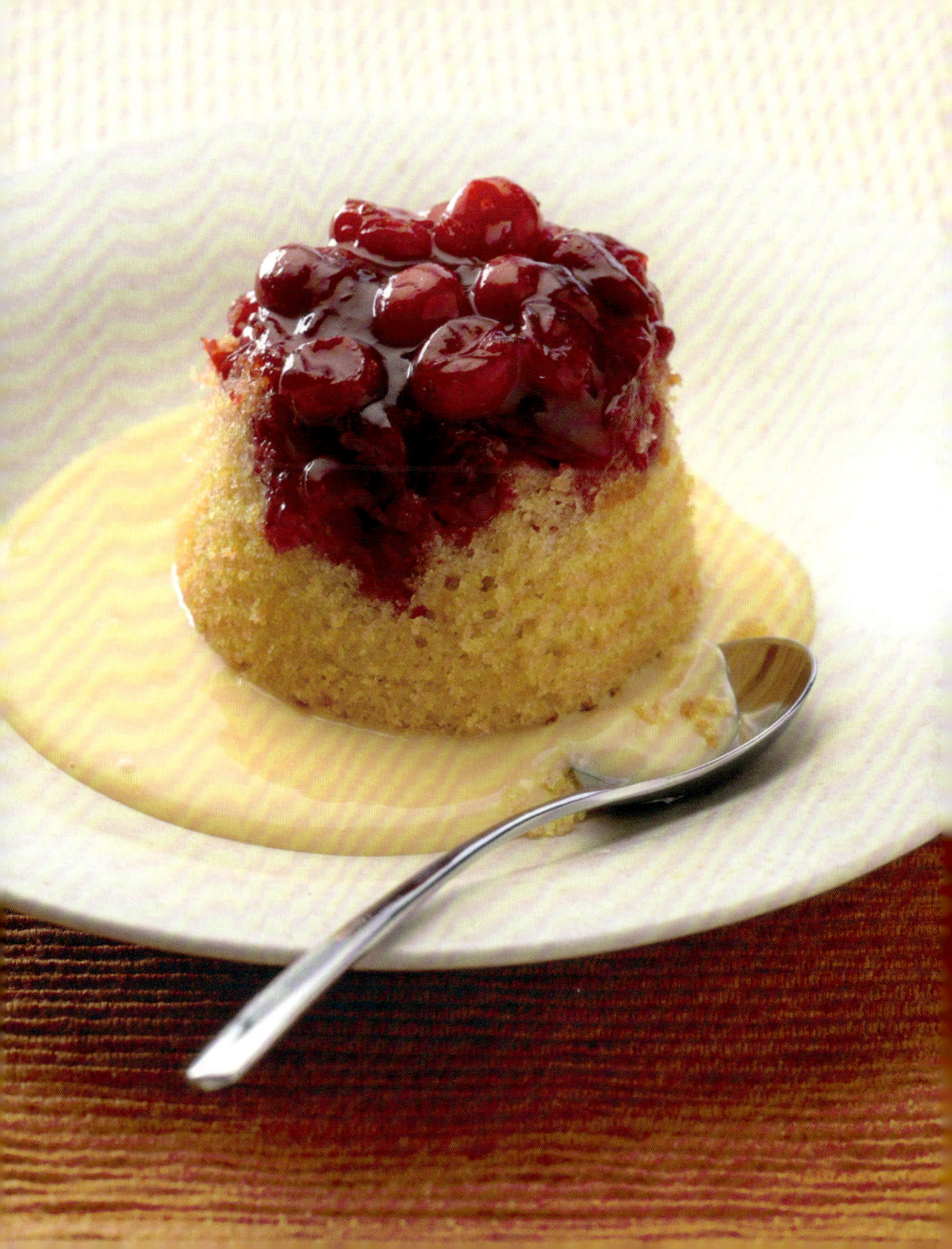

torta zebra

8 fatias
Preparo: **15 minutos**, mais o tempo de resfriamento e congelamento

300 g de **chocolate ao leite** quebrado em pedaços
2 colheres (sopa) de **leite**
125 g de **manteiga** derretida, mais um pouco para untar
125 g de **biscoito de maisena** levemente quebrado
2 pacotes de gotas de **chocolate branco**
2 pacotes de gotas de **chocolate ao leite**

Unte uma fôrma redonda de 18 cm de diâmetro. Derreta o chocolate com o leite em banho-maria, em fogo baixo, mexendo sempre. Junte a manteiga. Retire do fogo e deixe esfriar. Não espere muito, para que o creme não endureça.

Misture os pedaços de biscoito com as gotas de chocolate branco e de chocolate ao leite e acrescente a mistura ao chocolate derretido reservado. Despeje tudo na fôrma, alisando a superfície, e deixe na geladeira por pelo menos 3 horas, até firmar. Corte em fatias e sirva.

Variação: barrinha de chocolate com frutas. Derreta o chocolate com o leite em banho-maria, como descrito acima. Pique grosseiramente 50 g de cereja em calda e 50 g de damasco seco. Junte 125 g de uva-passa e uma porção pequena de minimarshmallow. Misture tudo com o chocolate derretido. Quebre os biscoitos em pedaços pequenos, mas não use as gotas de chocolate. Misture bem, despeje em uma fôrma quadrada de 20 cm de lado untada e deixe na geladeira por 1 hora. Retire a fôrma da geladeira, vire sobre uma tábua de corte. Faça quadrados pequenos para servir com café ou pedaços maiores para a hora do lanche.

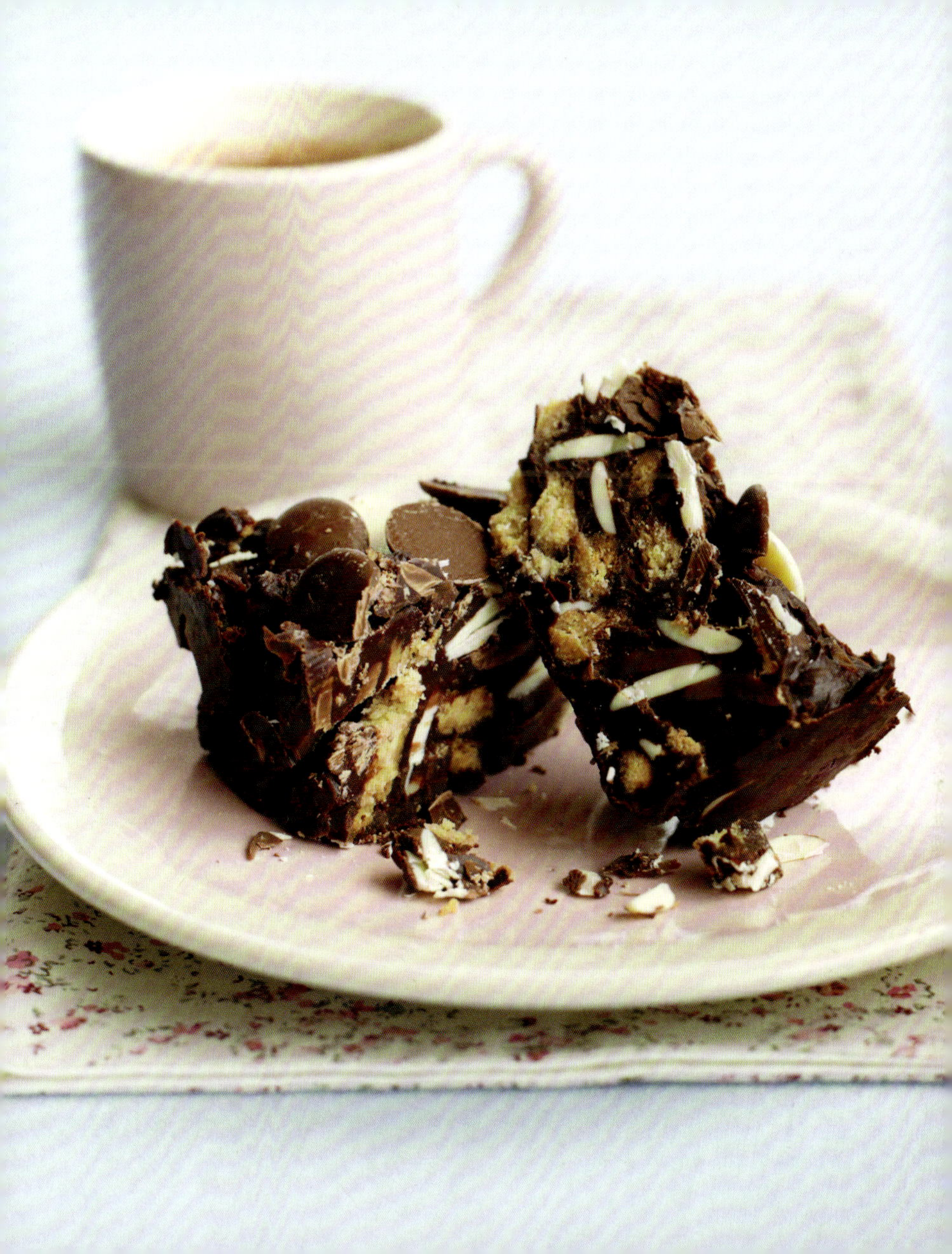

damasco com mascarpone

4 porções
Preparo: **5 minutos**
Cozimento: **3 minutos**

1 colher (sopa) de **gengibre** ralado
250 g de **mascarpone** ou iogurte grego
2 colheres (sopa) de **suco de limão**
50 g de **manteiga** sem sal
25 g de **açúcar mascavo** claro
400 g de **damasco** fresco cortado ao meio
3 colheres (sopa) de **licor amaretto** ou **conhaque**

Misture o gengibre ralado com o mascarpone e o suco de limão.

Derreta a manteiga em uma frigideira e acrescente o açúcar. Cozinhe por 1 minuto, até o açúcar dissolver. Acrescente os damascos e salteie rapidamente em fogo alto até ficarem dourados, mas ainda firmes. Adicione o licor ou conhaque.

Coloque colheradas do mascarpone nos pratos, disponha as frutas, regue com a calda da frigideira e sirva morno.

Variação: banana frita com creme de baunilha.
Bata 250 g de mascarpone com ½ colher (chá) de extrato de baunilha e 2 colheres (sopa) de leite até obter um creme liso. Coloque numa travessa de servir. Derreta 50 g de manteiga em uma frigideira e adicione 25 g de açúcar de confeiteiro. Corte 4 bananas ao meio no sentido do comprimento e frite-as na manteiga como descrito acima, adicionando 3 colheres (sopa) de conhaque, se desejar.

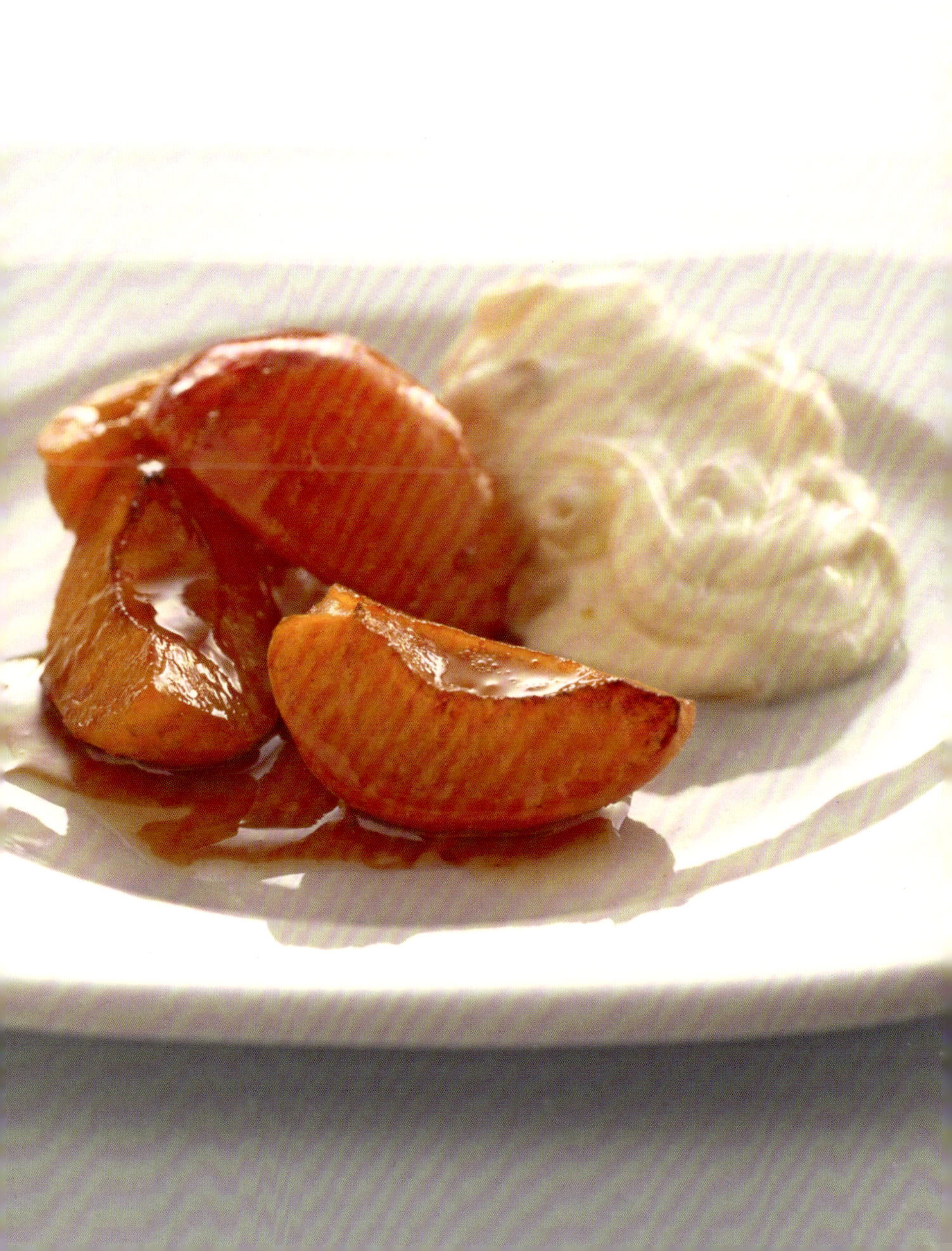

tiramisù rápido

4-6 porções
Preparo: **15 minutos**, mais o tempo para gelar

5 colheres (sopa) de **café** bem forte
75 g de **açúcar mascavo**
4 colheres (sopa) de **licor de café** ou 3 colheres (sopa) de **conhaque**
75 g de **biscoito champanhe** quebrado em pedaços grandes
400 g de **creme inglês** (p. 208)
250 g de **mascarpone** ou **cream chesse**
1 colher (chá) de **extrato de baunilha**
75 g de lascas finas de **chocolate**
cacau em pó, para polvilhar

Misture o café com 2 colheres (sopa) do açúcar e o licor em uma vasilha média. Mergulhe os pedaços de biscoito nessa mistura e disponha-os na travessa de servir para montar a primeira camada, regando com o líquido que sobrar.

Bata o creme inglês já pronto, o mascarpone e a baunilha e distribua ⅓ dessa mistura sobre a camada de biscoitos. Polvilhe o açúcar restante e faça mais uma camada de creme. Salpique metade do chocolate, espalhe o creme restante e repita a camada de chocolate.

Deixa na geladeira por 1 hora para firmar. Sirva polvilhado de cacau em pó.

Variação: tiramisù de framboesa. Coloque 125 g de framboesa em uma panela com 1 colher (sopa) de açúcar de confeiteiro e 2 colheres (sopa) de água. Deixe levantar fervura, retire a panela do fogo e amasse as frutas com as costas de uma colher. Coloque tudo na peneira e esprema bem para fazer um coulis de framboesa. Prepare os outros ingredientes como descrito acima, descartando o licor de café e utilizando o coulis para regar os biscoitos antes de montar as camadas de creme e chocolate. Disponha uma camada de framboesas frescas para finalizar e polvilhe cacau em pó.

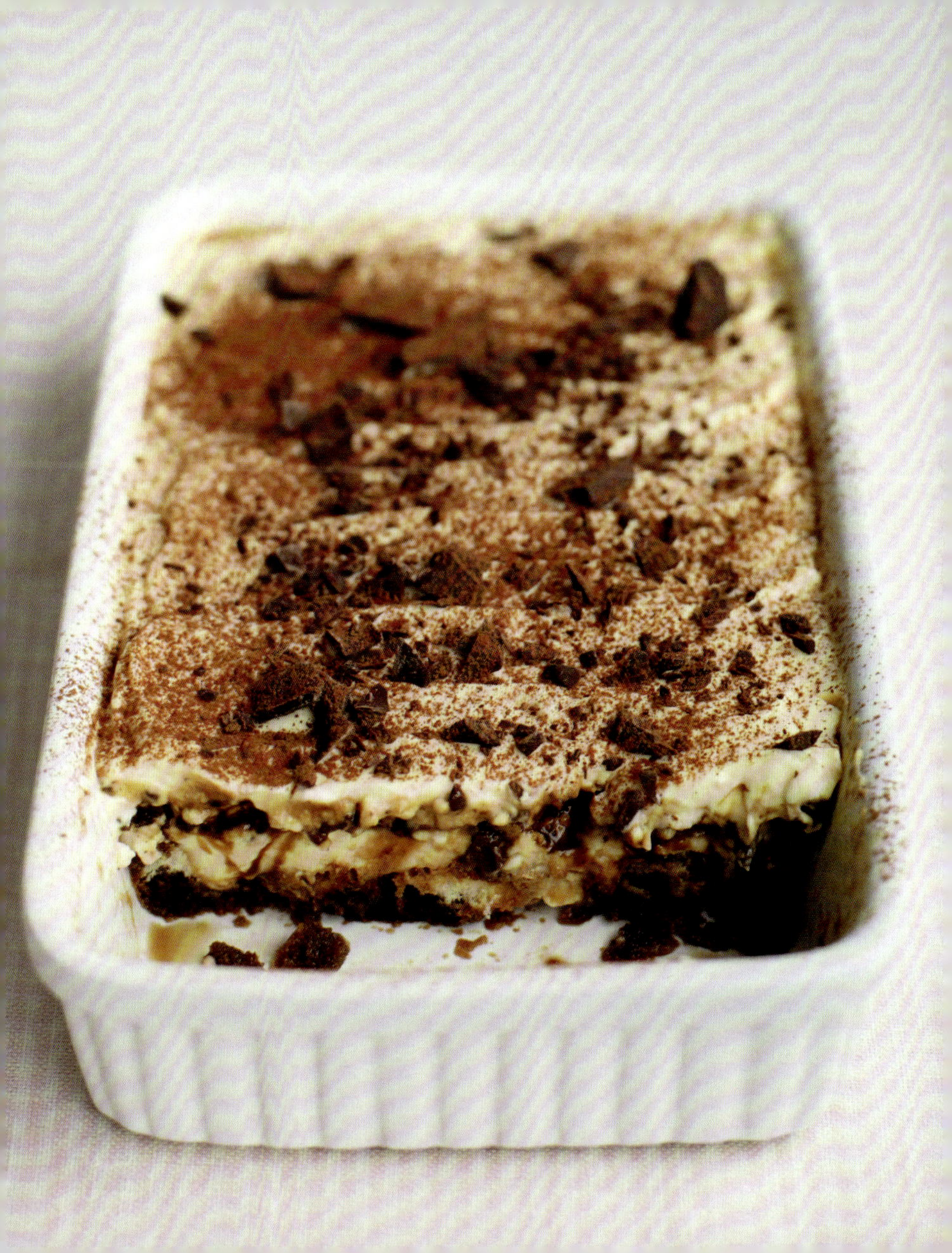

panquequinha de limão e caramelo

2 porções
Preparo: **6 minutos**
Cozimento: **1-2 minutos**

125 ml de **creme de leite fresco** firme, mais um pouco para servir
40 g de **crocante de caramelo** quebrado
1 colher (chá) de raspas finas de **limão**
50 g de **casca de limão cristalizada** picada finamente (opcional)
80 ml de **creme inglês** (p. 208)
suco de **1 limão**
6 **panquequinhas doces** pequenas
mirtilos, para servir

Misture o creme de leite, o crocante de caramelo, as raspas de limão, a casca de limão cristalizada, caso esteja usando, e o creme inglês com o suco de limão. Coloque ¼ do creme obtido sobre uma panqueca, cubra com uma segunda panqueca, coloque mais ¼ do creme sobre ela e finalize com uma terceira. Repita o processo com as outras três panquecas e o creme restante.

Coloque as pilhas de panquecas para tostar em um forno elétrico bem quente, até o creme das bordas começar a borbulhar. Sirva imediatamente com os mirtilos.

Variação: panqueca de mel e mirtilo. Misture 200 ml de creme de leite fresco com 1 colher (chá) de raspas de limão. Prepare as panquecas como indicado acima. Passe o creme de limão sobre uma panqueca, espalhe alguns mirtilos sobre o creme e regue com um pouco de mel. Faça mais uma série de camadas e finalize com uma panqueca. Regue com um pouco de mel e sirva.

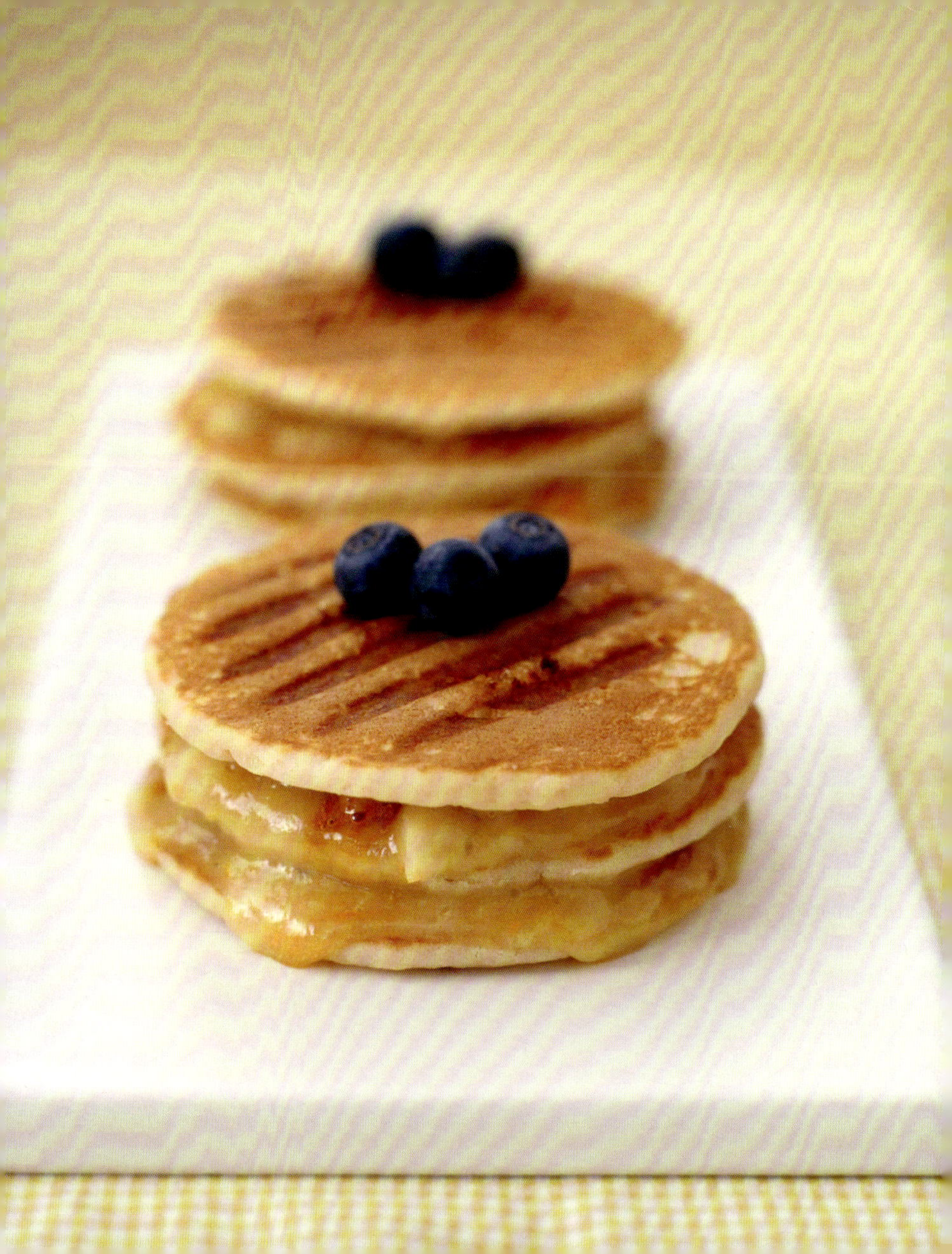

crumble rápido de maçã

4 porções
Preparo: **7 minutos**
Cozimento: **13 minutos**

1 kg de **maçã verde** descascada e fatiada finamente
25 g de **manteiga**
2 colheres (sopa) de **açúcar de confeiteiro**
1 colher (sopa) de suco de **limão**
2 colheres (sopa) de **água**
chantili ou **sorvete**, para servir

Crumble
50 g de **manteiga**
75 g de migalhas frescas de **pão integral**
25 g de **semente de abóbora**
2 colheres (sopa) de **açúcar demerara**

Coloque as maçãs em uma panela com a manteiga, o açúcar, o suco de limão e a água. Tampe e cozinhe em fogo baixo por 8-10 minutos, até ficarem macias.

Derreta a manteiga do crumble em uma frigideira, acrescente as migalhas de pão, frite até dourar e acrescente as sementes de abóbora, salteando por mais 1 minuto. Tire a frigideira do fogo e acrescente o açúcar.

Coloque a compota de maçã em cumbucas, polvilhe o crumble e sirva com chantili ou sorvete.

Variação: crumble rápido de pera e chocolate.
Cozinhe 1 kg de pera em manteiga, açúcar e água, como descrito acima, acrescentando ½ colher (chá) de gengibre em pó. Prepare o crumble como indicado, substituindo as sementes de abóbora por 50 g de chocolate meio amargo picado. Faça a montagem como descrito acima.

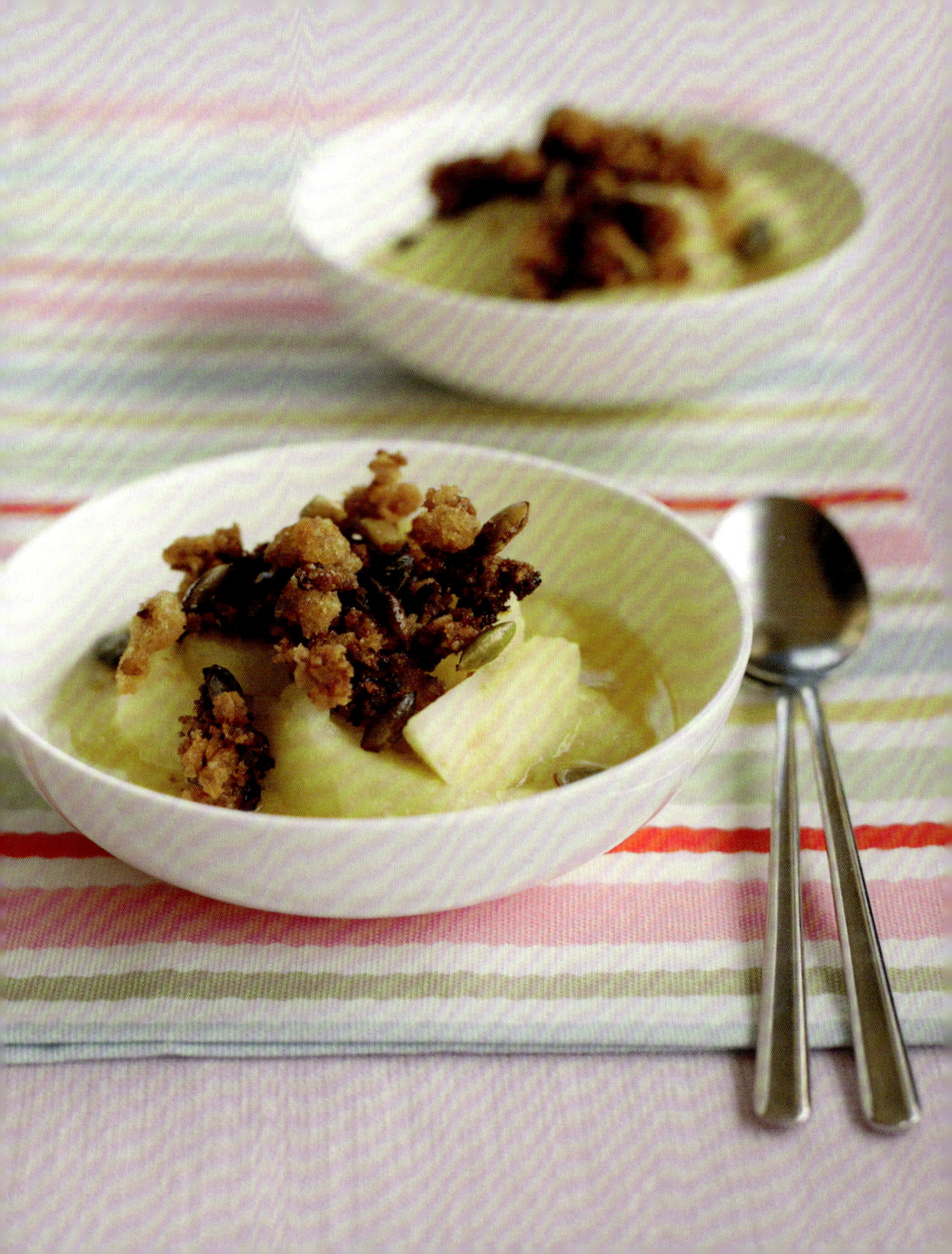

mil-folhas de chocolate

4 porções
Preparo: **10 minutos**
Cozimento: **10 minutos**

600 g de **chocolate amargo** derretido
200 g de **chocolate ao leite** derretido
250 g de **mascarpone** ou **cream cheese**
100 g de **framboesa**
nozes finamente picadas, para decorar

Pincele uma camada de chocolate amargo derretido sobre uma folha de papel-manteiga. Regue com chocolate ao leite derretido e misture os dois, fazendo desenhos com uma espátula. Deixe endurecer, mas sem ficar quebradiço.

Corte em quadrados de 7 cm de lado e deixe esfriar bem antes de descolar o chocolate do papel.

Faça camadas com os quadrados de chocolate, recheando com mascarpone e framboesas. Decore com as nozes picadas.

Variação: mil-folhas de framboesa. Use 800 g de chocolate branco para fazer os quadrados como indicado acima. Recheie as camadas com chantili e framboesas. Prepare um coulis misturando no fogo, em uma panela pequena, 125 g de framboesa com 1 colher (chá) de açúcar de confeiteiro. Coloque as frutas na peneira e comprima com uma colher até retirar todo o líquido. Regue o mil-folhas com o coulis antes de servir.

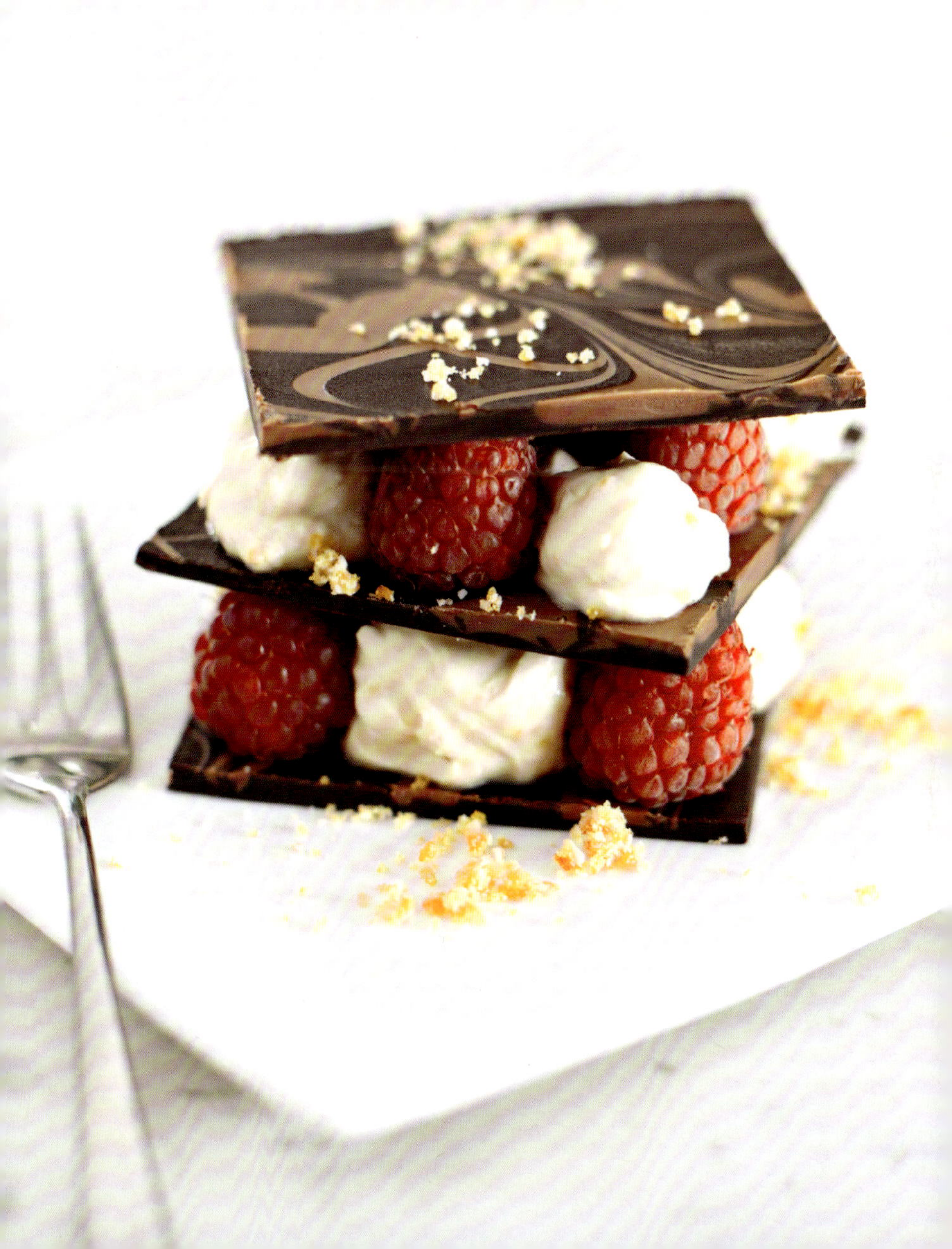

bolo Vitória

8 porções
Preparo: **15 minutos**
Cozimento: **20-25 minutos**

175 g de **manteiga** em temperatura ambiente, mais um pouco para untar
175 g de **açúcar de confeiteiro**
3 **ovos**
1 colher (chá) de **extrato de baunilha**
175 g de **farinha de trigo com fermento**
1 colher (chá) de **fermento químico**
3 colheres (sopa) de **geleia de morango**
açúcar de confeiteiro, para decorar

Bata a manteiga e o açúcar na batedeira até obter um creme liso. Acrescente os ovos e o extrato de baunilha aos poucos, batendo sempre, e junte 1 colher de farinha cada vez que adicionar um ovo, para não formar grumos. Peneire a farinha restante com o fermento em outra vasilha e incorpore cuidadosamente à mistura cremosa.

Divida a massa obtida entre duas fôrmas de 18 cm de diâmetro untadas e forradas com um círculo de papel-manteiga. Alise a superfície da massa com uma espátula e leve ao forno preaquecido a 180°C por 20 minutos. Deixe esfriar por 5 minutos, solte as bordas com uma faca, desenforme sobre uma grade, retire a folha de papel-manteiga e deixe esfriar.

Coloque um dos discos de bolo com a parte de cima para baixo em uma travessa de servir, espalhe sobre ele a geleia de morango e cubra com o outro disco. Polvilhe o açúcar de confeiteiro peneirado e corte em fatias para servir.

Variação: bolo de café e nozes. Dissolva 3 colheres (café) de café solúvel em 2 colheres (sopa) de água fervente. Acrescente à massa de bolo e asse como descrito acima. Faça um creme amanteigado de café batendo 250 g de açúcar de confeiteiro, 125 g de manteiga sem sal derretida e 1 colher (chá) de café solúvel dissolvido em 1 colher (chá) de água fervente, até agregarem bem. Quando os discos de bolo estiverem frios, espalhe o creme de manteiga entre as camadas e distribua sobre ele 50 g de nozes picadas. Polvilhe açúcar de confeiteiro antes de servir.

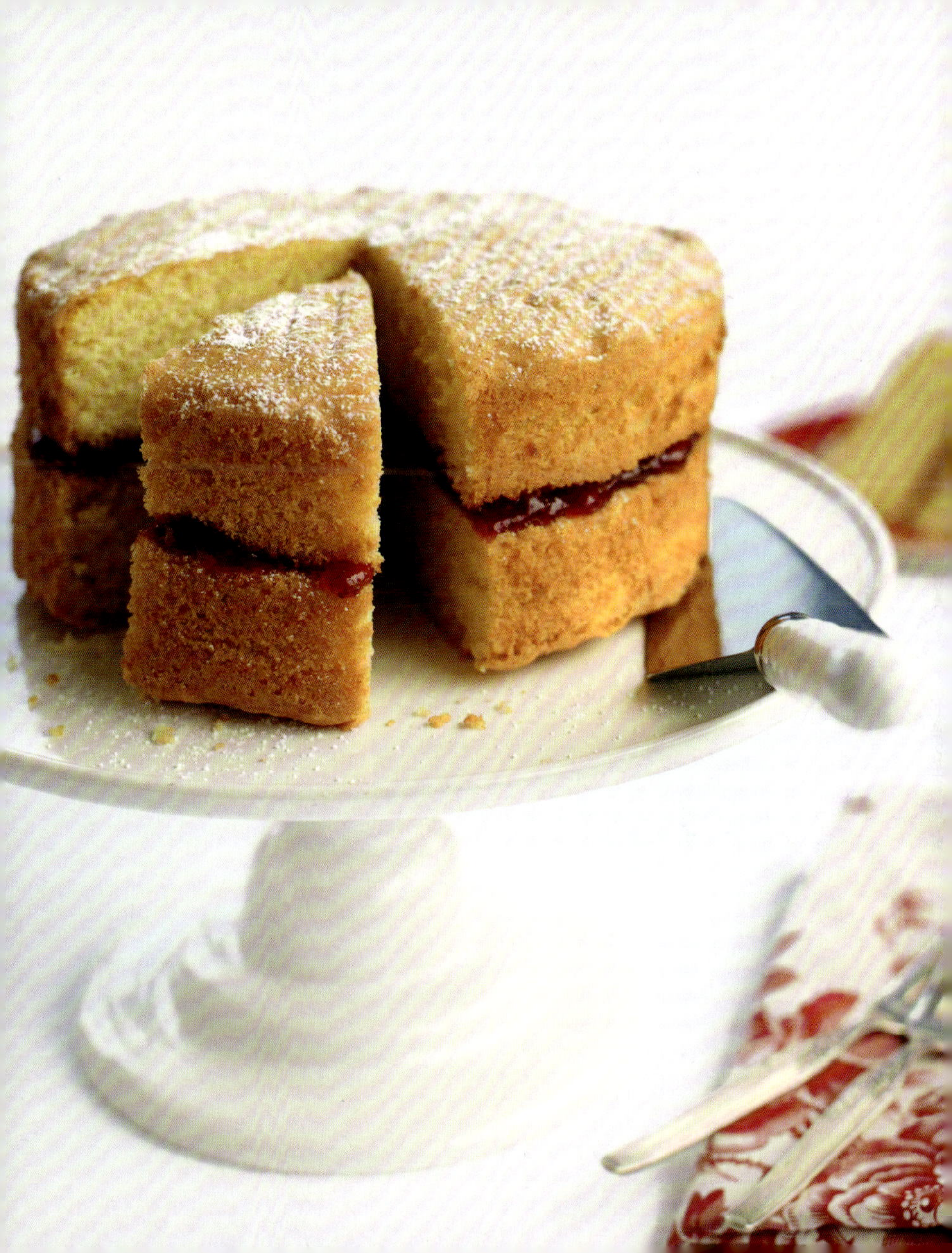

pera com farofa de chocolate

4 porções
Preparo: **5 minutos**
Cozimento: **8 minutos**

50 g de **açúcar mascavo claro**
150 ml de **água**
25 g de **uva-passa**
½ colher (chá) de **canela em pó**
4 **peras** maduras descascadas, sem miolo e cortadas ao meio
40 g de **manteiga** sem sal
50 g de **aveia em flocos**
25 g de **avelã** picada grosseiramente
50 g de **chocolate meio amargo** ou **ao leite** picado
chantili ou **iogurte grego**, para servir (opcional)

Coloque metade do açúcar em uma frigideira com a água, as passas e a canela. Deixe levantar fervura, junte as peras e cozinhe em fogo baixo, até ficarem macias.

Derreta a manteiga em uma panela separada. Acrescente a aveia e refogue em fogo baixo por 2 minutos. Adicione o açúcar restante e mantenha em fogo baixo, até dourar.

Disponha as metades de pera nos pratos de servir. Junte as avelãs e o chocolate à mistura de aveia. Quando o chocolate começar a derreter, espalhe sobre as peras. Sirva com chantili ou iogurte grego.

Variação: doce de laranja com farofa de chocolate.
Com o auxílio de uma faca de serra, corte as extremidades de 4 laranjas. Fatie-as finamente. Aqueça 25 g de manteiga em uma frigideira, coloque metade do açúcar e frite as rodelas de laranja. Prepare a farofa como indicado acima. Sirva as laranjas fritas mornas com a farofa de chocolate espalhada sobre elas.

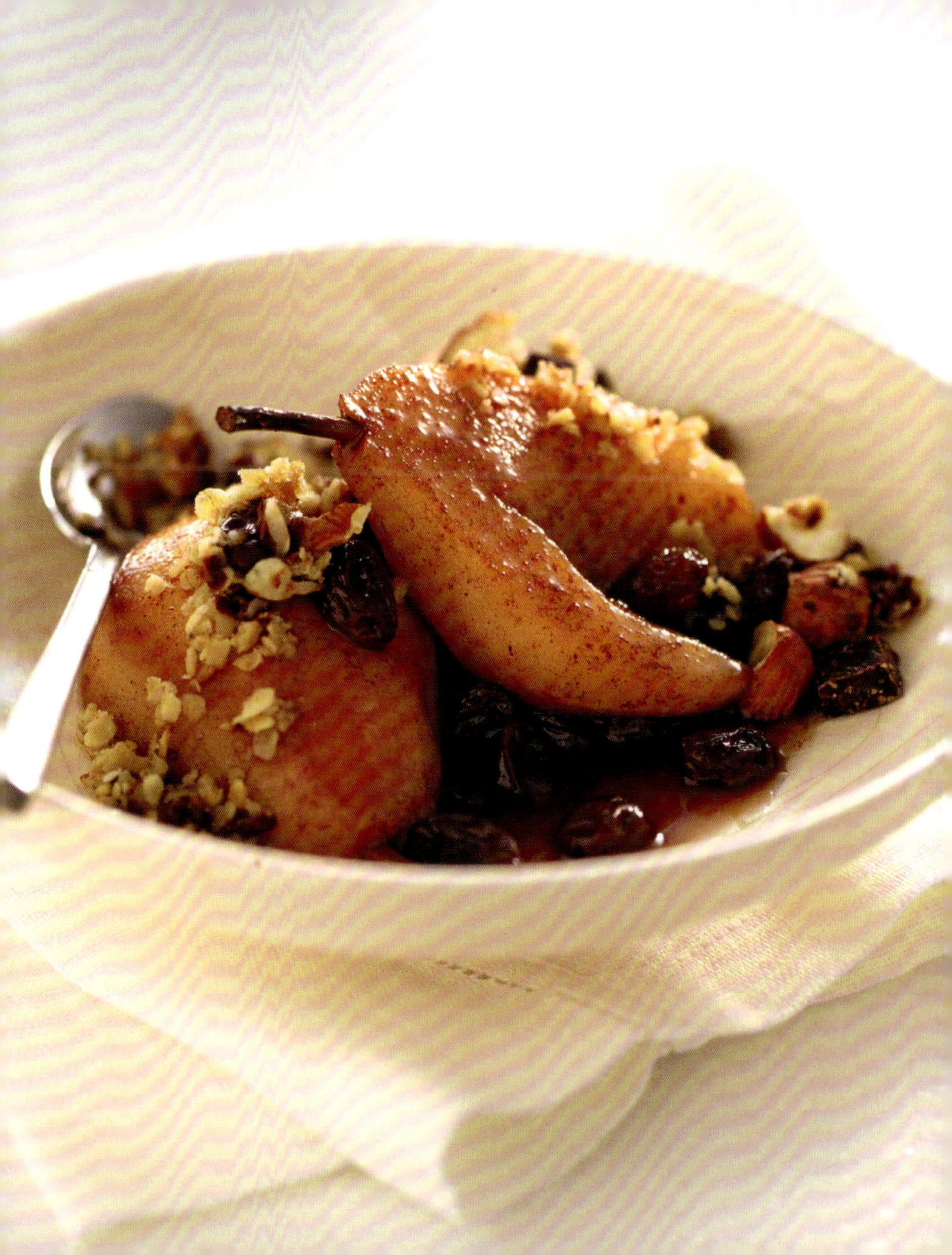

cookie com gotas de chocolate

25 unidades
Preparo: **10 minutos**
Cozimento: **15-20 minutos**

125 g de **manteiga** derretida, mais um pouco para untar
50 g de **açúcar mascavo claro**
1 **ovo** batido
150 g de **farinha com fermento**
125 g de **chocolate ao leite** picado

Unte uma assadeira.

Bata a manteiga e o açúcar na batedeira até obter um creme aerado e claro. Junte o ovo, batendo sempre, e peneire a farinha na vasilha da batedeira. Acrescente o chocolate picado e misture tudo.

Coloque 25 colheradas da massa, distantes umas das outras, na assadeira e leve ao forno preaquecido a 180°C por 15-20 minutos, até dourar.

Retire do forno e deixe os cookies na assadeira por 1 minuto antes de colocá-los sobre uma grade para esfriar.

Variação: cookie de aveia e uva-passa. Misture a manteiga e o açúcar como indicado acima. Acrescente o ovo, 100 g de farinha com fermento e 25 g de aveia em flocos. Adicione 1 colher (chá) de especiarias de sua preferência à farinha. Não coloque as gotas de chocolate, acrescente 125 g de uva-passa. Modele e asse como descrito acima e sirva morno.

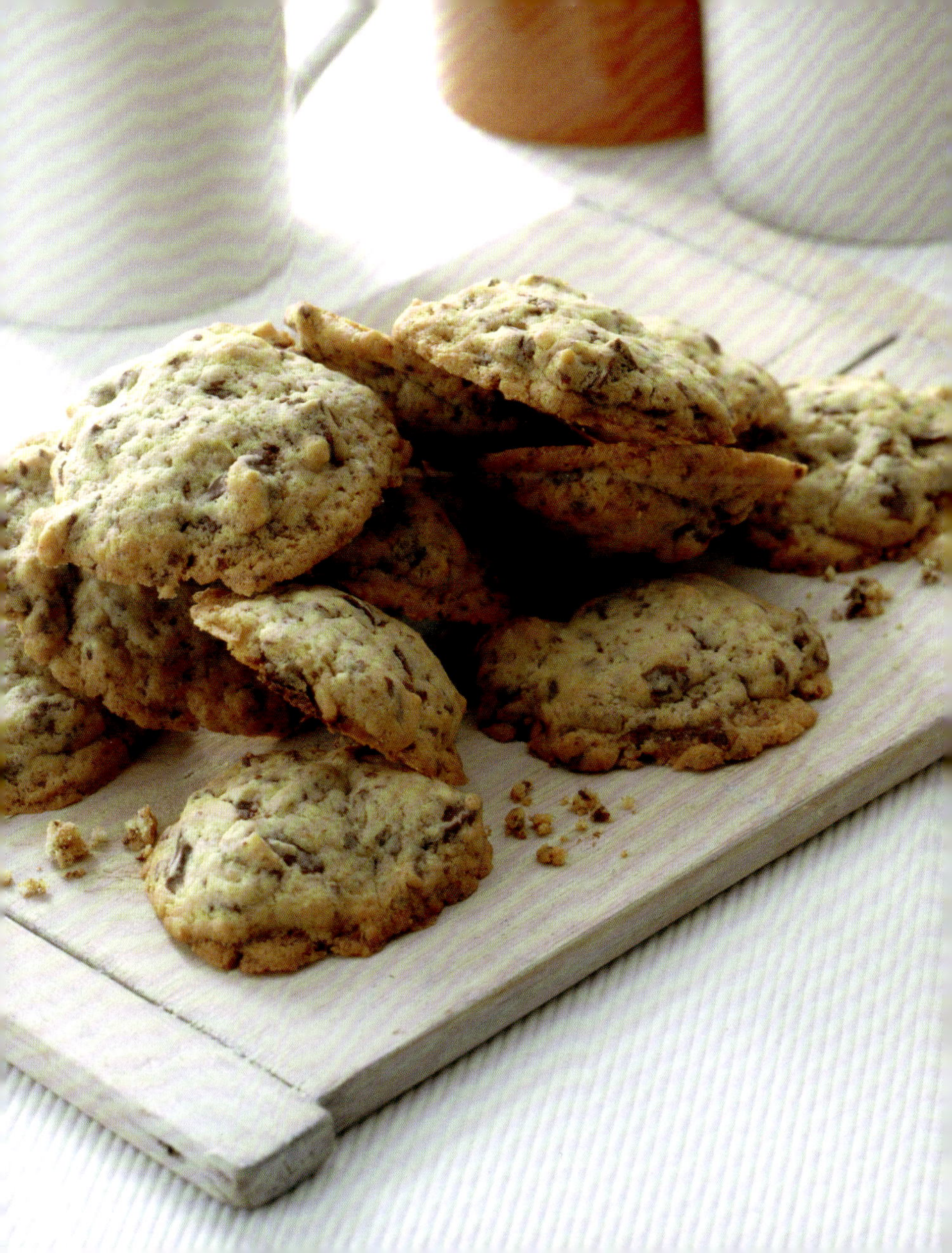

biscoito rápido de avelã

20 unidades
Preparo: **10 minutos**
Cozimento: **15 minutos**

50 g de **avelã** branqueada em água fervente
125 g de **manteiga** derretida, mais um pouco para untar
50 g de **açúcar de confeiteiro**
150 g de **farinha de trigo**

Bata as avelãs no processador até obter uma farofa, mas mantendo a textura crocante. Toste essa farofa em uma frigideira seca em fogo baixo até dourar. Coloque em uma vasilha e deixe esfriar.

Bata a manteiga e o açúcar no processador, até formar um creme. Acrescente a farinha de trigo e as avelãs já frias e bata até obter uma massa lisa.

Modele porções de massa do tamanho de uma noz, enrole-as e depois achate, formando biscoitos ovais. Coloque-os em uma assadeira untada e asse em forno preaquecido a 190°C por 12 minutos, até dourarem. Deixe esfriar em uma grade.

Variação: biscoito recheado de chocolate e avelã. Prepare vinte pequenos biscoitos, como descrito acima, e deixe esfriar. Faça sanduíches com os biscoitos de dois em dois, recheando com chocolate derretido e avelãs. Sirva polvilhado de cacau em pó.

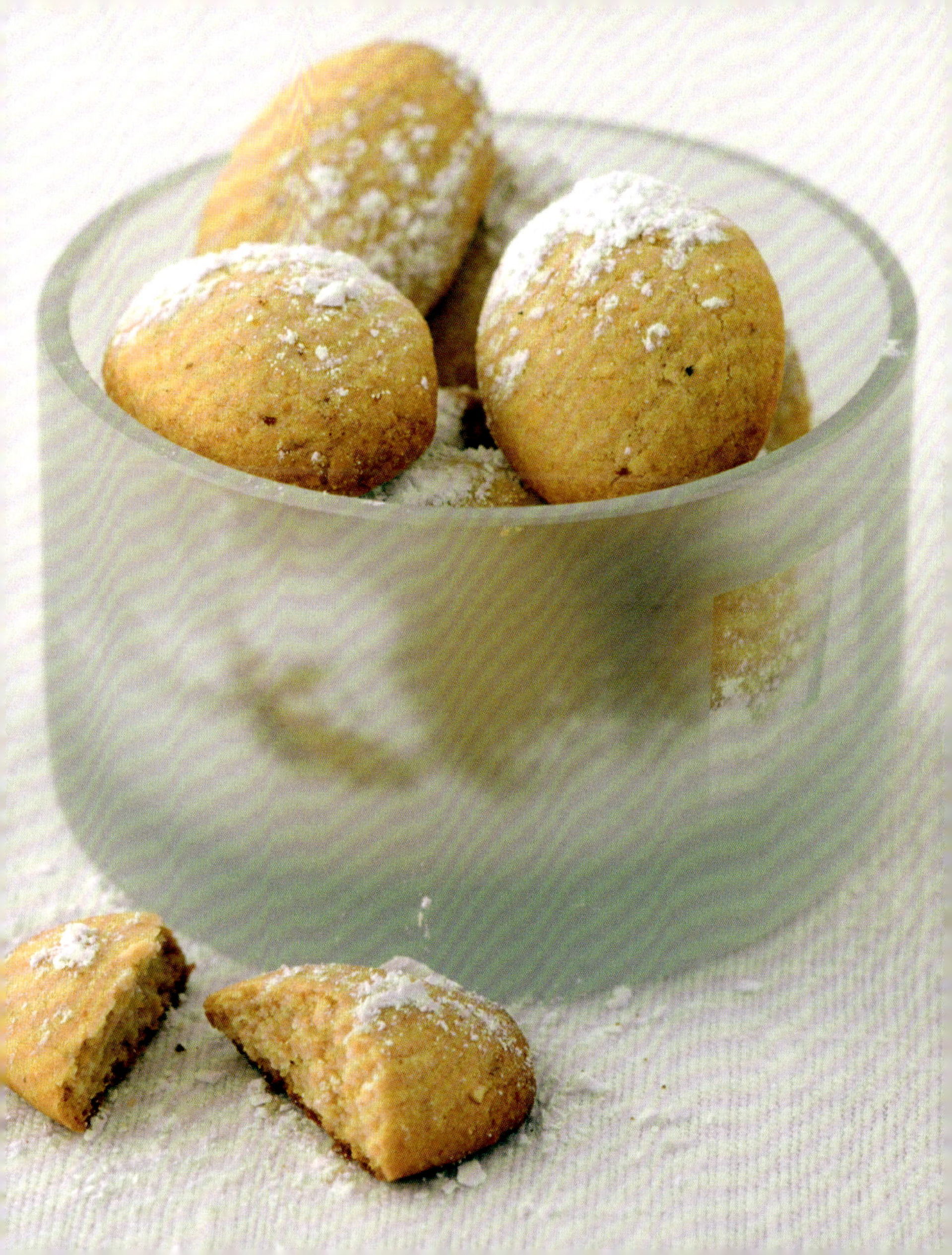

sanduíche de abacaxi

2 porções
Preparo: **4 minutos**
Cozimento: **2-3 minutos**

4 fatias de **abacaxi** em calda escorridas
4 fatias de **panetone**
15 g de **minimarshmallow**
40 g de **macadâmia** triturada
2 colheres (sopa) de **açúcar baunilhado**
açúcar de confeiteiro, para decorar

* Se não encontrar pronto, deixe favas de baunilha no açucareiro. Aos poucos, o conteúdo do pote absorve o sabor e o aroma da baunilha.

Seque bem as fatias de abacaxi com papel-toalha e coloque-as sobre duas fatias de panetone. Espalhe os minimarshmallows e as macadâmias e polvilhe o açúcar baunilhado. Feche os sanduíches com as outras duas fatias.

Coloque para tostar em uma sanduicheira por 2-3 minutos, até o panetone dourar e o marshmallow começar a derreter. Corte cada sanduíche em pequenos retângulos e polvilhe açúcar de confeiteiro.

Variação: sanduíche de damasco e gengibre.
Doure levemente, de um lado só, quatro fatias de brioche. Pique 400 g de damasco fresco e arrume sobre o lado não tostado de duas fatias de brioche. Coloque-as em uma assadeira. Espalhe 40 g de macadâmia e gengibre picado finamente. Polvilhe açúcar e cubra com as outras duas fatias de brioche com o lado não tostado para cima. Leve ao forno elétrico por 2-3 minutos. Sirva como descrito acima.

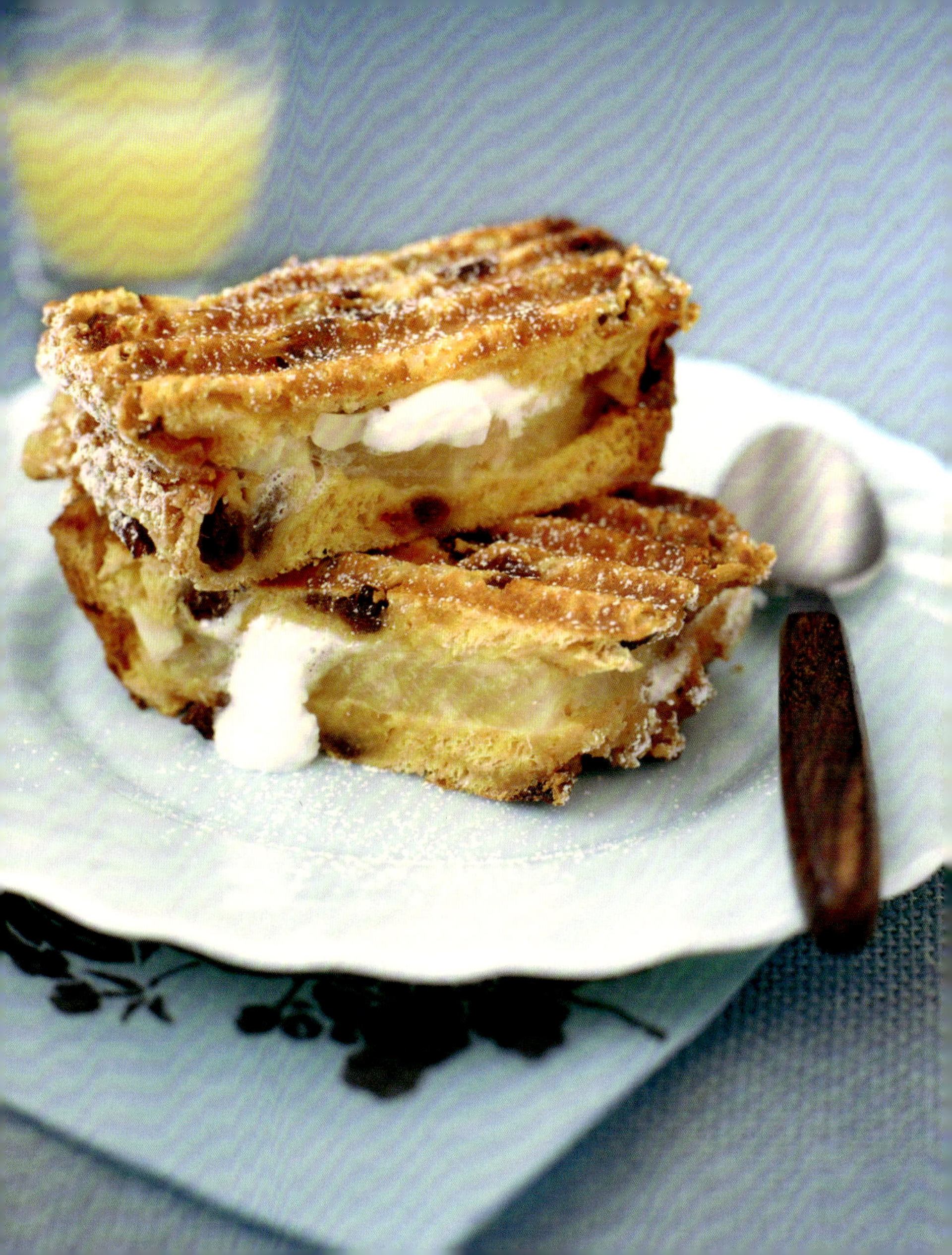

delícia cremosa de chocolate

4-6 porções
Preparo: **15 minutos**
Cozimento: **15 minutos**

75 g de **manteiga** sem sal em temperatura ambiente
75 g de **açúcar demerara**
3 **ovos**
65 g de **farinha de trigo**
3 colheres (sopa) de **cacau em pó**
½ colher (chá) de **fermento químico** em pó
açúcar de confeiteiro, para decorar
sorvete ou **chantili**, para servir

Calda
2 colheres (sopa) de **cacau em pó**
50 g de **açúcar demerara**
250 ml de **água** fervente

Unte um refratário redondo com um pouco da manteiga. Coloque a manteiga, o açúcar e os ovos em uma vasilha grande e peneire a farinha, o cacau em pó e o fermento. Bata os ingredientes até obter uma massa cremosa. Despeje no refratário e alise a superfície com uma espátula.

Coloque o cacau e o açúcar em uma vasilha pequena e misture com um pouco da água fervente para obter uma pasta lisa. Adicione o restante da água aos poucos e despeje a calda devagar sobre a massa do bolo.

Asse em forno preaquecido a 180°C por 15 minutos, ou até a calda penetrar na massa e o bolo crescer.

Peneire um pouco de açúcar de confeiteiro sobre o doce e sirva com sorvete de baunilha ou colheradas de chantili.

Acompanhamento: creme de laranja. Prepare a mistura como indicado acima e divida entre quatro ramequins untados. Asse como descrito acima por 10-12 minutos, ou até os bolinhos crescerem bem. Misture iogurte grego com raspas finas de uma laranja. Sirva os bolinhos mornos com uma colherada do creme preparado.

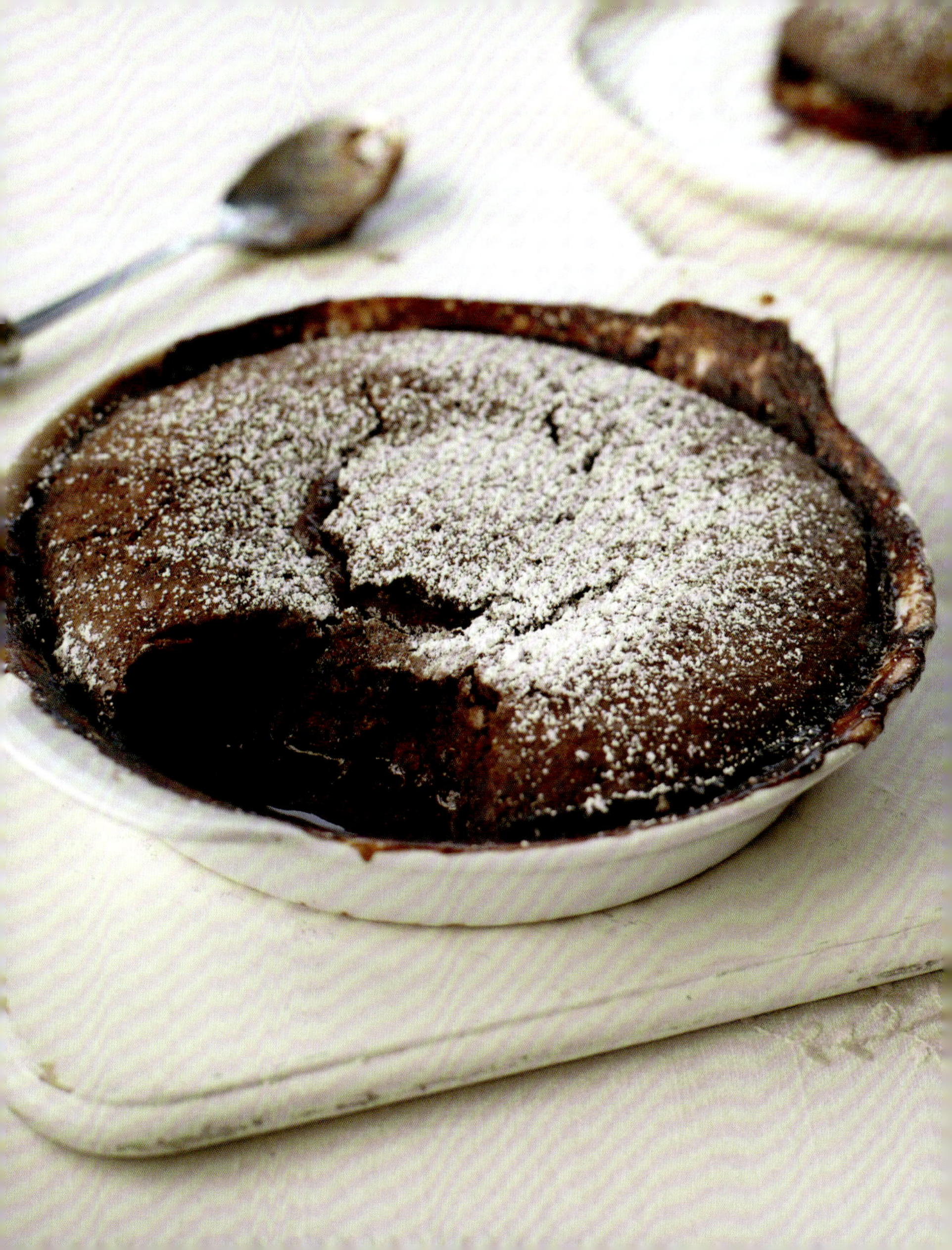

zabaione

4-6 porções
Preparo: **5 minutos**
Cozimento: **5 minutos**

4 **gemas**
4 colheres (sopa) de **açúcar de confeiteiro**
100 ml de **vinho marsala**
100 ml de **vinho doce para sobremesa**
2 colheres (sopa) de **água**
biscoitos cantuccini, para servir

Leve todos os ingredientes, menos os biscoitoss, ao fogo em banho-maria, mexendo sempre.

Bata a mistura com um batedor de arame por cerca de 5 minutos, até ficar bem encorpada e lisa. O batedor deve deixar um fio quando levantado da vasilha.

Retire a vasilha do fogo e bata por mais 2 minutos. Coloque o zabaione em taças e sirva imediatamente (o creme perderá a textura aerada se demorar a ser servido), com os biscoitos cantuccini.

Variação: sabayon. A versão francesa dessa clássica sobremesa italiana utiliza ovos inteiros, não apenas as gemas, e qualquer vinho doce para sobremesa em lugar do marsala. Sirva com biscoitos amanteigados.

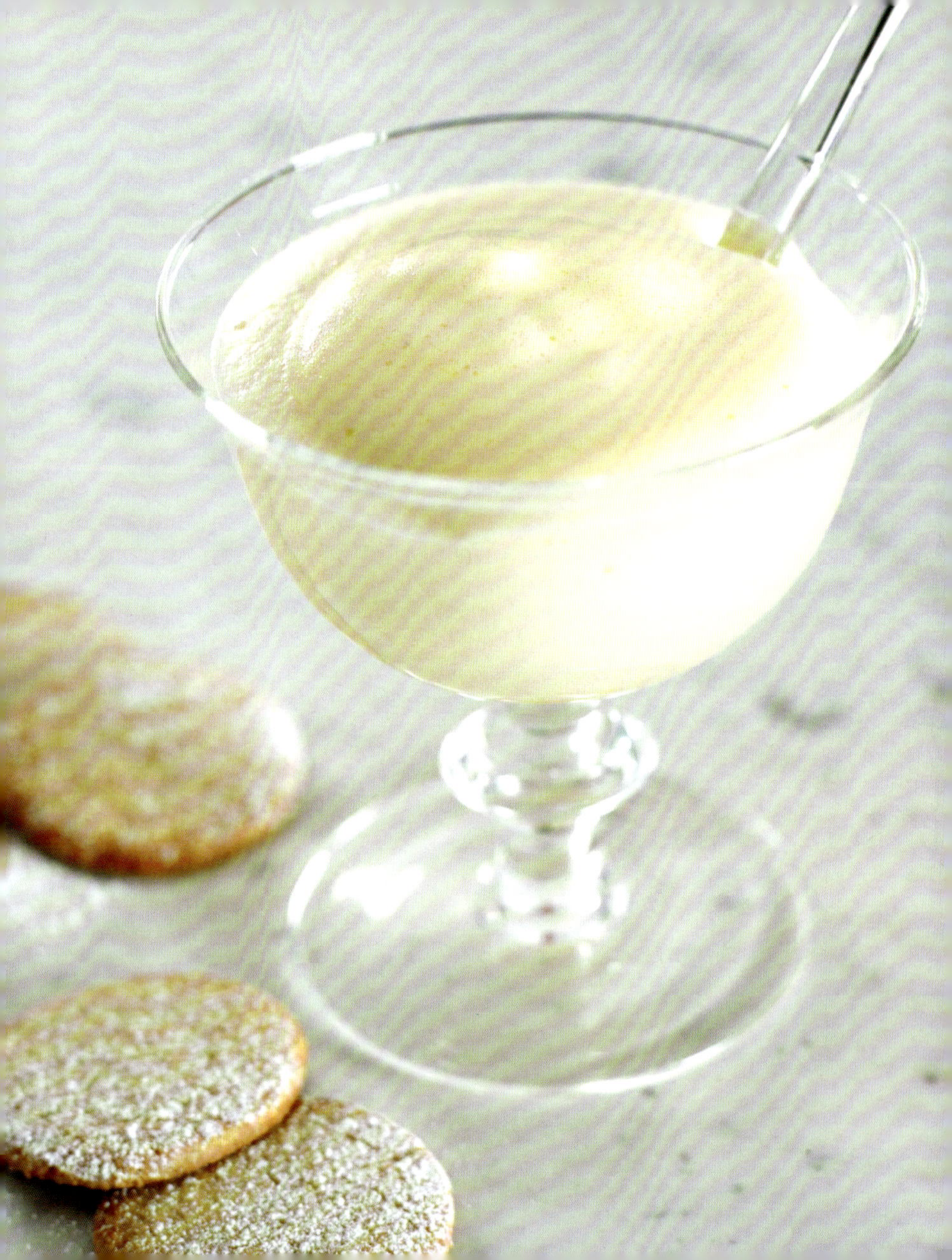

índice

abacate:
bacalhau picante com guacamole 150
salada de espinafre e abacate 44
abacaxi
sanduíche de abacaxi 230
abóbora
abóbora com feijão-vermelho 198
abóbora gratinada 198
curry de abóbora e pimentão 92
lasanha de nozes, espinafre e abóbora 186
risoto de linguiça e abóbora 68
abobrinha
cozido mediterrâneo vegetariano 98
curry de abobrinha 128
ensopado de peixe branco e legumes 156
espaguete rápido com abobrinha 58
massa com abobrinha picante e pinhole 66
salmão com abobrinha 148
arroz
arroz com camarão e coco 74
arroz de coco com soja, limão e tomate-cereja 74
arroz frito à chinesa 72
arroz frito com cogumelo e ovo 72
atum e pilaf de tomate seco 168
badejo com risoto de azeitona 164
biryani de cordeiro 190
biryani de frango 96
biryani vegetariano 190
nasi goreng 76
nasi goreng vegetariano 76
paella de frango e limão 104
paella de linguiça, camarão e frango 104
risoto de camarão e ervilha 164
risoto de linguiça e abóbora 68
risoto de pimentão e espinafre 68
risoto de presunto e batata-doce 70
risoto de tomate assado,

presunto cru e brie 70
aspargo
conchiglione com salmão e vagem 56
atum
atum com tomate seco 168
atum e pilaf de tomate seco 168
conchiglione ao forno com atum 56
salada de atum grelhado 158
salada niçoise morna 158
aveia
cookie de aveia e uva-passa 226

bacalhau
bacalhau ao cheddar 122
bacalhau com molho cítrico 150
bacalhau picante com guacamole 150
bacalhau picante grelhado 152
curry de bacalhau 152
bacon
couve-flor ao forno com bacon e mix de sementes 48
espaguete à carbonara rápido 58
meca pangritata de bacon e alho-poró cremoso 166
salada de bacon, nozes e croûtons 34
salada de espinafre e abacate 44
salada de lentilha com bacon 120
sanduíche de bacon e salada 30
sanduíche tostado para o café da manhã 30
sopa de lentilha e bacon 18
torrada gratinada com mix de feijões 102
banana
banana frita com creme de baunilha 212
torta banoffee 206
batata
batata frita 42
cordeiro com damasco e purê de batata com mostarda 142
curry picante de batata e peixe 170
porco com purê de batata 142
purê de batata com queijo e

alho-poró salteado 116
batata-doce
risoto de presunto e batata-doce 70
berinjela
berinjela recheada 182
berinjela recheada com castanha-de-caju e uva-passa 182
cozido de cordeiro à mediterrânea 98
beterraba
filé de cordeiro com salada 120
hambúrguer de queijo de cabra e beterraba 194
biryani de cordeiro 190
biryani de frango 96
biryani vegetariano 190
biscoito rápido de avelã 228
biscoito recheado de chocolate e avelã 228
bolinho de frutas vermelhas 208
bolinho de salmão 146
bolinho picante de atum 146
bolinho superchocolate 208
bolo de café e nozes 222
bolo Vitória 222
brioche
sanduíche de damasco e gengibre 230
brócolis
sopa de brócolis com ervilha 90

caesar salad 34
café
bolo de café e nozes 222
tiramisù rápido 214
camarão
arroz com camarão e coco 74
arroz frito à chinesa 72
caçarola cremosa de frutos do mar 154
caçarola de frutos do mar 154
camarão com castanha-de-caju e ervilha-torta 126
camarão no bafo 172
ensopado de peixe branco e legumes 156
pacotinho de caranguejo e camarão 172
paella de linguiça, camarão e frango 104
risoto de camarão e ervilha 164
sopa de camarão e milho-verde 94
sopa de tomate com

camarão 156
teriyaki de camarão com vagem e coentro 82
carne
carne com tangerina 136
estrogonofe de carne 130
hambúrguer picante 114
filé-mignon com muçarela 122
medalhão de filé-mignon com roquefort 140
salada tailandesa de carne picante 38
sopa vietnamita 78
cerveja
molho de cerveja 180
chocolate
barrinha de chocolate com frutas 210
biscoito rápido de avelã 228
biscoito recheado de chocolate e avelã 228
bolinho superchocolate 208
cookie com gotas de chocolate 226
crumble rápido de pera e chocolate 218
delícia cremosa de chocolate 232
doce de laranja com farofa de chocolate 224
mil-folhas de chocolate 220
mil-folhas de framboesa 220
pera com farofa de chocolate 224
torta banoffee 206
torta banoffee com chocolate extra 206
torta zebra 210
clafoutis de cogumelo 180
clafoutis vegetariano 180
cogumelo
arroz frito com cogumelo e ovo 72
clafoutis de cogumelo 180
cogumelo recheado com lentilha e porco 196
estrogonofe de carne 130
estrogonofe de mix de cogumelos 130
lasanha de cogumelo 186
potinho de macarrão com espinafre e cogumelo 60
torrada de shiitake 38
cookie com gotas de chocolate 226
cookie de aveia e uva-passa 226
cordeiro
biryani de cordeiro 190
cordeiro à moda da Caxemira 112

cordeiro com damasco e purê de batata com mostarda 142
cozido de cordeiro à mediterrânea 98
ensopado de cordeiro 100
ensopado de cordeiro e alecrim 88
espetinho de cordeiro e damasco 112
filé de cordeiro com salada 120

couve-flor
couve-flor ao forno com bacon e mix de sementes 48
couve-flor com creme de queijo 48

croque madame 24
croque monsieur 24
crumble rápido de maçã 218
crumble rápido de pera e chocolate 218
curry (prato e tempero)
curry de abóbora e pimentão 92
curry de abobrinha 128
curry de bacalhau 152
curry de legumes 106
curry de manga e frango 106
curry picante de batata e peixe 170
curry tailandês de frango 92
hambúrguer de tofu ao curry 194
kheema aloo 128

cuscuz marroquino
cuscuz com legumes assados 188
cuscuz marroquino com legumes 188

damasco
cordeiro com damasco e purê de batata com mostarda 142
damasco com mascarpone 212
espetinho de cordeiro e damasco 112
sanduíche de damasco e gengibre 230

erva-doce
porco assado com erva-doce 124
espetinho de cordeiro e damasco 112
espetinho de peixe 170
espinafre

ensopado de merluza e espinafre 94
lasanha de cogumelo 186
lasanha de nozes, espinafre e abóbora 186
pizza de ovo e espinafre 192
potinho de macarrão com espinafre e cogumelo 60
risoto de pimentão e espinafre 68
salada de espinafre e abacate 44
salada morna de espinafre e gorgonzola com croûtons de nozes 44

feijão
abóbora com feijão-vermelho 198
abóbora gratinada 198
ensopado de linguiça e feijão 88
guisado de linguiça e mix de feijões 138
mix de feijões à moda de Boston 102
sopa de feijão e macarrão com pesto 90
torrada gratinada com mix de feijões 102

framboesa
mil-folhas de framboesa 220
tiramisù de framboesa 214

frango
biryani de frango 96
curry de manga e frango 106
curry tailandês de frango 92
frango ao molho de feijão-preto 84
frango com castanha-de-caju 126
frango com geleia de pimenta 134
frango com salsa mexicana 118
frango recheado com queijo e tomate 110
iscas de frango com saladinha 32
lamen de frango 22
nasi goreng 76
paella de frango 104
paella de linguiça, camarão e frango 104
rocambole de filé de frango 110
sanduíche de frango com geleia de pimenta 134

sopa de frango e gengibre 78
sopa de frango e leite de coco 22
teriyaki de frango 82
frutos do mar
caçarola cremosa de frutos do mar 154
caçarola de frutos do mar 154
espaguete com frutos do mar 62

grão-de-bico
cozido de linguiça e grão-de-bico 138
kebab de falafel 200
kebab de grão-de-bico 200
tortilha assada com homus 40
tortilha picante com tomate seco e homus apimentado 40

hambúrguer de carne de porco e maçã 114
hambúrguer de queijo de cabra e beterraba 194
hambúrguer de tofu ao curry 194
hambúrguer picante 114
homus
tortilha assada com homus 40
tortilha picante com tomate seco e homus apimentado 40

kebab de falafel 200
kebab de grão-de-bico 200

lamen de frango 22
lasanha de cogumelo 186
lasanha de nozes, espinafre e abóbora 186
lentilha
cogumelo recheado com lentilha e porco 196
filé de cordeiro com salada 120
lentilha com gremolata 196
salada de lentilha com bacon 120
sopa de lentilha e bacon 18
linguiça
cozido de linguiça e grão-de-bico 138
ensopado de linguiça e feijão 88
guisado de linguiça e mix

de feijões 138
linguiça com purê de batata 116
paella de linguiça, camarão e frango 104
refogado de linguiça e tomate 28
risoto de linguiça e abóbora 68
rolinho de linguiça 26
rolinho de linguiça e legumes assados 26
lula
caçarola cremosa de frutos do mar 154
caçarola de frutos do mar 154

maçã
crumble rápido de maçã 218
hambúrguer de carne de porco e maçã 114
porco assado com maçã e molho de cidra 124
porco com purê de batata 142
manga
curry de manga e frango 106
salmão com salsa de pimenta e manga 118
massas
bolonhesa de legumes 178
bolonhesa vegetariana 178
conchiglione ao forno com atum 56
conchiglione com salmão e vagem 56
espaguete à carbonara rápido 58
espaguete com frutos do mar 62
espaguete rápido com abobrinha 58
frango ao molho de feijão-preto 84
lasanha de cogumelo 186
lasanha de nozes, espinafre e abóbora 186
linguine ao azeite aromatizado com manjericão e ervilha 64
linguine com legumes 64
macarrão com queijo ao forno 60
macarrão de arroz com gengibre 80
macarrão de arroz com salada e molho de coco 80
massa com abobrinha

picante e pinhole 66
potinho de macarrão com espinafre e cogumelo 60
sopa de feijão e macarrão com pesto 90
talharim à moda mediterrânea 66

meca
  meca com pangritata de bacon e alho-poró cremoso 166
  meca com pangritata de sálvia 166

merluza
  ensopado de merluza e espinafre 94

mexilhão
  caçarola cremosa de frutos do mar 154
  caçarola de frutos do mar 154

mil-folhas de chocolate 220
mil-folhas de framboesa 220
minestrone 18

mirtilo
  panqueca de mel e mirtilo 216
  panquequinha integral de mirtilo 46

nozes
bolo de café e nozes 222
lasanha de nozes, espinafre e abóbora 186
pão de minuto com tâmara e nozes 50

ovo
arroz frito com cogumelo e ovo 72
croque madame 24
espaguete à carbonara rápido 58
omelete de queijo de cabra 28
pizza de ovo e espinafre 192
refogado de linguiça e tomate 28

paella de frango e limão 104
paella de linguiça, camarão e frango 104

panetone
  sanduíche de abacaxi 230
panqueca de mel e mirtilo 216
panquequinha de limão e caramelo 216

pão de ló
  bolinho de frutas vermelhas 208
  bolinho superchocolate 208

pão de minuto com ervas 50
pão de minuto com tâmara e nozes 50

peixe
  badejo com risoto de azeitona 164
  bolinho de salmão 146
  bolinho picante de atum 146
  caçarola cremosa de frutos do mar 154
  caçarola de frutos do mar 154
  ensopado de peixe branco e legumes 156
  iscas de salmão ao molho de hortelã 32
  salmão com especiarias 160

pepino
  iscas de frango com saladinha 32
  iscas de salmão ao molho de hortelã 32
  quiabo picante com molho raita 52

pera
  crumble rápido de pera e chocolate 218
  pera com farofa de chocolate 224

pesto
  sopa de brócolis com ervilha 90
  sopa de feijão e macarrão com pesto 90
  truta ao pesto 162

pimenta
  arroz frito à chinesa 72
  curry picante de batata e peixe 170
  frango com geleia de pimenta 134
  frango com salsa mexicana 118
  geleia de pimenta e tomate 184
  quiabo picante com molho raita 52
  salada tailandesa de carne picante 36
  salmão com salsa de pimenta e manga 118
  sanduíche de frango com geleia de pimenta 134
  sopa de tomate com camarão 156
  talharim à moda mediterrânea 66

pimentão
  risoto de pimentão e espinafre 68
  rolinho de linguiça e legumes assados 26

pinhole
  massa com abobrinha picante e pinhole 66

pizza de alcachofra e muçarela 192
pizza de ovo e espinafre 192

porco
  almôndega de porco agridoce 132
  cogumelo recheado com lentilha e porco 196
  hambúrguer de carne de porco e maçã 114
  porco agridoce 132
  porco assado com maçã e molho de cidra 124
  porco assado com erva-doce 124
  porco com purê de batata 142

presunto
  risoto de presunto e batata-doce 70
  risoto de tomate assado, presunto cru e brie 70
  rocambole de filé de frango 110

queijos
abóbora gratinada 198
bacalhau ao cheddar 122
berinjela recheada 182
berinjela recheada com castanha-de-caju e uva-passa 182
caesar salad 34
conchiglione ao forno com atum 56
couve-flor ao forno com bacon e mix de sementes 48
croque madame 24
croque monsieur 24
damasco com mascarpone 212
frango recheado com queijo e tomate 110
haloumi ao azeite aromatizado com páprica 184
hambúrguer de queijo de cabra e beterraba 194
lasanha de cogumelo 186
lasanha de nozes, espinafre e abóbora 186
macarrão com queijo ao forno 60
filé-mignon com muçarela 122
medalhão de filé-mignon com roquefort 140
omelete de queijo de cabra 28
pizza de alcachofra e muçarela 192
potinho de macarrão com espinafre e cogumelo 60
purê de batata com queijo e alho-poró salteado 116
risoto de tomate assado, presunto cru e brie 70
salada morna de espinafre e gorgonzola com croûtons de nozes 44
quiabo picante com molho raita 52

risoto de azeitona 164
risoto de camarão e ervilha 164
risoto de pimentão e espinafre 68
risoto de presunto e batata-doce 70
risoto de tomate assado, presunto cru e brie 70

robalo
  caçarola de frutos do mar 154
  robalo com salsa de limão e chips picantes 174

rocambole de filé de frango 110

sabayon 234
salada de atum grelhado 158
salada de bacon, nozes e croûtons 34
salada de espinafre e abacate 44
salada de lentilha com bacon 120
salada morna de espinafre e gorgonzola com croûtons de nozes 44
salada niçoise morna 158
salada tailandesa com manga e castanha-de-caju 36
salada tailandesa de carne picante 36

salmão
  bolinho de salmão 146
  conchiglione com salmão e vagem 56
  iscas de salmão ao molho de hortelã 32
  papillote fácil de salmão 148
  salmão com abobrinha 148
  salmão com especiarias 160

salmão com salsa de pimenta e manga 118
salmão picante refogado 160
sanduíche de bacon e salada 30
sanduíche de frango com geleia de pimenta 134
sanduíche tostado para o café da manhã 30
scone com chantili 204
scone de lavanda 204
sopa de brócolis com ervilha 90
sopa de camarão e milho-verde 94
sopa de feijão e macarrão com pesto 90
sopa de frango e gengibre 78
sopa de frango e leite de coco 22
sopa de legumes com torrada de queijo 20
sopa de legumes para o verão 20
sopa de lentilha e bacon 18
sopa de tomate com camarão 156
sopa vietnamita 78

tâmara
pão de minuto com tâmara e nozes 50

tangerina
  carne com tangerina 136
tiramisù de framboesa 214
tiramisù rápido 214
tofu
  couve-flor ao forno com bacon e mix de sementes 48
  hambúrguer de tofu ao curry 194
tomate
  tomate assado com alho e ciabatta 38
torta banoffee 206
torta banoffee com chocolate extra 206
truta
  truta ao pesto 162
  truta com amêndoa e laranja 162

vagem
conchiglione com salmão e vagem 56
teriyake de camarão com vagem e coentro 82
vagem picante à oriental 52
vegetariana
  biryani vegetariano 190
  bolonhesa de legumes 178
  bolonhesa vegetariana 178
  cozido mediterrâneo vegetariano 98

curry de legumes 106
cuscuz com legumes assados 188
cuscuz marroquino com legumes 188
ensopado de legumes 100
linguine ao azeite aromatizado com manjericão e ervilha 64
linguine com legumes 64
minestrone 18
nasi goreng vegetariano 76
sopa de legumes com torrada de queijo 20
sopa de legumes para o verão 20
vinho
  cogumelo recheado com lentilha e porco 196

zabaione 234

créditos

Editora executiva: Charlotte Macey
Editora executiva de arte: Penny Stock
Designer: Barbara Zuniga
Fotógrafo: Will Heap
Produção culinária: Sara Lewis
Produção de objetos: Rachel Jukes
Gerente de produção: Carolin Stransky
Fotografia especial: © Octopus Publishing Group Limited/Will Heap

Outras fotos: © Octopus Publishing Group/Stephen Conroy 12, 13, 43, 47, 51, 144, 221, 235; /David Jordan 53; /William Lingwood 29, 39, 119, 131, 167, 185, 205, 209, 227; /David Loftus 65; /David Munns 108; /Peter Myers 37; /Sean Myers 115, 135, 159, 175; /Lis Parsons 6, 10, 11, 54, 86, 176, 202, 217, 231; /William Reavell 69, 71, 127, 129, 165, 193, 199, 213, 225; /Simon Smith 19, 157; /Ian Wallace 16, 85, 121, 123, 137, 141, 229.